小学数学新教学丛书

总主编 ◎ 黄兴丰 陈洪杰

让孩子玩好数学

小学数学游戏

主　编　姚铁龙

副主编　蒋　政

编写人员（按章节顺序）

姚铁龙　黄　爽　姚易莹　林晓敏
李岚岚　肖江平　蔡晓欣　徐　杰

復旦大學出版社

图书在版编目(CIP)数据

让孩子玩好数学:小学数学游戏/姚铁龙主编. —上海:复旦大学出版社,2024.3
(小学数学新教学丛书/黄兴丰,陈洪杰总主编)
ISBN 978-7-309-17130-3

Ⅰ.①让… Ⅱ.①姚… Ⅲ.①小学数学课-教学研究 Ⅳ.①G623.502

中国国家版本馆 CIP 数据核字(2023)第 243923 号

让孩子玩好数学:小学数学游戏
姚铁龙　主编
责任编辑/陆俊杰

复旦大学出版社有限公司出版发行
上海市国权路 579 号　邮编:200433
网址: fupnet@fudanpress.com　http://www.fudanpress.com
门市零售: 86-21-65102580　　团体订购: 86-21-65104505
出版部电话: 86-21-65642845
杭州日报报业集团盛元印务有限公司

开本 787 毫米×1092 毫米　1/16　印张 17.75　字数 420 千字
2024 年 3 月第 1 版第 1 次印刷

ISBN 978-7-309-17130-3/G·2554
定价: 88.00 元

如有印装质量问题,请向复旦大学出版社有限公司出版部调换。
版权所有　　侵权必究

新课程　新坐标　新视野

2022年4月,《义务教育数学课程标准(2022年版)》颁布。这意味着小学数学课程与教学进入一个新阶段,也昭示着广大小学数学教师及小学数学教育工作者们需要承担起落实新课标的责任。

新课标为我们思考课程与教学问题,提供了新坐标!

新课标的一个鲜明特征是对发展学生核心素养的倡导与强调。在义务教育阶段,作为纲领性文件的新课标,强调要发展学生的数感、量感、符号意识、运算能力、几何直观、空间观念、推理意识、数据意识、模型意识、应用意识和创新意识。

这就意味着,学科知识本身"不是"(或者说"不应该是")教学的目标。以学科知识为载体,通过适当的教学任务和活动的设计与实施以发展学生的核心素养,才是教学的目标。进一步,这同时意味着,数学学科核心素养与通用核心素养的发展要合二为一:学生在识别问题信息、独立思路、多元表征、倾听他人、合作交流、达成共识的过程中,不仅发展了数学核心素养,同时发展了通用核心素养。

新课标要求教师确立核心素养导向的课程目标,设计体现结构化特征的课程内容,实施促进学生发展的教学活动,探索激励学生学习和改进自身教学的评价……这些要求本身,建构了教师专业发展的坐标,让教师明白自己努力的方向。比如,就确立核心素养导向的课程目标一条,就必然要求教师不仅要熟悉课标中11个核心词的内涵,还要有能力结合具体的教学内容找到对应的(较为合适的)核心素养并将其进行"内涵分解",有能力对学生体现出具备该核心素养的表现进行"理解水平的分层"——这,都是实践智慧,需要教师的专业能力!

新课标为我们进一步的课程与教学实践,打开了新视野!

可以说,根据新课标实施"素养导向"的教学,已经成为广大一线教师的共识。然而,新课标是路标,是蓝图,距离梦想的达到、广厦的落成,还有千山万水的距离。但这千山万水的距离,正是广大一线教师的创造空间。

我们看到,为了发展学生的数学核心素养,新课标鼓励和建议教师通过更新教学理念、创新教学方法、改进教学评价,来贯彻实施国家课程。而在数学教学实践中,"教—学—评"一致性、单元整体教学、项目化学习、"综合与实践"课程、素养作业设计、表现性评价,等等,早有不少优秀的教师和教研员主动地展开了深入的实践研究,积累了丰富的经验,形成了一定的特色。

可以说,新课标的颁布,一方面为"先行者"们的探索与创新正了名,另一方面,也澄清已有实践的一些误区,让"先行者"们后续的探索能与新课标理念对标、共振!进一步地,新课标打开了教师的实践视野。

一方面,在新课标的旗帜下,如本丛书所展示的种种课程与教学实践将会被更多教师看见。另一方面,新课标倡导的新理念、新实践必然会转化成教师专业成长的需要(即便一开始,以外在要求的面目出现),推动着教师去突破自己原有的局限,去进行新的尝试,从而获得新经验、新成长。比如,对于综合与实践,以前是"备选项",现在则成为有10%课时保障的"必选项"(课程方案),可以想见会有很多教师"不得不"去实践,却发展了自己的专业水平。当然,新成果的涌现会珍珠与泡沫并存,这是另外一个话题了。

我们更看重新课标背景下的新实践为广大教师带来"新思维"!

做正确的事,不等于正确地做事。同样,在新课标的指引下,进行新课标倡导的相关实践,未必从一开始就能做得正确、有效。我们需知,教育教学永远是直面活生生的一个个学生的智慧性实践,永远需要教师秉持"学生立场"去进行自主思考和创新实践。因此,思维方式的更新会成为教师突破自身专业成长瓶颈的关键。

本丛书采撷了数学教育实践的丛林中的一些花朵,且我们特别强调从案例出发,让读者和作者在案例中交流思想,产生共鸣。但,我们却同时希望广大读者能在阅读和借鉴案例的过程中,能跳出案例,去追问"作者为什么这么想,这么做?""还有没有其他平行路径?""不同做法各有什么利弊?"……从而关注案例背后的思维路径与方法论。如果案例是花朵盈盈,那么隐藏在案例背后的思维路径和方法论才是为花朵提供营养的根。

也正是对思维路径和方法论的关注,每本书的作者都包括了来自教学实践的名特级教师,以及从事数学教育研究的教授或博士。换言之,思维方式和方法论的更新与一个哲学母题相关:理论与实践。我们希望通过一线实践者与理论研究者的精诚合作,为广大教师提供高质量的专业作品。同时,为了方便大家借鉴和使用丛书的资源,出版社采用信息技术,让读者通过扫描就可以下载丛书中的电子资源,如教学设计、学生作品,等等。

"新思维"的形成不仅是教师素养进阶的标志,也会改变教师在学校的职业状态,收获更多的职业幸福感。

我们希望翻开这套书的您,如同走进一座座不同风格的园林,有的园林草木错落、清新雅致,有的园林残山剩水、朴素佗寂,有的园林色彩绚烂、奔放浓烈……但千万不要在别人的花园里迷路!

您要建造的是自己的花园,您必须自己去培育土壤、引进种子和苗木、除草、浇水、施肥,为草木生长提供支持。这些"园丁"绕不开的工作,其实就是您自己一日一日的实践与思考:您要自己去研读课标、研究学生、解读教材、设计教学任务并实施、以表现性任务进行后测,等等。而这一套书,会给您一些参考、帮助或共鸣。

每一个独特的您,终究要站在自己的讲台前,终究要生活在自己的花园中。

是为序。

黄兴丰　陈洪杰

2023年10月

第一章	绪论：让数学好玩从理想变成现实	001
第一节	为什么要开展游戏化学习	001
第二节	数学游戏的魅力	002
第三节	什么是游戏化教学	003
第四节	怎样进行数学游戏化教学	012

第二章	桌面游戏：在合作竞争中挑战，增强学习动机	019
第一节	桌面游戏的特点与价值	019
第二节	桌面游戏进课堂	030
第三节	桌面游戏的开发与优化	045

第三章	视频游戏：在快节奏中互动，调动多感官参与	066
第一节	传统视频游戏融入数学教学课堂	066
第二节	智能教育平台助力视频游戏化教学	077
第三节	内容游戏化视角下的视频游戏教学	089

第四章	绘本游戏：在故事情境中体验，营造沉浸式氛围	104
第一节	经典数学绘本遇上游戏	104
第二节	原创绘本进行游戏化包装	119
第三节	单元整体绘本游戏教学设计	142

第五章	具身游戏：在身心交融中感知，建构多元表征	155
第一节	身体如何影响思维	155
第二节	身体参与帮助理解	170

第三节　具身设计辅助教学 182

第六章　编程游戏：在技术融合中应用，增强创新意识 192
第一节　编程游戏促进学生的思维发展 192
第二节　编程游戏让数学课堂更精彩 200
第三节　探索编程游戏与数学教学的融合 211

第七章　主题游戏：在实践任务中探索，提升综合素养 219
第一节　走近主题游戏 219
第二节　主题游戏的课堂实践 226
第三节　围绕主题设计游戏活动 245

第八章　作业游戏：在多维巧练中巩固，实现减负提质 257
第一节　游戏化数学作业的内涵及特征 257
第二节　为什么要进行游戏化作业设计 262
第三节　怎样设计游戏化数学作业 267

后记　小学数学游戏：探索与乐趣的融合 277

第一章
绪论：让数学好玩从理想变成现实

第一节　为什么要开展游戏化学习

随着人工智能时代的到来，当前的教育需求让教师的工作方式发生了变化。游戏化学习成为教育的一种必然趋势，要求教师关注学生的需求，创新学习的模式。游戏化学习是基于教育游戏而产生的一种新的学习理念和模式，其核心理念就是基于游戏机制和游戏元素，将游戏设计与教学过程相结合来激励学生学习，其寓教于乐的特点极大地激发了学生的学习动机，提高了学生的学习兴趣，促进了学生自主探索能力的提升。游戏化学习的优势主要有以下4个方面。

一、游戏化学习有助于激发学生的学习动机

激发内在的学习动机在教育中起着根本性作用。游戏化是一种促进动机和提高参与度的技术。研究表明，游戏可以给学生创造"心流体验"。一旦进入心流状态，学生就能全情投入到有挑战性的学习任务中，忘记时间甚至忘记自己，从而实现深度学习[1]。当学生闯关成功或者获得较好排名时，会获得极大的自信心和成就感。在完成任务的过程中，学生也能增长智慧，提高技能。在与人协作时，会得到肯定和认同，与人交往的能力显著增强[2]。因此，游戏化学习能寓教于乐，让学生在"玩"中深度学习、深度思考，激发学生的学习动机和自我效能感。

二、游戏化学习有助于提高学生的学习兴趣

在学习中，兴趣是创造性思维和智力发展的催化剂，它能有效提高学生的学习效率和注意力。基于游戏的学习是提高学生学习兴趣的好方法。在游戏中，学生积极地做着自己擅长并享受的事，获得快乐的体验，产生满足感和自豪感，提高学习的兴趣。研究表明，超过80%的小学生认为游戏化学习使自己的学习兴趣有了极大的提高[3]。游戏化策略不仅在数学领域，而且在其他任何领域都能够提高学生的学习成绩[4]。因此，游戏化学习能够提高学生的学习兴趣，进而提升学习的效果。

三、游戏化学习有助于培养学生的自主学习能力

在游戏中，学生是学习的主角，有发言权和自主权，可以自由地与团队分享他们的知识，

并考虑自己的学习进度。学生处于学习的主体地位，边玩边学，沉浸式学习，充分发挥主观能动性，自主探索、动手操作、参与讨论、解决问题，实现学习目标。在游戏化学习中，教师是监督者和引导者，将主动权充分交给学生，让学生个性化地开展学习活动，提高学生的主动参与度和学习热情，从而提高自主学习能力。游戏化在教育中的应用，使学生的自我意识、自我适应和自我学习得到快速发展。

四、游戏化学习有助于发展学生的高阶思维和综合素质

高阶思维和综合素质是新时代对人才素质提出的重要要求，是适应新时代发展的关键能力[5]。研究者认为，教育游戏为学生提供了开放的探索空间，有利于培养学生的创新能力、反思能力、解决问题的能力以及批判性思维等高阶思维[5]。游戏的玩家都很擅长朝着共同的目标，资源共享、协调配合、共同创造。游戏化学习使学生更加投入到学习中，为学生构建一个互动的学习环境，发展核心素养，使他们获得多种多样的能力或意识，比如交流能力、操作能力、竞争意识和合作能力等。游戏化学习增强了学生的竞争意识，培养了学生的团队合作能力，提升了学生发现问题、提出问题、分析问题和解决问题的能力，锤炼了游戏精神，促进了学生的自我激励、自我导向和自我发展。

第二节 数学游戏的魅力

数学是研究数量关系和空间形式的科学。数学作为培养人的逻辑思维、认知能力和创造能力的基础学科，其重要性不言而喻。数学本身的抽象性、严谨性和逻辑性易使学生感觉枯燥和乏味，甚至让部分学生回避数学学习。心理学研究表明，很多人有一种"数学恐惧症"或"数学焦虑症"，这可能导致学生产生对数学的消极态度以及对个人数学能力的消极自我认知。数学是很多孩子学习的"噩梦"，"噩梦"的源头大多来自他们的小学学习阶段，枯燥的数学课堂、严厉的数学老师以及机械的课堂流程都容易让孩子们对数学失去兴趣。《义务教育数学课程标准（2022年版）》[以下简称《标准（2022年版）》]在数学课程总目标中提出："对数学具有好奇心和求知欲，了解数学的价值，欣赏数学美，提高学习数学的兴趣，建立学好数学的信心，养成良好的学习习惯，形成质疑问难、自我反思和勇于探索的科学精神。"[6]由此可见，如何提高学生学习数学的兴趣，发展数学思维，运用数学知识，走进数学的世界成为亟待解决的问题。

数学家陈省身曾经说过"数学好玩"，但如何让数学好玩从理想变成现实呢？学习是孩子成长的必经之路，游戏是孩子的最爱，游戏化教学因其独有的互动性、趣味性和创新性，进入数学教育研究者和实践者的视野。其实，游戏与数学有着密切的关系，二者有类似的元素和结构，同时数学比游戏更高一筹。游戏是智慧的象征，数学游戏更能发展学生的智慧。数学之所以有如此强大的生命力，关键在于一旦你深入其中，就能发现其无穷的乐趣。数学之所以趣味无穷，有助于儿童智力发展，是因为儿童学习数学要独立思考、逻辑推理和解决问题。在某种程度上，游戏激发了数学思想的产生，促进了数学知识的传播。数学游戏集知识性和趣味性于一身，能有效调动学生学习数学的积极性，激发探究数学的兴趣，让学生在游

戏中学习数学,掌握数学,直至最终成功。

小学生好奇心强,自律性差,注意力多集中于自己感兴趣的事情上,且注意力集中的时间短,容易被其他事物分散注意力。而游戏是能吸引小学生注意力的重要活动,因此,将游戏应用到小学数学教学中,不仅能激发小学生的学习兴趣和内在深层次的学习动机,而且能使小学生在游戏活动中学会知识与技能,收获更多愉快而富有探索性的学习经历,积淀丰富的数学活动经验,为其素养的发展、思维的提升及后续的学习提供有力的支撑。

游戏化是一种理想的数学教学方法,因为数学游戏能够唤起心流体验、个人满足感和自豪感。一些学生会对喜欢的游戏"上瘾",最大的潜在原因就是自豪感唤起的积极情绪,数学游戏设计要让学生在数学游戏与现实生活之间实现平衡。儿童在数学游戏中,能主动地进行观察、猜测、验证、推理和交流,自主探索,寻找解决问题的思路、途径和方法。数学游戏能为儿童学习数学提供直观的感性材料和愉悦的学习平台,在儿童的"具体形象思维"和"抽象数学知识"之间架构起一座桥梁,深化学生对数学知识内涵的理解,进一步发展学生的灵活性思维、发散性思维和创造性思维。数学游戏化教学通过创建丰富多样的游戏情境,设置有趣又有挑战性的游戏内容,提升学生的数学学习兴趣,让学生在解决数学问题的过程中发展数学核心素养。

随着数字时代的发展,新生代在电子游戏的环境中长大。同时,《标准(2022年版)》也对数学教学模式提出了更高的要求。显然,传统的教学模式已经不能满足学生的需求,因此游戏化教学应成为数学课堂教学的新常态。教师借用多媒体等教学工具,将游戏应用到数学课堂,营造良好的氛围,借助游戏的趣味性来激发学生学习数学的兴趣,引导学生在玩游戏和解决问题的过程中独立思考、探求知识,在玩中学、在学中思。

第三节 什么是游戏化教学

游戏化教学是指教师利用游戏化设计的思想和游戏化机制,创设激励性、竞争性的教学情境,来激发学生主动学习的手段[7]。在游戏化学习中,以真实问题为导向,以游戏任务为驱动,学生不知不觉地在"玩中学""乐中学",发展了核心素养,培养了创新思维能力和解决问题的能力。

游戏化并不是指完整的游戏体验,而是指在非娱乐背景下使用游戏的机制或元素。而严肃游戏是基于游戏的完整体验,旨在为玩家提供模拟真实世界环境和真实世界物品的练习。在数学课堂中,教师既可以设计严肃游戏,也可以将课堂游戏化。

一、游戏化教学的两种方式

游戏化的做法主要有两种方式:第一种叫作结构游戏化,第二种叫作内容游戏化,如图1-1所示。这两种游戏化的方式经常出现在同一门课程里,它们珠联璧合,更能相得益彰。结构游戏化的学习内容没有游戏感,但学习的流程带有明显的游戏特征。这种游戏化思路着眼于激励学生完成学习内容,吸引学生将更多的时间花在学习上。例如,学生观看一段视频和完成一项作业而获得积分,除了积分外,视频和作业本身没有任何游戏特征。内容游戏化则是在课程中加入故事情节,或用一个挑战和任务启动教学课程,而不是罗列教学目标。在游戏化的设计中,游戏元素经常被使用,诸如积分、徽章、安全试错、挑战等,但目的不是去生成一款游戏,而是借用游戏元素鼓励学生完成学习任务。通过游戏化,我们可以从游戏的维度思考问题,将不同的游戏机制和游戏技巧组合起来,为学生带来学习的快乐体验。

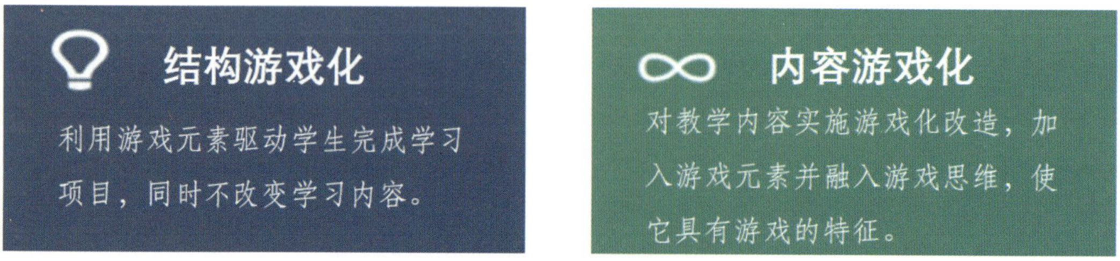

 结构游戏化
利用游戏元素驱动学生完成学习项目,同时不改变学习内容。

 **内容游戏化**
对教学内容实施游戏化改造,加入游戏元素并融入游戏思维,使它具有游戏的特征。

图 1-1 两种游戏化的定义

(资料来源:卡尔·M.卡普,卢卡斯·布莱尔,里奇·梅施.游戏,让学习高效[M].陈阵,译.北京:机械工业出版社,2017.)

近年来,人工智能、云计算、大数据、增强现实等新技术突飞猛进,正与游戏化学习深度融合,并重构我们的课堂,促进教育的深层变革。不仅非正式学习,就连正式学习环境中的可视化、动态化、智能化的虚拟情境也会不可阻挡地出现在教与学的过程中。这种动态、开放、互动、智能的虚实融合环境,大大有助于教育创新,使学生具备自主探究、解决问题、创意设计、协作共情、人机协同等多种"软技能"。可以预见,游戏化学习需要更多地与微课、电子课本、翻转课堂、智慧学习环境、个性化学习等有机融合,相辅相成。游戏化学习与智能学习环境、云端一体的资源、教学设计建设等交叉、融合、互动,会取得多赢的效果。

尽管理想很美好,但现实还是很骨感。当前游戏化学习的实施,难度不在于技术,而在于社会需要一种包容、开放的环境与心态来对待游戏与游戏化学习。我们长期以来的教育思维与习惯,尤其是一些家长对游戏总是带有偏见的眼光,受诸如"玩物丧志""不能输在起跑线上"之类教育理念的影响,使得游戏化学习在一些学校的实践面临较大的难度与阻力。游戏化学习要真正在教学中加以实践并非易事,教师需要思考:

游戏要如何与教学内容和环节设计完美结合?

游戏的设计和组织如何体现想要传递的知识,并真正传递给学生?

教师如何既通过游戏充分激发学生的潜力,又把握好游戏的目的性?

……

面对信息繁杂、跨平台趋势明显的游戏化时代,教师引导学生具备处理海量信息的素养固然重要,但倡导并让更多的学生学会如何更有效、积极地进行游戏生活,把游戏感提升为学习感,在游戏体验中获取更多有益信息、学习启示与社群互动等更为紧迫。除了让游戏化学习融入课堂外,还需要有针对性地开展游戏素养教育,让更多的学生感悟到游戏化学习的真谛,健全与丰富人格,使他们健康快乐地成长。数学教师要从更高的视角把握数学本质,设计丰富、有趣的数学活动,帮助学生从游戏中获得积极的体验,形成数学思考,促进学生数学核心素养和关键能力的发展。

二、游戏元素有哪些

游戏元素是实现教育游戏科学性和趣味性的关键。若你想尝试进行游戏化教学,就必须了解游戏元素和游戏机制,通常来讲包括目标、规则、冲突、合作与竞争、奖励、反馈、故事、反复游戏、计时和音效等。目标、规则、反馈和自愿参与是游戏的4个决定性元素[8]。我们要学会像游戏设计师一样思考,在教学中设计游戏或增加游戏元素。

(一)目标

目标是游戏的决定性特征之一[9]。所谓目标,就是玩家努力达成的具体结果,有吸引力且明确的目标能够增加玩家的参与度[8]。游戏中的目标既可以是贯穿始终的大目标,也可以是若干个小目标,游戏始终要让玩家处于努力去达到某个目标的状态。游戏目标可以是单线目标,也可以是多线目标。单线目标模型简单,容易让玩家迅速地看明白,如《疯狂的小鸟》就是要一关一关地过,打过了第一关再打第二关。但是单线目标容易同质化,在游戏的中后期,如果不能很好地解决目标的同质化,单线目标就不那么吸引人了。多线目标是多线索的,有多重指标,奖杯数、等级、金币、魔法……一种玩法对应一串目标,你可以多攒金币加固防御,也可以多攒魔法提高进攻实力,变化多端。现实生活比任何一个多线目标游戏都要多线,更多线索的游戏也在朝着现实生活这个模型靠近,让更多的学生更长久地在这个游戏中能找到自己认为有价值的目标。多线目标游戏在设计上难于单线目标游戏,可应用在单元游戏设计或学期游戏设计中。

在游戏化教学设计中,对目标的设定要尤为重视。一款教育游戏至少要承载两方面的目标。一是游戏目标,即游戏结束时学生达成的具体结果,比如《抓间谍》游戏,游戏结束,谁是间谍一目了然。二是学习目标,即游戏结束时学生到底学了什么,仍以《抓间谍》游戏为例,这款游戏的学习目标为"在游戏中提升以元为单位的小数与元角分为单位的数互化的能力"。学习目标隐藏在游戏目标中,学生完成游戏目标的过程即是完成学习目标的过程,这是游戏化教学追求的境界。

同时,我们在设计教育游戏目标时还应该考虑以下5点,如图1-2所示。

图1-2 设计教育游戏目标时应该考虑的事

（二）规则

规则之不存,游戏将焉附？规则是游戏的另一个决定性特征,任何一款游戏都是有规则的,规则的制定用来规范玩家的行为,为玩家如何实现目标做出限制,使游戏可控。规则是玩家实现目标的可操作的步骤,激发玩家的创造力,发展玩家的策略性思维[8]。以风靡全球的《大富翁》游戏为例,玩家必须轮流掷骰,这是保证游戏有序进行的规则。如果玩家不按规则行事,蜂拥而上,则游戏无法进行。"当玩家到达无人拥有的地皮时,可选择要不要购买；到达有人拥有的地皮或物业时,需要付费通过。"这是保证游戏有效进行的规则,也是游戏的趣味之一,玩家在行进过程中有得到也有付出,这些随机事件让玩家每次掷骰时紧张刺激又充满期待。若去掉这个规则,则玩家的掷骰移动变得毫无意义可言,游戏也就失去了价值。"如在卖出或抵押所有资产后仍无足够的现金以支付债务,则玩家宣告破产。"这是保证游戏公平结束的规则,它帮助玩家实现游戏目标:赢得游戏胜利。试想一下,没有这条游戏规则的《大富翁》游戏会怎样？事实上,《大富翁》游戏之所以能风靡全球,正是因为它的游戏规则增添了无穷乐趣,玩家全面了解游戏规则,遵守并利用一切游戏规则取得自己想要的东西甚至获得胜利,玩得开心不已。毫不夸张地说,所有的游戏都是有了规则才有意义,才更加有趣。

若游戏规则改变,则游戏也相应地发生改变。以卡牌游戏《对对碰》为例,其游戏规则为:四人游戏,每人分得相同的牌数,游戏开始时,玩家先将自己手里的牌配对,余下的牌和其余玩家配对,余牌数量多的先出牌,其余玩家用手里的牌与此牌配对,配对成功则获得这两张牌。最后,牌多者胜。若改变规则,《对对碰》游戏就变身为《记忆大师》。如图1-3所示,将牌背面朝上摆好,玩家轮流翻牌,每次两张,若翻出大小相等的牌,玩家就得分。得分最高者获胜。再度改变游戏规则,游戏还可以变为《抓间谍》:抽走其中一张可配对的牌,余牌两人分,分牌结束后玩家先将自己手里的牌配对,然后余牌数量多的去对方手里抽牌,并与自己手里的牌配对,若配对成功就放回桌面。最后谁手里剩下一张牌,谁就是间谍啦！瞧,不同的游戏规则,玩法大不相同,游戏的趣味性也有差异。事实上,当我们进行游戏化教学时,不必拘泥于某一种游戏规则,可以脑洞大开,尝试不同的规则设置,让游戏形式更多样,游戏趣味性更强。

图1-3 卡牌游戏《对对碰》与《记忆大师》

但需要提醒的是,游戏规则一旦制定就具有绝对权威性。以中国的麻将为例,不同地区玩麻将的规则是不一样的,广东麻将、四川麻将、长沙麻将……不同地区不同玩法,玩哪种麻将就得按相应的规则来。广东人玩长沙麻将也得按规则行事,否则不能和牌,游戏目标无法达成,这就是规则的力量。但不管什么游戏规则,都是玩家一致认可的、公平的,玩家才会去玩,才会愿意去达成游戏设定的目标。

另外,对于小学生来讲,所有的游戏规则都要便于理解,简单易行,否则学生很难真正地操作。比如上文提到的《对对碰》游戏,对小学生而言,以文字表示晦涩难懂。在学生不好理解规则的情况下,可以使用微课或动画来进行演示,帮助学生理解规则,扫清游戏前的障碍,从而使学生顺利投入到紧张刺激的游戏学习活动中。

(三)冲突

冲突是个体或群体发觉其他人已经或即将做出与他们自己利益不相符的行动的过程。为了让游戏有趣,必须有一些冲突;要赢得挑战,必须积极地打败对手,看谁是胜者。冲突可以有多种形式,但总是表现为玩家必须克服的挑战。

冲突可能发生的场景、作用的对象会有明显的不同。比如在网络游戏里,冲突一般会发生在人与人之间;在单机游戏里,则是玩家和游戏系统或内容产生冲突,比如数独游戏,冲突就是系统制造的玩家必须解决的谜题。冲突实际上是玩家的基本游戏体验之一,也是对玩家游戏行为的引导。

冲突会带来思考和选择,同时也是最能影响玩家心流体验的因素之一。当你的游戏设计将冲突作为元素时,你应该思考如图1-4所示的问题。

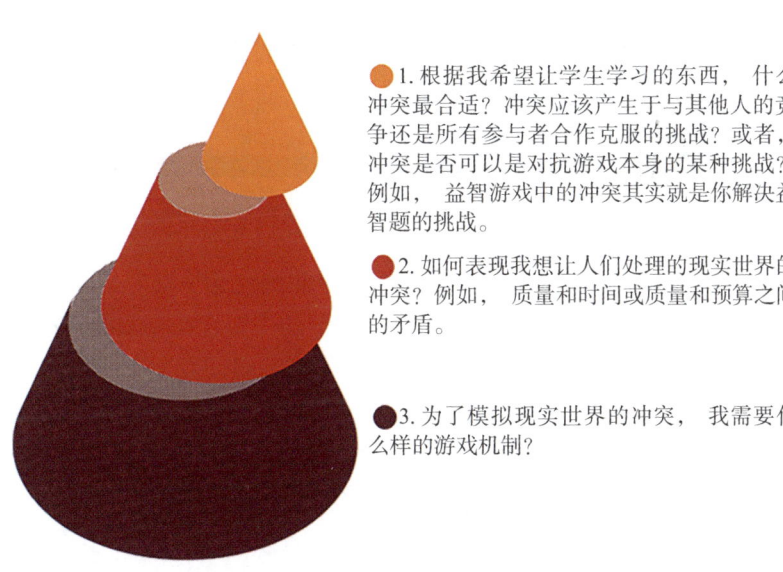

图1-4 如何设计具有冲突元素的学习类游戏

(四)合作与竞争

合作是指不同个体为了共同的目标而协同活动,促使某种既有利于自己,又有利于他人的结果得以实现的行为。竞争则是与合作相对立的概念,指不同个体为同一个目标展开争夺,促使某种只有利于自己的结果得以实现的行为。

合作是和他人一起努力的行为,以达成彼此共同的目标,比如很多背英语单词的App,运用游戏化思维设置了"组队背单词"的玩法,聚集相同目标的用户共同完成任务,他们会自发地互相鼓励、互相监督,一起努力背单词。

竞争也给予人们一个证明自己的机会。通过竞争可以赢得奖励,也可以建立新的友谊。竞争机制非常重要,研究表明,挑战和竞争是激发学习动机的关键要素[5],可以推动并保持游戏长期受欢迎。如果一款游戏能够让两名以上的玩家相互竞争,那么这款游戏就有可能风靡全球且经久不衰。在我们进行游戏化教学时,双人 PK 也是一种简单易行的游戏形式,尤其是当我们运用技术将双人 PK 的游戏电子化后,效果更佳。比如,在复习三角形按角分类这一知识点时,利用电子白板,设计双人 PK 游戏,如图 1-5 所示:找出所有直角三角形。当学生走上讲台,轻触屏幕开始游戏时,竞争开始,两位玩家全情投入游戏,大脑快速运转,调取所有学习经验以应对游戏中的挑战。这时学生处在最佳学习力、最强专注力的状态,知识内化更迅速,学习情绪被充分调动起来,最后的"胜利"状态更让学生获得自我满足感。

图 1-5 双人 PK 游戏《找出所有直角三角形》

需要提醒的是,对于学习类游戏,以合作为元素通常比纯竞争更好。与其他学生的直接竞争可能导致学生失去动力或产生消极反应。相反地,学生们合作克服游戏挑战往往能激励和培养团队精神。在教育游戏中,通常是既有小组合作又有组间竞争。我们可以分别考虑冲突、竞争和合作这 3 种元素,好的游戏通常交叉使用这 3 种元素,营造振奋人心的游戏情境。

当我们设计具有竞争元素的学习类游戏时,要问问自己以下 3 个问题,如图 1-6 所示。

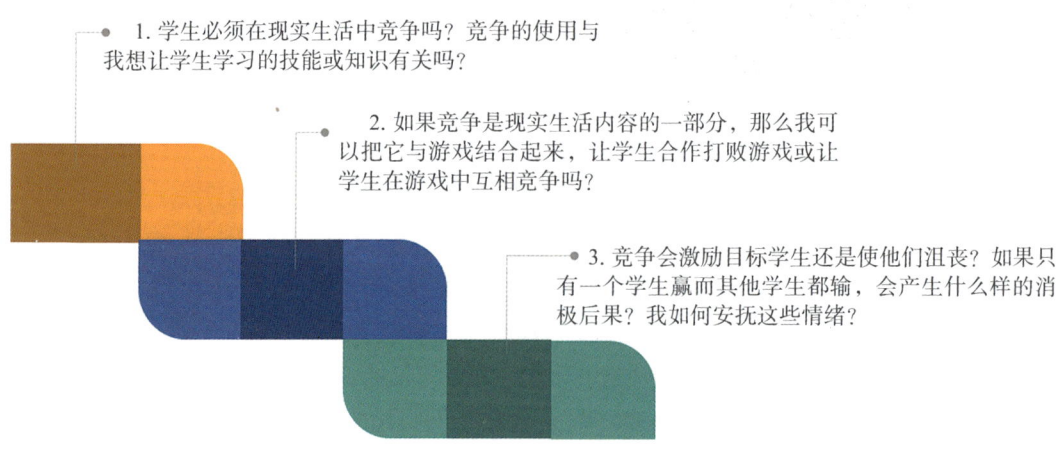

图 1-6 如何设计具有竞争元素的学习类游戏

（五）奖励

奖励是一切游戏的重要特征，是可见于所有游戏类型的元素，比如徽章、积分、奖杯、虚拟奖品等。奖励可以让玩家去做一些他们原本并不想做或者不喜欢做的事情。许多玩家仍然会为了奖励而做一些无趣枯燥的事情，这种让玩家去做违背自己意愿的事情足以证明奖励的威力。奖励是我们进行游戏化教学设计时的重要工具，理解奖励结构如何发挥作用及如何融入游戏是很重要的。

奖励不应该只是心血来潮的产物，而应该富有结构和计划。奖励的形式和大小多种多样，常见的有6种，如图1-7所示。固定行为奖励，通过奖励频繁的行动来吸引玩家，它利用了3个左脑核心驱动——进步与成就感、所有权与拥有感以及稀缺性与渴望感。除了在固定行为奖励中提到的核心驱动力之外，随机奖励增加了未知性与好奇心，这是一种让玩家感到惊喜和愉悦的好方法。而突发奖励不仅利用未知性与好奇心，还利用了史诗意义与使命感、所有权与拥有感、创意授权与反馈以及社交影响与关联性。滚动奖励也利用了核心驱动力、未知性与好奇心、史诗意义与使命感以及社交影响力与关联性。社交财富利用了社交影响与关联性、所有权与拥有感、稀缺性与渴望感以及一些创意授权与反馈。收藏与收集利用了所有权与拥有感、稀缺性与渴望感、进步与成就感、损失与避免心理、未知性与好奇心，同时也激发社交影响力与关联性。

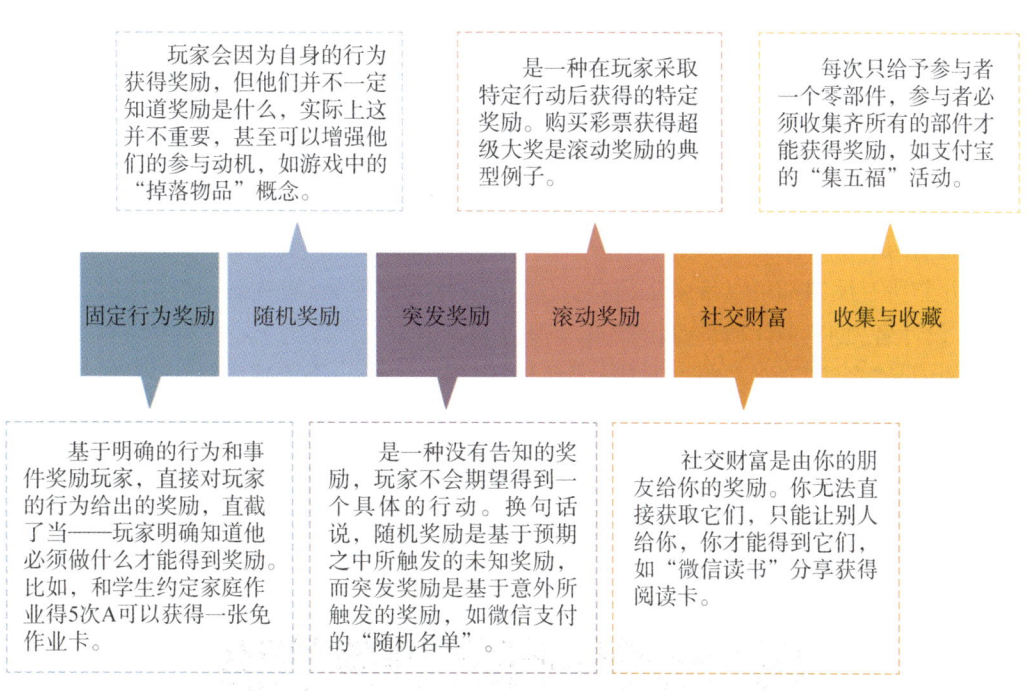

图1-7 6种奖励设计形式

奖励的时机也很重要，在游戏最初阶段应该尽可能多地奖励，这样学生就会被吸引且愿意坚持游戏。但不能把奖励机制当成游戏本身，不能过分地关注奖励机制而不注重游戏真正的核心。学生如果只关注外在奖励，而不是沉浸在游戏化学习的乐趣和意义中，那么这个进步很快就会停滞。因此，教育游戏设计应为学生提供多元的奖励系统，适时发放奖励，促使学生持续地专注学习,迅速地解决问题,提升学习的内在驱动力。

(六) 反馈

反馈系统通常以得分、点数、级别、进度条等形式告诉玩家离实现目标还有多远,瞬时的积极反馈让玩家更加努力,并成功完成更艰巨的挑战[8]。游戏中的实时反馈也很容易让玩家在失误中学习。游戏相对于传统学习环境的优势就是反馈,游戏中的反馈几乎随处可见。视频游戏中的"可用的命、能量、位置、剩余的时间、库存水平……"都是反馈,实时地反馈与目标的差距。"点数、级别、得分、进度条……"是信息反馈,用来反映游戏中的行为或活动的正确或错误的程度,玩家据此采取后续行动。积分、徽章、排行榜、进度条、等级、虚拟礼物、奖品等都是非常常见的反馈模式,研究表明,积分、徽章和排行榜是最受欢迎的反馈模式[7],玩家希望依此知道自己的表现如何,更想知道和其他玩家比起来自己的表现如何。积分显示玩家的分数,供玩家相互比较,或者作为衡量玩家到达下一个游戏级别必须超越的距离。徽章通常表示一个特定的成就,因为徽章可以向其他玩家展示,所以它是很好的激励工具。当玩家达到某个目标时被授予,而这个目标不一定与积分的多少有关。排行榜显示玩家在游戏中相对于其他玩家的排名。由于排行榜可能会挫伤玩家的积极性,因此,排行榜通常只显示名单中的一部分,比如有2~3位玩家的排名在用户之上和之下[10]的排行榜能够提升学生的解题速度,提高做题的正确率。

自我效能感在自我管理中起核心作用,游戏提高学生的自我效能感的首要机制就是反馈[11]。游戏化学习的反馈用来唤起学生正确的行为、思想和行动。如果做错了,应该被提示、引导或指点采取更恰当的行为或举动。游戏中都有即时反馈系统,学生的每一个操作指令,游戏系统都应给一个明确的反馈,或鼓励、或惩罚、或无效,学生根据系统的反馈去调整自己的行为。对学生而言,实时反馈是一种承诺:目标绝对是可以达到的,它给了我们继续玩下去的动力。

但并非所有反馈都可以带来乐趣,它还需要满足一些要素:首先,反馈须即时。每逢反馈时机,设计者力求"多汁"效应(游戏设计师的术语中用来描述有效、令人激动和令人着迷的反馈的词是"多汁"。有人曾这样描述"多汁"的感觉,"像一个成熟的桃子,只要与它有过一点点接触,就能产生持续、自然的美味享受")。在我们设计的游戏《谜之藏宝图》(图1-8)中,第一关规定只有按提示找到正确的3把钥匙才能来到古堡,学生每选择一次,系统立刻给出反馈:"找对了,得到钥匙"或者"找错了,之前找到的钥匙便会被收回"。这样的游戏反馈能让学生有更高的参与度和紧张感——生怕自己观察不仔细导致先前找到的钥匙被收走。

图1-8 《谜之藏宝图》第一关"快手夺钥匙"的反馈

其次,反馈要给予学生真实的体验,并且反馈的"带感程度"要匹配学生的期望。若低于预期,学生会失落,觉得付出没有回报;若远远超出预期,学生会觉得"虚假",与自身行为并无关系。只有符合或者略微超过学生期望的反馈,才能真的带来"反馈的快乐"。在游戏中,学生因一次极难的挑战而获得丰厚的奖励,要比系统直接给予丰厚的奖励更能令学生感到快乐和自豪。

(七) 故事

故事是游戏的重要元素,尽管不是所有的游戏背后都有叙事情节,但讲故事确实是教育游戏的精华所在。不过学习行为的发生并不在故事的结果,而在故事展开的过程之中。在游戏中引入故事后,游戏立马变得更有趣、更富有魅力。游戏和叙事的结合能催生出扣人心弦的故事,吸引玩家并助推其成长,教育游戏要结合任务导向的故事和游戏的互动元素,来帮助学生思考和参与。在《谜之藏宝图》的游戏中,我们讲述了一个勇士寻宝的故事,让学生专注当前的学习任务。在《博物馆失窃案》中,我们用"千里追凶、真假罪犯、密码之谜"串起了整堂课,学生破案的过程就是学习推理的过程。《捕数警探》通过创设一个好的故事情境:帮助警官抓捕逃脱的数字逃犯,让学生进入反复枯燥的计算练习中去,学生虽然不断地进行计算练习,却兴趣盎然,因为计算是他们在抓捕逃犯过程中的一部分任务,是故事情境的一部分。

总之,故事赋予游戏关联性和意义感,为学生的数学学习营造了环境。故事的应用并不复杂,对于具备丰富想象力的小学生而言,有趣的名字配上一些简单的图形就足以在他们的脑海里构造出扣人心弦的故事。如果在故事的情境营造过程中叠加视频游戏,就能催生出互动的故事,吸引学生并助推他们的成长。

(八) 反复游戏

在游戏中,失败是一种常态,这很有教育意义。鼓励尝试、允许失败是以最小的代价来激发学生探索的欲望。游戏化学习能让学生学会如何正确面对学习或生活中的挫折或失败[12]。在教育游戏中,反复游戏更重要的是能满足不同学生的需求。每个学生的学习能力和接受能力是不一样的,有的学生接受知识比较快,有的学生相对来说比较慢一些。游戏化教学倡导将学习的节奏掌控在学生手中,兼顾每一个学生的学习需求。游戏设计中将"反复游戏"元素融入,学生可以反复玩,直到对所玩内容完全掌握为止。理解稍慢的学生可以多玩几次,以便他们掌握技能和方法。如图1-9所示,《谜之藏宝图》游戏中的最后一关"宝藏密码"就设置了"重来"按钮,用此按钮赋予学生失败的权限,学生知道可以重启游戏,就有了自由的感觉,他们可以利用这种自由,反复尝试并一探究竟。允许学生反复试错,学生就有机会去探索游戏规则、测试假设和探寻方法,并在不断的失败中总结经验教训,提升游戏策略。

图1-9 《谜之藏宝图》"重来"按钮

(九)计时和音效

好的教育游戏应让学生调动多重感官参与学习,可以通过设计视觉、听觉、触觉、嗅觉等感知形象,还可以设计学生与游戏化学习的交互方式[13],实现沉浸式学习。最常用的是使用恰当的计时和音效来调节学生的视觉通道和听觉通道[14],比如在布置课堂活动任务后,当计时条出现在屏幕上方并开始倒计时时,学生顿时就感受到了压力,不由自主地加快行动,开始通关,这时游戏的雏形就出现了。为了让游戏氛围更浓厚,我们还可以在游戏开始时设置"Let's go!"的音效,在游戏结束之前增加"滴滴滴"的倒计时音效。不要小看这简单的改变,它们能让学生置身于游戏场景中,促使学生积极参与游戏过程。最后,在游戏结束时,别忘了来一次"成功的欢呼"的音效,就好比"消消乐"游戏中的"amazing"让玩家沉醉其中,感觉倍儿爽,"成功的欢呼"也满足了学生对成就感和自豪感的需求,学生因为完成某项任务得到激励也会激发他们继续闯关挑战的自信心。

小游戏,大学问。在几年的研究过程中,我们对游戏机制和游戏元素的理解和运用渐入佳境:植入目标,指向数学核心问题,让游戏具有数学味;制定规则,规范课堂管理,让游戏可控;营造冲突,鼓励学生斗志,提高学生能力;倡导合作,通过和伙伴一起努力,达成彼此心仪和利益均沾的结果;把控时间,制定合理的奖赏结构,激发学生不断学习的动力;及时反馈,创设适合学生心理特点的情境;反复游戏,允许学生在游戏化学习的过程中犯错……为了获得教育游戏的设计灵感,你可以去尝试玩一些游戏,包括桌面游戏、视频游戏等。在玩游戏的过程中了解游戏教给了自己什么,使用了哪些元素。当我们了解并掌握了所有的游戏元素和游戏机制后,便可以将各种游戏元素有机地结合,让它们相互作用,启用游戏的思维和方式来展开游戏化教学。

第四节 怎样进行数学游戏化教学

一、数学游戏设计的原则

随着移动互联网的普及,电子游戏迅猛发展,游戏迷们以废寝忘食的精神与态度沉浸于游戏之中。反观我们的课堂教学,却常常让学生厌倦、恐惧。那么我们不禁要问:电子游戏有什么魅力?教育能从电子游戏那里获得怎样的启示呢?我们不妨来看一看游戏设计的一些原则。

(一)沉浸式体验

电子游戏中的"沉浸"是人们被置入精心模拟的空间时即可产生的愉悦体验,"沉浸"和爱情、审美、艺术体验一样,都属于人的"高峰体验",都是人的精神家园。为什么有人一遍一遍玩"实况足球",永不厌倦?因为在这样的游戏中,玩家不断体会着盘带、过人、配合和射门的乐趣。数学游戏的设计就要为学生创造沉浸式的体验,促进学生合作和个性化学习,通过营造紧迫感,呈现清晰的挑战以及竞争的局面,让学生拥有沉浸式体验,体验成功、获得快乐。

（二）激励机制

只要玩家在电子游戏里有一点"进步"，电子游戏就会以经验、金币、过关、虚拟物品等形式给予奖励。如果失去了激励机制，那么电子游戏就会失去活力。数学游戏的设计就可以参考电子游戏的激励机制原理，开发出一套数学游戏的奖励规则。教师对学生回答问题、参与讨论都记录相应分值，达到相应的分数即可升一级。这样的激励机制贯穿整个数学学科的学习，让学生在游戏中突破自我，完成一个又一个有挑战性的任务，发展核心素养，为学生的终身发展奠基。

（三）进阶设计

游戏从题材上可以分成许多种，但是本质上大多还是以"闯关"为基本形式设计的。关卡设计，其实就是构成一个"挑战-反馈"的机制。这种任务导引是激发玩家不断参与游戏的动力。在数学游戏设计中，游戏难度要螺旋式上升，这样才能使学生在游戏中不断提升数学思维水平。

（四）过程示范

游戏设计者在真实游戏之前会设计一个示范性情境，在每一个需要玩家了解的地方都会有提示性标志，玩家跟随这种示范完成游戏规定的情境，就基本熟悉了游戏的操作要求。数学游戏设计也要给予学生一个示范，让学生跟随示范明确游戏的目标、规则和反馈机制，增强他们的自信心，提升参与数学游戏的兴趣。

游戏，曾经令许多父母谈之色变，深恶痛绝。游戏，是许多人眼中孩子学习的天敌，必绝之而后快。但是，游戏开发者对于用户感受的关注，对于用户学习心理的把握，都是我们数学教育者应该学习的。

二、游戏化学习的原理

数学游戏的使用是一种可持续的数学教学策略，让学生在游戏中学习，在实践中体验。我们应该思考游戏化学习中高效学习的发生机制，帮助教师设计数学游戏或者在课堂教学中使用游戏元素和机制，引导学生实现学习目标。

（一）钩住学生的心

孔子说过"不愤不启，不悱不发"，这是对于学习初始状态的最好描述。玩家想玩的欲望和激情是和他们的兴趣动机紧密结合的。如果游戏学习体验精雕细刻，学员的兴趣就会持续地提升。数学游戏的设计就是要通过情境的吸引力、关卡的诱惑力以及争胜的欲望，使学生带着浓厚的兴趣，积极主动地投入到学习中。

（二）有对抗，有合作

游戏中的竞争与合作使学生更加兴奋，使学习变得更有趣[12]。这就需要参与者有合作精神，对战双方是一种竞争状态，而且游戏中的同伴也可能在下一局变成对手。数学游戏设计就要让学生经历对抗与合作的过程，发挥个人的突出优势，在一定程度上具有竞争性，并学会分享和互助，在挑战中不断突破自我、获得成功，唤起学生的积极情绪和意义感，培养学生的合作精神和团队意识。

(三) 鼓励尝试，允许失败

电子游戏若玩不下去，游戏结束后，可以从头再来。电子游戏永远给玩家赢的希望，这是它最吸引人的地方。谁不希望自己成功呢？心理学研究表明，曾经成功过的事情和自己有可能成功的事情是最能引发兴趣的。在游戏任务里，尝试和犯错是成功的重要组成部分，失败不是绊脚石，而仅仅是一个工具，用来发现信息、接近目标或帮助破解难题，这是很多玩家最主要的学习方法。

(四) 攻略

游戏进程详细的解释以及技巧，是玩家最关注的。当游戏进退维谷的时候，玩家们会到"论坛"里找相应的攻略，指导自己准确过关。这类似于学习心得体会，包含很多细节和具体内容的切实指导，是玩家用自己的心血，有时候还要贴上金钱换来的。分享，在这里变得生动而具体。玩家在讨论中做出回复后，他们赢得及时的奖励，激励他们不断分享自己的游戏攻略。

现在可以总结一下，玩游戏的过程，实际上就是玩家学习游戏的过程。玩好游戏，首先要求游戏本身有一个洞察人心、非常人性化的设计。其次需要营造一个由积极的人际关系构成的心理场，氛围与情境是游戏入门与提高不可或缺的外部条件，同时也是游戏玩家能够不断试错的心理支持。最后是游戏晋级的支持系统，包括一个可以互相交流的平台和充分的支持性资源。

三、数学课堂教学可以向游戏设计学什么

(一) 创设真实情境

游戏的情境为意义奠定了基础，为玩家的行动提供了框架[8]。数学教学的过程，应该是教学目标的情境化再现，是一个"问题解决"的过程，就好比游戏中最终战胜大 BOSS 一样。数学课堂教学应该为学生创设生动、形象、有意义的真实情境，并在整个教学过程中"一以贯之"，学生能感受到数学是社会的一部分，提高学习数学的积极性。情境要符合学生的认知规律，体现对学生心理的洞察，要能够"钩住"学生，对学生提出适切的思维挑战，让学生始终保持学习的热情。

(二) 善用过程奖励

游戏中的奖励一定是"在游戏中的"奖励。比如在打赢一定量的小怪兽之后，玩家会获得某种超能力，而这种超能力往往会在接下来打大怪兽的情节中用得着。这样的奖励是真正具有"教学意义"的奖励。同样，我们的课堂应该让学生意识到某个教学环节得到的结论、方法或者思想一定是和即将展开的新的教学环节有关系的。奖励是帮助学生迁移的，教师要让学生意识到，习得的经验是能够帮助解决接下来的问题的，这样一种环环相扣的成就感是教学中最好的奖励。同时，教师也要在课堂上鼓励学生用新方法、新思路解决问题，鼓励学生交流合作，启发学生的积极思考，点燃学生的创造热情。

(三) 发挥"示范"作用

在游戏中，对于初学者的示范和提示一般出现在初级难度，场景中的标志识别、装备使

用都是提示点。而我们很多的数学课堂太注重结论的获得,几乎不关注获得结论过程的示范和指导。老师总希望通过反复练习让学生自己去"悟",结果学习成效不可控,学习效率大大降低。尤其是现在教学强调"探究",似乎所有的问题都应该由学生自己获得答案,教师不敢提示和引领,这是从一个极端走向了另一个极端。

(四) 注重"经验分享"

几乎所有的游戏玩家都是通过"经验分享"的方式完成从初级玩家到骨灰级玩家的转变。进入游戏情境之后,玩家首先采取"试错"的策略,不断反思改进。在多次尝试未果的情况下,他们往往会通过 QQ 群、微博、BBS 等渠道寻求帮助。有些玩家会在自己形成经验之后到相应的平台上分享自己的经验,相互交流,共同提高。在数学的课堂教学中,如果教师能更关注"经验分享",把讲台还给学生,让学生分享自己的解题思路和方法,就能够更有效地提升学生的学习质量,激发学生的学习热情,提升他们的表达能力、逻辑思维能力和创造力。

严格地说,以上4点中,第一点涉及课堂教学的环节设计,是整个学习的动力系统。其余3点则涉及课堂教学中学生学习情绪的激发、维持以及学习支持系统的建立。这两大系统一旦建立起来,形成良性互动,课堂就会活起来,学生的学习热情也会高涨起来。我们要将游戏机制和游戏元素整合到课堂中,为学生提供更有趣、更有动力、更有吸引力的体验,培养学生的创造力、坚韧度以及不畏失败、勇于挑战的品质。

四、如何开展数学游戏化教学

游戏让数学成为一门可视的、有趣的、平易近人的应用性学科。数学游戏化教学其实就是让游戏渗透在数学教学的各个环节,并根据学生的个性特征制定教学内容和策略[15],从而使学生在游戏中发展核心素养。数学游戏化教学是通过应用游戏化建构教学过程[16],建构的流程如下。

(1)明确学习目标。借助课程标准和教学用书确定游戏化教学的教学目标和学习内容,明确学习目标和故事线并确定交互技术的应用节点,是有效平衡教学活动的教育性和游戏性的关键[5]。

(2)分析学生学情。教师通过观察、测试以及访谈,了解学生的知识、经验、能力和思维水平,基于此来设计符合学生认知水平的数学游戏。

(3)选择游戏化项目。目前游戏化学习软件的来源主要包括3种:已有的商业游戏软件、教育科技公司按照教学目标而设计的教育游戏以及利用开源平台由教师自主设计的一些教育游戏[15]。我们通常使用后两种来开展游戏化教学,选择一个游戏框架作为基础模型,将其构建起来,并精心设计数学游戏,将游戏与数学的知识、能力和素养融合,促进学生的素养提升和思维发展。

(4)创设真实情境。情境学习理论认为知识具有情境性[5],数学游戏化教学要为学生创设真实情境,情境可以是生活情境、社会情境、科学情境、数学情境等。情境的创设能够为学生提供在游戏中的身份,增强代入感,提升学习动机[14]。

(5)设计游戏任务。在游戏活动设计中,要遵循"教育为主、学生为中心、游戏易操作"的原则[15],综合考虑学生的需求动机、年龄特征与任务难度的影响因素[14],遵循学生的认知发展规律和小步子原则,符合学生的"最近发展区"[5],并为学生提供"脚手架",在学习过程中逐渐增加难度,使学生在保持较高兴趣的同时实现思维和素养的发展。

（6）增添游戏元素。搭建好游戏框架后,就要为游戏增添目标、规则、奖励、故事等游戏元素,增强游戏的吸引力和激励性。在游戏设计上,可以丰富游戏规则,探索渐进式玩法,促进学生思维的进阶。

（7）完善评价机制。游戏不仅要包含学生回答的数学问题,而且要及时地为学生提供反馈,在教学的基础上设计,帮助学生直面并纠正他的错误,否则他将无法进步。完善反馈机制对于确保游戏实现教学目标极为重要[17]。要为学生提供全面的反馈,给予学生诊断性评价和综合性评价,促进学生在游戏中获得成功,实现高效学习。

我们利用上述游戏化教学的建构流程设计了"谜之藏宝图"这节游戏课,首先确定了这节课的目标即通过观察图形的特征及图形的运动,培养空间想象能力和创新意识。在操作中提高学生观察、分析、比较、推理等能力,锻炼数学思维能力。在游戏中感受不一样的数学,培养学生数学学习的兴趣。接着分析学情,在学习这节课之前,学生已经认识了基本图形、轴对称图形,理解了平移及旋转,这都是学生学习本节课的基础。三年级的学生思维仍以具体形象思维为主,因此,游戏中要为学生提供"脚手架",发展学生的空间观念。随后我们选择了闯关的游戏化项目,虚拟4位勇士在古堡历险寻宝,以勇士们运用数学智慧破解机关、战胜神兽、寻得宝箱的探险故事为情境,设计了"快手夺钥匙""炸毁神秘墙""召唤神兽""动物战争"以及"宝藏密码"5个关卡,从数学抽象、几何模型、逻辑推理三方面入手,增加规则、音效、奖励等游戏元素,完善评价机制,让学习更具有吸引力和挑战性。游戏设计主要遵循趣味性原则,将数学问题融入古堡历险寻宝的情境中,学生在一个个问题解决的过程中关注线索,运用多种数学方法破解问题[18],用数学的眼光来观察,用数学的思维来思考,用数学的语言来表达,最终找到宝藏。

数学游戏化教学的目的是发展学生观察、联系、表达、归纳、寻找策略、推理等能力,这些都是数学思维的基础。运用游戏化的最优性提高学生的逻辑推理能力,游戏不断循环,学生的数学思维能力也在不断提升[18]。在数学课堂上,教师要给予学生充分的自由度,发挥游戏精神,让他们尽可能自主选择学习自己感兴趣的内容和适合自己的学习方法[19],不断地在游戏中尝试、模拟、探索和实践数学知识[20],实现学习的有效迁移,提升核心素养和思维能力。

电子游戏设计和课堂教学设计有着许多可类比的方面,为了使游戏成为有效的教育策略,我们教育工作者要放下身段,虚心向电子游戏界学习,真正了解电子游戏设计背后的理论。教育游戏设计理论是游戏总体设计的参考,为教育游戏的趣味性提供支持[14]。

需求层次理论是著名心理学家马斯洛提出的,他将人类的需求根据迫切程度划分为"生理需求、安全需求、爱和归属的需求、被尊重的需求以及自我实现需求"。游戏化学习的设计要满足不同学生的不同层次的需求[13],才能促进学生全面发展。

心流是最佳的学习状态。心流理论指出,当人们注意力高度集中,完全投入到某种活动中时,便会过滤掉无关的直觉,进入一种心流状态[14]。心流理论强调,只有当游戏任务难度和学生的技能水平达到平衡状态时,心流体验才有可能发生[11]。游戏化学习的难度要与学生的知识与能力相匹配,让学生在游戏中进入心流状态,实现深度学习。

社会文化理论指出,学习是一个社会过程,学习是通过在与其他个体的积极社会互动过程中发生的[16]。游戏设计中的竞争与合作实际上就是学生社会化的过程,可以培养他们协调合作的精神和勇于担当的责任感。

Malone的内在动机理论将内在动机分为个人动机(包括挑战、好奇、控制、幻想)和集体动机(包括合作、竞争、尊重)[13],正因为内在动机,才使得学生如此热衷于游戏。

教师要深度研究需求层次理论、心流理论、社会文化理论以及内在动机理论,设计出以学生为中心的人人参与、持续挑战、即时反馈、社群分享的数学游戏,将我们的课堂教学变得更加生动有趣。

五、数学教师如何给予学生游戏化学习的指导与评价

问题是数学的心脏,思维是数学的内核,以情境、游戏为载体,可以借助数学问题推动学生对知识的理解[21],促进素养提升和思维发展。在游戏化学习中,学生往往在紧张、愉快、刺激的体验中自我探索、发现线索、解决问题、寻找关联[22]。如果学生在游戏活动中能够得到合适的建议和解释,他们就更容易聚焦于游戏的知识内容[11]。因此,在游戏化学习中,教师要扮演引导者的角色,负责促进和指导学习,起到监督和检查的作用。教师可以通过网络终端将所有学生的学习情况、学习进度、学习时间等信息进行汇总[13],并对需要帮助的学生给予指导。数学教师在游戏化教学中应负责以下7个方面:①根据学生独立完成游戏任务的情况,创建知识"脚手架";②设计教学指导,为学生提供表达和反思的机会,使他们对知识的理解更加全面和深刻,掌握知识之间的内在联系,从中领悟并建构具有意义的知识体系[22];③在学生完成所有游戏任务前,提供个性化的答疑解惑[14],主动帮助学习上有困难的学生,给予他们一定的提示;④安排学生组成小组,让学习进度较快的学生帮助学习有困难的学生,促进学生之间的协作和共赢,提高团队合作能力[13];⑤引导学生进行反思和总结,对所学知识进行语言陈述,并设计相应的游戏环节让学生进行迁移和应用;⑥渗透德育,让学生反思在游戏中的感悟,树立规则意识和自我约束能力,帮助学生更好地成长;⑦做好游戏化教学的总结与反思工作,对于游戏中存在的一些不合理的地方,及时地调整和完善[23]。

数学游戏化评价强调对学生成长过程进行观察、记录、分析,发现学生的优势,真实、科学地评价学生的核心素养、思维能力以及数学知识水平,并为学生的发展提供有针对性的指导[24]。一是创设真实的评价情境,鼓励学生在真实情境中解决问题。二是设立科学、客观的评价指标,指向数学核心素养。三是创新评价方式,增强学习的内生动力[24]。

数学游戏化学习不是直接将游戏嵌入课堂教学活动,而是教师要基于教学目标和教学内容设计满足学习者的个性化学习需求的游戏。数学教学对电子游戏必须取其精华,去其糟粕,才能不断提升自身的魅力,更好地为学生的成长服务。随着新兴技术的发展,游戏化教学未来也可以将人工智能、虚拟现实、增强现实、可穿戴设备等技术与游戏技术结合起来,打造"专业教师+游戏开发者"共同体,构建数字化教育游戏资源建设联盟[25],打造开放的游戏化学习资源和平台,例如主题库、内容库、图片库、动画库、声音库、视频库、交互库和策略库等[22],进行共建共享。教师利用平台资源,为学生创设更为逼真的游戏化学习情境,注重心流体验和学习沉浸,为学生提供学习的"脚手架",激发学生的学习动机,促进知识理解与合作探究,并辅助学生进行元认知反思,提供学习反馈。游戏化学习也是落实立德树人根本任务的重要抓手,使学生在游戏中习得遵守规则、专心致志、积极主动、协调配合、勇于挑

战等品质,让学生学得更快乐、更科学、更高效。

参考文献

［1］蒋宇,尚俊杰,庄绍勇.游戏化探究学习模式的设计与应用研究[J].中国电化教育,2011(5):84-91.
［2］杨福华,吴婧,肖军玲.游戏化学习对学习者认知能力影响的研究[J].中国教育技术装备,2014(24):159-160.
［3］杨福华.游戏化学习下的小学案例设计与应用——以小学五年级数学教学为例[D].云南大学,2015.
［4］Caballero J S. La DT-based gamification in the mathematics class in primary education [J]. REDIMAT, 2023,12(1):82-105.
［5］尚俊杰,肖海明,贾楠.国际教育游戏实证研究综述:2008年—2012年[J].电化教育研究,2014,35(1):71-78.
［6］中华人民共和国教育部.义务教育数学课程标准(2022年版)[M].北京:北京师范大学出版社,2022:11.
［7］Tian M, Yang D. Preliminary construction of gamification teaching evaluation system in primary and secondary schools based on STEAM theory [C]//2022 IEEE 2nd International Conference on Educational Technology (ICET). IEEE, 2022:51-55.
［8］简·麦戈尼格尔.游戏改变世界[M].闾佳,译.北京:北京联合出版公司,2016:21-22.
［9］Squire K. Changing the game: What happens when video games enter the classroom? [J]. Innovate Journal of Online Education, 2005(6):1-20.
［10］Jagušt T, Boticki I, Mornar V, et al. Gamified digital math lessons for lower primary school students [C]//2017 6th IIAI International Congress on Advanced Applied Informatics (IIAI-AAI). IEEE, 2017:691-694.
［11］张露,尚俊杰.基于学习体验视角的游戏化学习理论研究[J].电化教育研究,2018,39(6):11-20+26.
［12］徐杰,杨文正,李美林,等.国际游戏化学习研究热点透视及对我国的启示与借鉴——基于Computers & Education(2013-2017)载文分析[J].远程教育杂志,2018,36(6):73-83.
［13］曾起堂.基于游戏精神的游戏化学习设计与实践[J].福建广播电视大学学报,2017(4):92-96.
［14］尚俊杰,曾嘉灵,周均奕.学习科学视角下的数学空间游戏设计与应用研究[J].电化教育研究,2022,43(7):63-72.
［15］祝士明,王田.游戏化学习环境下的教与学[J].现代教育技术,2017,27(6):25-30.
［16］Cunha G C A, Barraqui L P, De Freitas S A A. Evaluating the use of gamification in mathematics learning in primary school children [C]//2018 IEEE Frontiers in Education Conference (FIE). IEEE, 2018:1-4.
［17］Gonzalez O, Rodríguez E R, Saldias P V. Implicaciones de la gamificación en educación matemática, un estudio exploratorio [J]. Revista de Educación a Distancia (RED), 2021,21(68):11.
［18］卢茜.游戏化学习让学习成为探索之旅[J].中国教育学刊,2019(10):107.
［19］尚俊杰,蒋宇.游戏化学习:让学习更科学、更快乐、更有效[J].人民教育,2018(Z2):102-104.
［20］Sánchez S L, González M L, Rubira S M, et al. Gamification actions in the teaching of mathematics at every educational level [C]//Edulearn 18. 10th International Conference on Education and New Learning Technology(Palma, 2nd-4th of July, 2018). Conference Proceedings. IATED Academy, 2018:304-312.
［21］王素旦.低年段数学游戏化教学设计的再认识[J].教学与管理,2022(11):43-45.
［22］苏仰娜.创客学习视域下的移动学习游戏探索——基于STEM理念的教育游戏积件[J].远程教育杂志,2017,35(5):105-112.
［23］吴祖敏.新课程背景下数学游戏化学习的思考与实践[J].黑龙江科技信息,2014(32):96.
［24］巨晓山.游戏化学习有力促进减负提质[J].人民教育,2022(Z1):108-110.
［25］李玉斌,宋金玉,姚巧红.游戏化学习方式对学生学习效果的影响研究——基于35项实验和准实验研究的元分析[J].电化教育研究,2019,40(11):56-62.

第二章
桌面游戏：在合作竞争中挑战，增强学习动机

第一节　桌面游戏的特点与价值

一、理念引领

阅读本节内容之前，请先完成以下热身活动：
（1）什么是桌面游戏？
（2）桌面游戏有什么特点？

桌面游戏这个名词来源于英文 Board Game，简称 BG，或者"桌游"。广义地说，一切在桌面或多人面对面的平台上玩的游戏都可以称作桌面游戏，如麻将、围棋、跳棋等。狭义地说，桌面游戏特指将一些指示物或者物件在特定的图板上放置、移除或者移动来进行的游戏，如《大富翁》。

综合已有文献可知，桌面游戏有以下特点：
（1）没有电子组件，大多使用纸质材料，制作精良，用材讲究。
（2）通常为多人游戏，一般供 2~8 人进行。
（3）规则简单易懂，即便是 8~12 岁的儿童也可以掌握。
（4）重玩性极高，每场游戏都可能产生不同的变化和效果，可重复挑战。
（5）主题丰富，如军事策略、交易买卖、政治文化等。基于不同主题设计出相应的精美模型、游戏道具，游戏设计绘画富有艺术创意，最大程度推动玩家间的互动参与。

二、在综合应用中培养核心素养

在数的认识过程中，分数的学习让学生由整数扩展到有理数，也为后续进一步学习小数、百分数、比例等奠定了基础。北师大版义务教育教科书对分数安排了两个阶段的学习，第二学段初步认识分数以及简单分数的大小比较，第三学段进一步认识和理解分数的意义、分数的基本性质以及异分母分数的大小比较。

《标准（2022 年版）》提出，"不仅要整体把握教学内容之间的关联，还要把握教学内容主线与相应核心素养发展之间的关联""注重教学内容的结构化"。《分数比比乐》的桌面游戏

先固定分数模板,学生根据抽到的数字卡片自行决定放在分数模板的分子位置或分母位置,再抽取数字卡片补全分数,最后谁的分数大谁就获胜,从而把两个学段关于分数比较大小的知识融为一体。同样的游戏道具和规则,由于游戏的不确定性,学生既可能遇到同分母分数的大小比较,也可能遇到异分母分数的大小比较,甚至还可能出现分数的分子、分母不同,但分数的大小却是相等的。

❀ **课例1:《分数比比乐》**(姚铁龙)

(1) 每人拿一个分数模板放在桌子中间。

(2) 每人从1~9的数字卡片中任意抽取一张,并根据抽到的数字的大小决定放在分数模板的分母位置还是分子位置。

(3) 再抽取一张数字卡片放在分数模板中空缺的位置。

(4) 谁两次抽到的数字组成的分数大谁就赢,并获得金豆一颗。组成的分数一样大,算平局。最后谁赢取的金豆多,谁就是分数王者。

【评析】 当学生遇到两个同分母分数时,这是分数单位相同的情况;当遇到两个异分母分数时,这是分数单位不同的情况,必须对原有的分数单位进一步等分,再在相同的分数单位上进行大小比较。在一次次的游戏中,学生既要根据抽到的卡牌大小决定将其放在分母或分子的位置,也要根据剩余卡牌来推测获胜的可能性,还要掌握比较两个分数的大小的方法,理解分数的意义,不断感悟分数单位,从而进一步发展数感。

桌面游戏的道具、规则及相关组件蕴含着数学的概念性知识和程序性知识,每一次重玩游戏会产生不同的变化和问题,这些都是对概念的重组、对程序的应用,学生需要根据实际情况综合考虑,从而在综合应用中培养核心素养。

三、在有效练习中克服学习难点

在小学数学阶段,分数主要表达自然数之间的两种关系:整体与等分关系,两个数量之间整数的比例关系(即整比例关系)。北师大版义务教育教科书三年级下册"认识分数"这一单元是学生初步认识分数的阶段,也是学生对数域的第一次拓展,理解分数的意义是重点。小学数学教材一般认为,把单位"1"平均分成若干份,表示这样的一份或几份的数叫作分数。学生需要掌握"根据图中阴影部分的占比写出对应的分数",这类练习的关键是理解分数可以表达整体与部分的关系。在这里,对"平均分"的强调是十分必要的,且要注意平均分的对象是整体"1"的面积,因此每一份的形状、颜色不必相同,但是面积的大小需要一致。然而,初学分数的学生难以全面地把握分数的意义,遇到稍微复杂的图式便无法进行严密的分析。

蔡晓欣老师以此难点为例,设计并开发了一款桌游《分数糖葫芦》,两名学生分别根据转盘指向的分数在分数图形棋盘上选择画圈位置,谁画的 3 个圆圈连成一条直线,谁就串好糖葫芦,挑战成功。同时,基于此游戏尝试比较桌游练习与传统练习对学生克服学习难点效果的影响,并开展了实证研究。结果发现,两种练习方式都能有效改善学生对知识的掌握情况,但游戏化练习的效果更为显著。对于备受关注的后进生而言,游戏化练习的提升效果更加明显。最后,蔡老师结合统计结果、课堂表现及后期访谈分析了两种方式的效果存在差距的原因。

课例 2:《分数糖葫芦》(蔡晓欣)

1. 发现问题

为了找出学生存在的思维漏洞,蔡老师要求学生用分数写出图 2-1 中阴影部分表示的面积占总面积的比。在被测的 144 名学生中,只有 76.92% 的学生正确写出了其对应的分数。表 2-1 是错因分析。

表 2-1 错因分析

错解	占比	原　因
$\frac{5}{11}$	11.54%	忽略了分数定义中"平均分"的重要性
$\frac{5}{9}$	7.69%	看到有 5 个色块就想当然地以为要取其中的 5 份,不懂用局部平移的方法合并图形
$\frac{9}{4}$、$\frac{11}{5}$、$\frac{9}{5}$	3.85%	没有掌握分数的写法

图 2-1 测试图

针对学生存在的问题,蔡老师在所执教的班级用传统练习的方式进行强化巩固,但效果不佳,学生的畏难情绪导致他们在做题和讨论的过程中产生明显的抵触,表现为不写练习、不配合讨论、自顾自地玩耍等。随后,当老师提出要布置更多类似练习的时候,几乎所有的学生都表示不愿意再继续尝试了。

2. 游戏设计

为了帮助学生克服畏难心理,让单一、机械的训练变得有趣、有效,基于儿童好玩的天性,蔡老师设计了游戏《分数糖葫芦》,希望学生能在快乐的氛围下强化对分数意义的理解。图 2-2 是游戏道具:

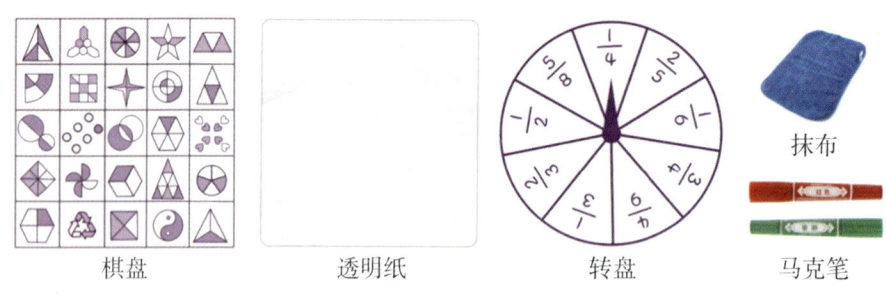

图 2-2 游戏道具

游戏规则:

(1) 猜。两位玩家各执一种颜色的马克笔,将透明纸覆盖在棋盘上。用"石头剪刀布"决定谁先转动转盘。

(2) 转和圈。玩家画圈的位置取决于转盘上指针指向的分数,凡是画有表示该分数的图形且还没被占领的格子都可以圈。

《分数糖葫芦》
游戏规则

在这3个图形中,阴影部分面积都占整个图形的 $\frac{3}{4}$,我圈"风车"吧!

(3) 赢。串好糖葫芦,即谁画的 3 个圆圈连成一条直线,谁就是赢家。

不难发现,这个游戏就是把填空题中表示分数的图式拿出来,塞进 5×5 的棋盘里,以分数转盘为引擎,仿照五子棋的规则设计的。正是这样一层简单的游戏外衣,让原本枯燥无味的练习鲜活起来。

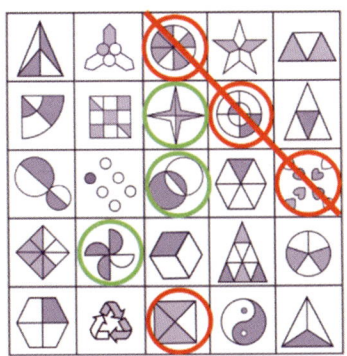

分析的复杂性、对手行为的不可预测性、转盘带来的随机性让学生心潮澎湃,并随时为处于劣势的玩家制造扳回一局的可能。同时,局势的变幻莫测还能大幅提高游戏的重玩性。策略的应用能有效激活孩子们大脑中的成瘾回路,与之相伴的良好的控制感可以为孩子们带来沉浸式体验,使他们在不知不觉中加强了对分数意义的理解。

3. 实证研究

完成游戏的设计和开发后,蔡老师对《分数糖葫芦》的实际使用效果进行了实践检验。选取深圳市某公立小学 144 名三年级的学生,在孩子们刚刚完成"认识分数"内容的学习后,开展实证研究。

(1) 实验过程

实验分 3 个阶段进行。

第一阶段:利用前测将学生分成学力平均水平相近的 3 个小组,即实验组、对照组和空白对照组。每组学生按学力分为 3 个层次:后进生(0~70 分)、中等生(71~89 分)和优等生(90~100 分)。

第二阶段:分组实验。

实验组学生玩 25 分钟《分数糖葫芦》,进行知识的巩固学习。

对照组学生在同样长的时间内先独立完成一套与游戏内容一致的练习卷(见图 2-3),再经历小组合作、交流讨论的过程。

空白对照组学生不参加任何形式的学习活动,直接过渡到下一阶段。

注:对照组和空白对照组的学生在完成第三阶段的后测后,也玩了 25 分钟的《分数糖葫芦》小游戏。

第三阶段:3 个实验组的学生进行后测。为保证实验的有效性,后测的题目在题型、题量和难度上尽可能与前测保持一致,如图 2-4、图 2-5 所示。

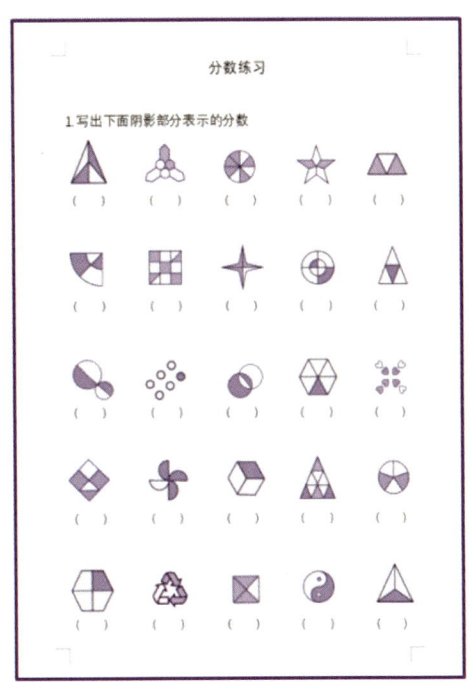

图 2-3 分数练习卷

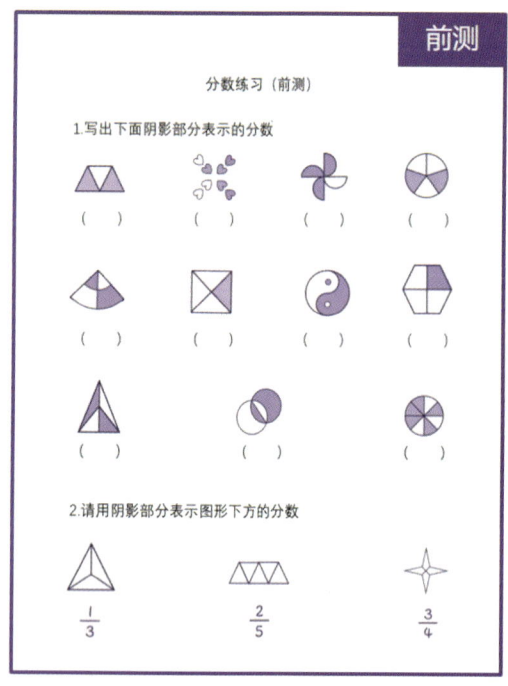

图 2-4 前测试题

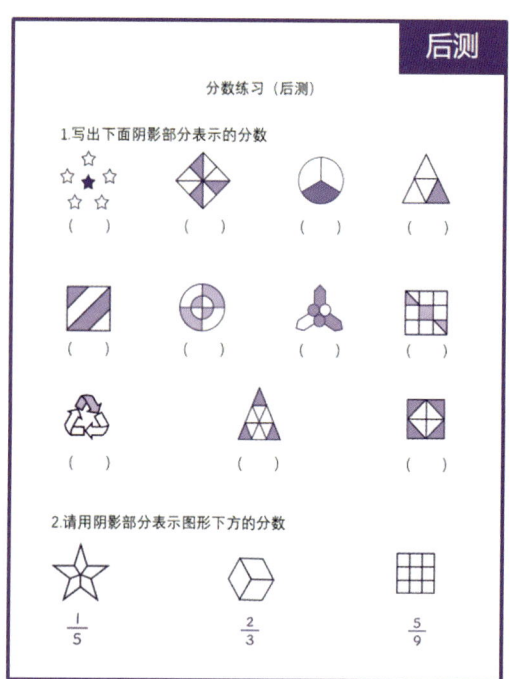

图 2-5 后测试题

（2）数据分析

为了更好地比较游戏化练习和传统练习这两种方式对学习效果的影响，分组时，保证 3 个实验小组的前测成绩基本一致，随后对后测收集的数据从 3 个维度进行分析。

从表 2-2 可以看出，48 名空白对照组学生的两次成绩均值相差 0.916 分，独立样本 t 检验的显著性水平为 $0.167(p>0.05)$，说明题目的改变不会为学生前测与后测成绩带来显著的影响，前后测题目难度相当。

表 2-2　3 个组学生整体情况前后测成绩比较

项　目	实验组	对照组	空白对照组
前测平均值	77.333	77.375	77.542
后测平均值	86.292	84.083	78.458
差值	8.959	6.708	0.916
p	0.000	0.000	0.167

表 2-2 还反映了 3 组学生在实验前后测中的具体表现情况。实验组和对照组的成绩都有明显的进步（$p=0.000<0.05$），实验组均分提高了 8.959 分，对照组提高了 6.708 分，说明实验组的学生进步更大。数据告诉我们，传统练习能够显著提高学生对分数的理解，只是游戏化练习的效果明显更佳。

表 2-3 反映了游戏化练习和传统练习对 3 个层次的学生所造成影响的差异。由表可知，实验组学生的后测成绩均优于对照组中对应层次的学生。实验组后进生后测平均成绩

领先对照组后进生 6.786 分,实验组的中等生和优等生虽成绩优于对照组对应层次的学生,但是分值差距都在 1 分以内。与此同时,显著性差异也只出现在后进生之间($p=0.037<0.05$),这说明游戏化练习的优越性在后进生身上体现得尤为明显。

表 2-3 实验组、对照组对应层次学生的后测成绩比较

后测成绩	后进生	中等生	优等生
实验组	76.286	85.546	99.333
对照组	69.500	85.000	99.200
差值	6.786	0.546	0.133
p	0.037	0.703	0.849

由表 2-4 可知,经过 25 分钟的游戏化练习,3 个层次的学生都有显著的进步($p<0.05$),对优等生、中等生和后进生而言,游戏化练习的作用依次增加。

表 2-4 实验组 3 个层次的学生的前后测成绩比较

项目	实验组		
	后进生	中等生	优等生
前测均值	61.571	77.636	94.667
后测均值	76.286	85.546	99.333
差值	14.174	8.091	4.667
p	0.000	0.000	0.001

4. 分析和总结

根据以上实证研究可得:桌游练习和传统练习两种练习方式都能有效改善学生对知识的掌握情况,但桌游练习的效果更为显著。对于备受关注的后进生而言,桌游练习的提升效果更加明显。为何会有这样的差别?结合统计结果,蔡老师从学生的课堂表现和对学生后期的跟踪访谈中找到了答案。

(1) 课堂表现

在实验过程中,出现了两种截然不同的场景:对照组的大多数学生不愿意交流讨论,个别学生的练习纸一直到讨论结束都是空白的,其间还有学生跑来问:"可以结束讨论了吗?""老师,我们什么时候可以下课?"实验组的学生在下课后依然抱着棋盘不放,甚至十分期待能够在课后到办公室继续玩。

究其原因,学习方式的不同是关键。面对传统练习,大部分孩子是被动的加固训练。而在游戏化练习的过程中,由于转盘的每一次转动,对手的每一处落子,都影响着棋局的形势,牵动着比赛的输赢,所以,孩子们能很自然地进入学习状态,专注于每一步棋子的走法,并积极地讨论转盘的分数和游戏纸上图形的对应关系。

同时,游戏还推动着生生共学。为保证游戏能顺利进行,优生会在讲解游戏规则的过程中教会他的对手怎样准确进行分数与图形的配对,而后进生对游戏的热忱克服了对困难的

畏惧,会更加专注地听和学,在每一轮的游戏纠错中更新对知识的认知。我们看到,在整个学习过程中,为学生注入驱动力的正是游戏。

(2)后期访谈

实验后,围绕以下问题对实验组和对照组各 5 名学生进行随机访谈,访谈结果见表 2-5。

表 2-5 访谈结果

问题	访谈结果	
	实验组(5人)	对照组(5人)
1. 通过这一节课的学习,对于这类题目你掌握得更好了吗?	进步很大(3人)	有进步(5人)
	有进步(1人)	
	以前就掌握得不错,但是很享受玩游戏的过程(1人)	
2. 你愿不愿意继续以这样的方式学习?	非常期待(5人)	不愿意(5人)
	补充:希望购买这款桌游,回家和小伙伴一起玩(1人)	(追问是否愿意再领一份练习回家巩固?)作业够多,不想再做题

从学生的课堂表现和访谈记录中,我们明显地看到,还原儿童天性的学习方式更能吸引他们,且自发性的学习比被动性的学习要更持久,效果更显著。《标准(2022 年版)》提到,数学学习应该让学生了解数学价值、提高数学兴趣、增强数学信心,养成思考习惯,培养创新意识和科学态度。显然,这是传统练习难以达到的高度,而游戏化学习却带来了可能性,因为游戏为儿童注入了力量!

【评析】由于本单元是初步认识分数,因此,在评价形式上应当安排一些直观的题目,以检验学生对分数意义的理解程度。将本游戏应用在练习环节中,学生既要根据转盘上的分数去找对应的阴影部分,又要从不同的图形阴影部分中找到相同的分数,从而双向建立分数的图形表征和符号表征之间的联系,既巩固了学生对分数"部分—整体"意义的理解,丰富了学生的数感,也在变与不变中初步培养模型意识、推理意识,同时在竞争的氛围中增强了学习的兴趣,从而克服学习难点。

四、在合作竞争中增强学习动机

用小数表示十进制的计量单位是北师大版义务教育教科书四年级下册中的一个难点,高级单位与低级单位之间的换算容易混淆,学生需要根据十进制之间的关系进行推理。不管是依据小数的意义,或是利用小数的乘法,学生总是很难正确换算。究其原因,因为涉及前 4 年学过的长度单位、面积单位、质量单位、时间单位等不同单位类型的换算,单位类型多,单位间的进率也存在差异,且涉及单名数和复名数的换算,再加上传统的纸质填空练习并非按照单位类型有序呈现,所以学生普遍感到难度较大,练习效果不佳,学生动力不足、兴趣不浓。

马隆提出一套完整的"内在动机"理论。他将内在动机分为个人动机和集体动机,个人动机包括挑战、好奇、控制和幻想,集体动机包括合作、竞争和自尊。为了增强学生的学习动机,我们将单人纸质练习(见图2-6)改造成2~4人的团体桌面卡牌游戏(见图2-7),设计了合作类玩法和竞争类玩法,将传统的单位换算变成"抓间谍""抓乌龟"等有趣的活动任务,赋予学生使命感,实现生生互教互学。

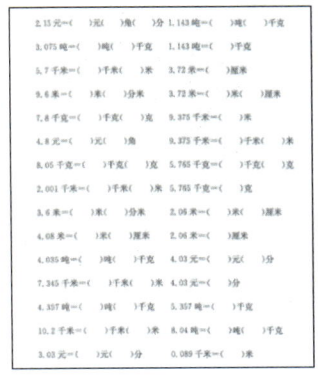

图2-6 "小数的意义"单人纸质练习

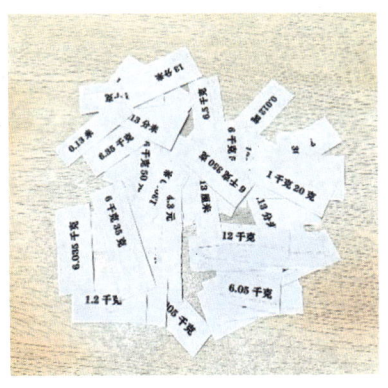

图2-7 "小数的意义"桌面卡牌

课例3:合作游戏《抓间谍》

适用范围:卡牌数量较多的情况。

游戏规则:

(1)抽。52张卡牌正面朝下,老师分别从每个小组中抽走一张牌作为"间谍牌",反扣在黑板上,此时每组剩下51张卡牌。

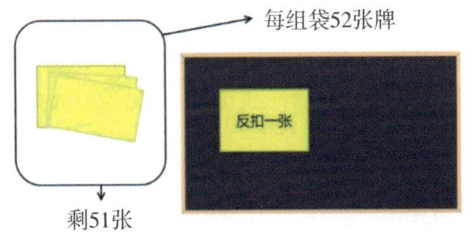

(2)配。4~6人小组合作,把打乱的卡牌进行一一配对,找出剩下的一张"间谍牌"。

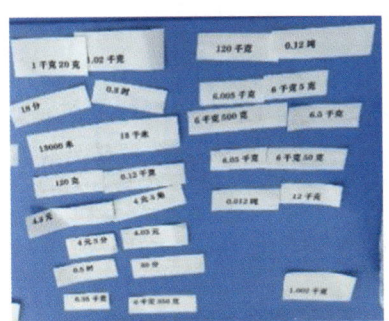
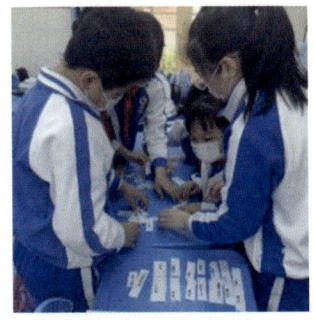

（3）找。小组讨论与"间谍牌"相等的牌可能是什么，再由组长上台揭示。若配对成功则获胜，否则失败。

🔍【评析】当所有的卡牌全被打乱后，有部分小组会根据卡牌内容先展开讨论"一共有几种类型的单位"，再分工进行分类，比如把长度单位的卡牌先放在一起，分好之后再进行下一步的配对。教室里的活动空间有限，部分小组会整齐地摆放成功配对的一组组卡牌，个别小组成员还会主动进行检查。在"抓间谍"的目标引领下，全员积极讨论易混淆卡牌，共同商量"间谍牌"有哪几种可能性，从而大大减少出错率。当然，也有部分小组会把配对好的卡牌混成一堆，不利于回看和检查，这也提醒学生要对卡牌的摆放方式做出调整。因此，这个游戏不仅考验学生对知识和技能的掌握，也非常考验团队的动手操作能力与合作能力。游戏成功的前提是每人配对准确，只要有一人出错，就会最终"抓间谍"失败，这在无形中提醒学生要及时对游戏过程进行反思、做出调整。

在课堂教学中所有儿童，也包括教师在内，从根本上说是属于"同他者分享"的存在。正是因为每个学生的理解并不是一模一样的，所以在游戏过程中，自然而然会出现高学力的教低学力的、低学力的向高学力的学习这样的现象，从而实现生生积极交流、互教互学。

🌸 课例4：竞争游戏《小乌龟》

适用范围：卡牌数量较少的情况。

游戏规则：

（1）抽。将26张卡牌正面朝下，同桌2人为一组进行猜拳，获胜者从中抽走一张牌作为"乌龟牌"，反扣在桌面上，此时剩下25张卡牌。

（2）分。获胜者把25张卡牌依次分给双方，一方分12张，另一方分13张。

（3）配。双方自行配对卡牌，若能配对，则打出该牌组，正面朝上放在桌面上；若配对错误，则需把牌重新拿回。

（4）轮流抽。手中的牌无法再配对时，轮流从对方手中抽取一张牌。若能与自己的牌配对则打出，若不能则保留。

（5）赢。最后剩下一张与"乌龟牌"配对的牌，落入谁手，谁就失败。

🔍【评析】《精灵国度》(*Elfenland*)以及《铁道任务》(*Ticket to Ride*)的作者艾伦·穆恩认为"玩家之间的互动是桌面游戏最吸引人的地方"。在竞争类玩法中,"乌龟牌"一开始是未知的,竞争双方通过不断配对打出手中的卡牌,既需要对自己的卡牌进行配对,也需要检查对方是否配对出错。随着轮流抽牌,卡牌越来越少,"乌龟牌"逐渐明朗,学生的心情愈发激动,双方看似在紧张地游戏,实际上是在以积极的情绪进行单位换算的重复练习。

在游戏方式上,《小乌龟》体现竞争,而《抓间谍》体现合作。虽然方式不同,但从本质上来讲,两者的目标是一样的,都是在重复的单位换算的过程中找出最后剩下的一张牌,都需要学生自己独立思考、动手操作、一一配对、互相检查、共同讨论,打乱的卡牌比一对一的填空题更考验学生综合运用知识的能力,不同的互动方式提升了学生沟通、交流的能力,也培养了学生质疑问难、自我反思的精神。

🔍【反思】贾楠总结桌面教育游戏能促进学生更全面、更健康、更个性化的发展,也为提高教师的教育教学能力、培养专家型教师提供了有力的支持。

更具体地说,桌面游戏对于小学数学的教育教学到底有什么价值呢?我们结合以上课例,做出如下总结:在综合应用中培养数学素养;在有效练习中克服学习难点;在合作竞争中增强学习动机。当然,桌面游戏的价值绝不局限于以上 3 点,读者们也可以继续思考。

五、进一步思考的问题

(1)要设计一款好玩的桌面游戏,需要考虑哪些元素?
(2)你认为桌面游戏对于小学数学的教育教学还有什么价值?

六、资源链接

[1] 姚铁龙.桌游在数学学习中的运用[J].小学教学(数学版),2020(12):56-57.
[2] 晏捷.社交游戏理论视野下的桌面游戏[D].浙江大学,2010.
[3] 贾楠.课堂桌面教育游戏的设计与应用研究[D].河南师范大学,2014.

七、学习分享

一款好玩的桌面游戏,一般具备哪些元素呢?深圳市东海实验小学的谭春兰老师根据三年级小数的初步认识"买文具",对如图 2-8 所示的 3 款桌面游戏展开实证研究。她随机抽取 42 名学生,通过前测完成学生分组。围绕"下面哪一款游戏最吸引你"这个问题展开前测、后测,统计结果如图 2-9 所示:

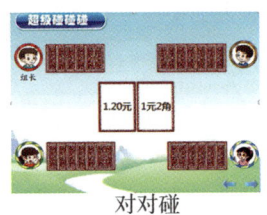
对对碰

连连看

抓间谍

图 2-8 3 款桌面游戏

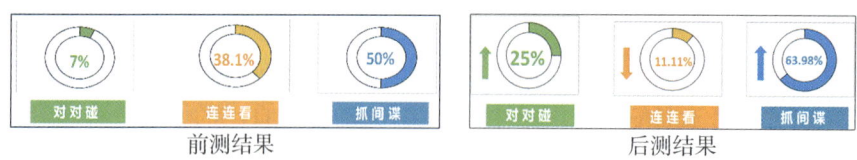

图 2-9　3 款桌面游戏前测、后测结果

由此可见,游戏名非常重要,好的名字能在游戏之初就唤起学生的好奇心！在学生试玩 3 款游戏后,结果显示操作类的数学游戏《对对碰》《抓间谍》更受学生喜欢,而营造了情境的操作类数学游戏《抓间谍》又比单纯的操作类数学游戏更吸引孩子。

如图 2-10 所示,对本节课的数学游戏给予否定回答的学生均为《连连看》游戏组。显然,《连连看》虽然看似一个游戏,实则是伪游戏、真习题,不能很好地激发学生的学习兴趣,还会让学生对数学游戏望而生厌。相反,《抓间谍》和《对对碰》属于 2~4 人互动的桌面游戏,这种操作类的数学游戏更受学生喜欢。桌面游戏显然比学生单打独斗完成练习增加了更多互动的机会,满足学生的社交需要。通过聚类分析可知,《对对碰》《抓间谍》的桌面团队游戏对提高学生的学习水平帮助更大,后测的正确率更高。《抓间谍》又比《对对碰》在情境上更胜一筹,给予学生沉浸感、使命感、自我效能感,因此受欢迎的比例是最高的。

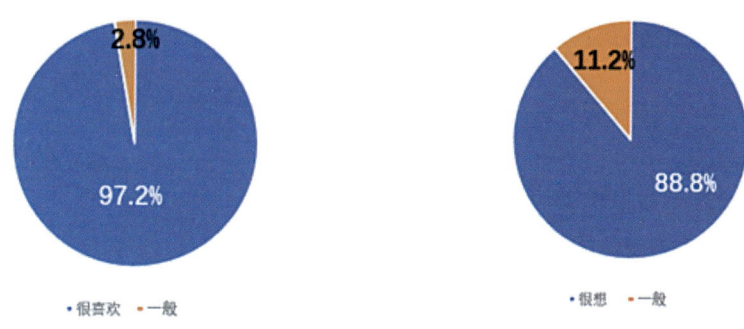

图 2-10　学生对游戏的评价

综上所述,好玩的桌面游戏至少要具备一个好名称,一个好情境,一款好道具。当然,互动性、倒计时、即时反馈等游戏元素也是桌面游戏不可或缺的"调味料"。

第二节　桌面游戏进课堂

一、理念引领

阅读本节内容之前,请先完成以下热身活动：
（1）小学数学课堂中的桌面游戏有哪些类型?

(2) 每类桌面游戏的核心机制分别是什么？

桌面游戏进课堂，我们可以将其运用在新授课、习题课、复习课等不同课型中，也可以将其贯穿于整节课或者运用在某个课堂环节。正所谓"教学有法，教无定法"，桌面游戏的丰富内涵为未来的数学课堂提供了更多可能性，蕴藏着无限生机与创意。

目前有学者将教育领域的桌面游戏分为两类：一类是使用现成的桌面游戏赋予教育意义，比如使用扑克牌进行数学计算；另一类是将自制或特制的桌面游戏融入教学中。

重复是游戏的一个基本特征。核心游戏循环是游戏设计的核心，通常由一系列动词组成——越具体的动词越好。通过探索实践，我们根据桌面游戏的机制、核心游戏循环及其在小学数学课堂中的应用分成4种类型，分别为版图游戏、卡牌游戏、骰子游戏和角色扮演游戏。版图游戏的核心机制是掷骰子、行棋而获得资源，卡牌游戏最主要的机制是抽卡和洗牌，骰子游戏的核心操作是掷骰子、行棋、到达终点，角色扮演游戏则是通过扮演某种角色，在一定的规则下完成任务。但是不同桌游类型之间也可能会出现相同的游戏元素，比如版图游戏、卡牌游戏中有时也会出现骰子。

要使桌面游戏真正服务于课堂教学，除了考虑该桌游本身的特点和对应的核心游戏循环外，更重要的是必须基于数学核心素养定位教学目标，把教学目标和游戏目标进行对接，再把教学内容融入游戏道具、游戏规则的设计中，才能真正发挥桌面游戏的教学价值。那么，不同类型的桌面游戏如何应用到课堂教学当中？有哪些注意事项和优缺点呢？以下我们结合具体案例共同探讨。

二、版图游戏

版图游戏是根据一系列规则，在事先标记好的台面或者棋盘上放置、移动和拿走筹码或棋子一类的游戏。这类游戏通常是在一个统一的文化背景之下，用特制的地图板，运用大量道具虚拟多种资源的生产、交易等流动过程。

在北师大版义务教育教科书中，确定位置的学习分为两个阶段：第二学段是在方格纸（即直角坐标系）中用数对（即坐标）确定位置，第三学段是在极坐标系中借助方向、角度、距离3个要素来确定位置。版图游戏《最后的赢家》适用于第三学段，它把3个要素融入3个骰子中，基于极坐标系设计出游戏底板，将角度骰子的6个度数精准地设计在其中。通过"掷骰子—占领土地"这一核心游戏循环不断强化学生对确定位置三要素的理解和应用。

课例1：《最后的赢家》（李岚岚）

游戏道具： 1张游戏底板，1张宝藏秘密卡，4副士兵棋子（每副14颗），3副宝藏信息牌（每副5张），1副命运牌（17张），3颗方位骰子（角度六面骰，包括0°、15°、30°、45°、60°、75°；距离八面骰；方向八面骰，包括东偏南、东偏北、西偏南、西偏北、南偏东、北偏东、南偏西、北偏西）。

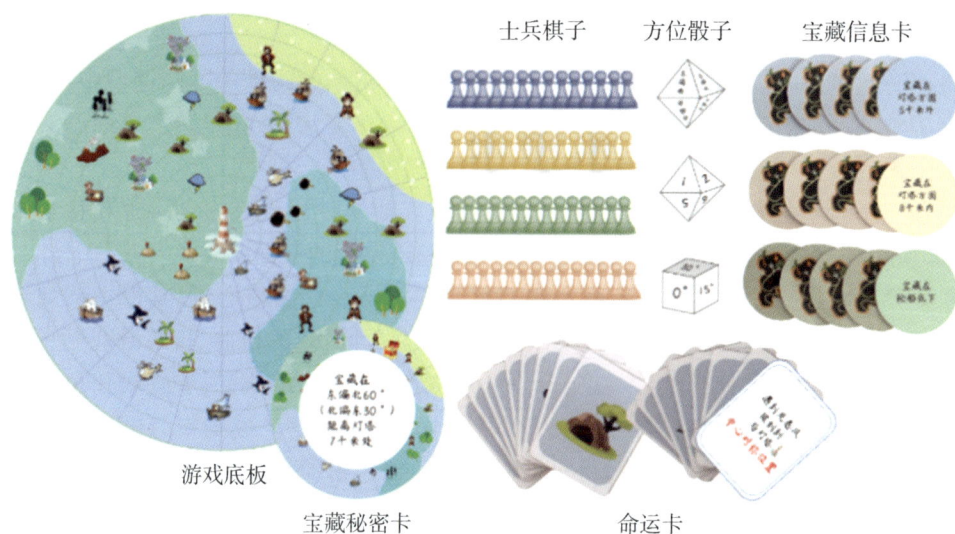

士兵棋子　　方位骰子　　宝藏信息卡

游戏底板　　宝藏秘密卡　　命运卡

游戏规则：

初阶玩法（2~4人）

（1）1名玩家掷3颗方位骰子。如：东偏北，30°，6千米。

（2）根据骰子信息用士兵占领土地，又快又准地找对并放置士兵的玩家获得土地。即：在灯塔的东偏北30°方向，距离灯塔6千米处。

（3）15分钟后，占领土地多的玩家胜利，如图是橙色玩家胜利。

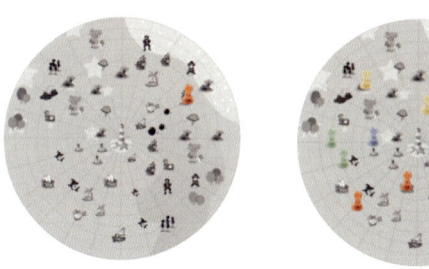

中阶玩法（4人）

（1）4名玩家分工，1名担任裁判，3名担任军官。裁判职能如下：

1. 知道宝藏秘密　　2. 掷方位骰子

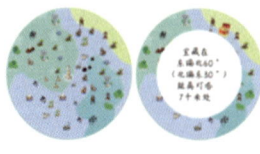 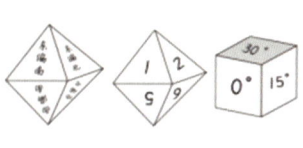 

3. 反扣命运牌　　4. 3组宝藏信息卡各自打乱反扣

 保护驻扎此地的士兵不被杀掉

 宝藏在灯塔的东北方向

(2) 裁判掷骰子,3名军官轮流根据信息找到准确位置后放置士兵。若放置准确,则驻扎成功;若错误,则另2名军官抢占。

(3) 若遇空白地,则裁判继续掷骰子,进入下一轮;若遇图形地,则玩家翻对应命运牌。

(4) 该玩家根据命运牌进行操作,如以下玩家可翻对应颜色宝藏信息牌。

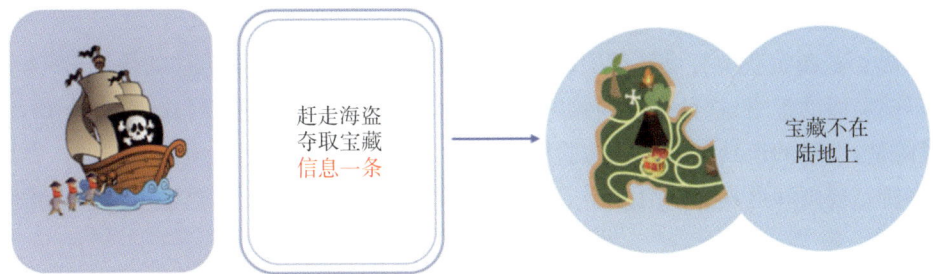

(5) 轮到游戏的军官,可选择掷骰子驻扎士兵或猜宝藏位置,裁判评价对错。注意:牺牲5名驻扎士兵可换取1条宝藏信息,猜测宝藏位置错误则牺牲10名士兵。

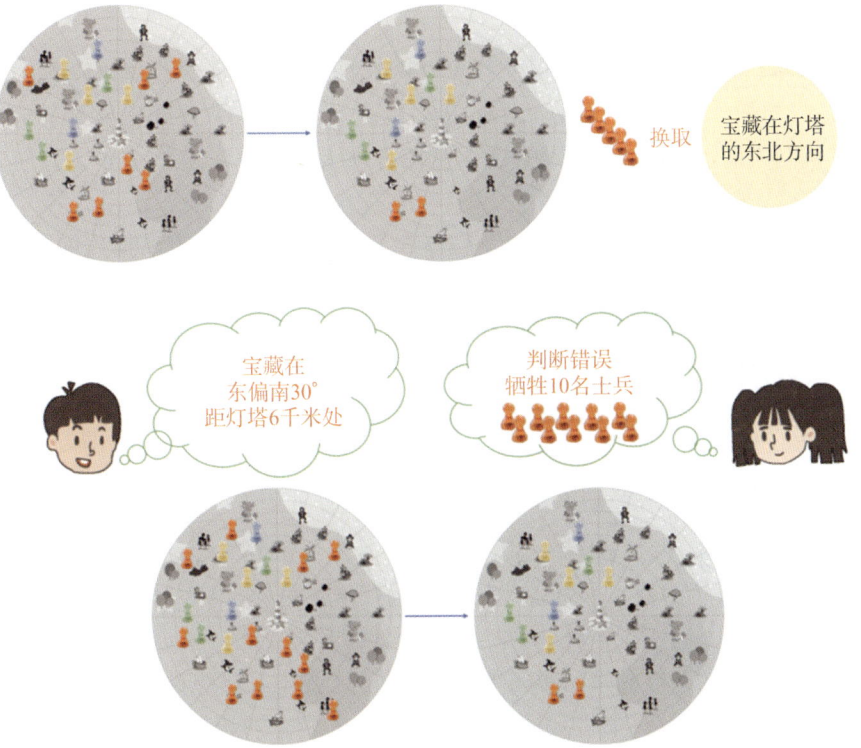

(6) 根据搜集的宝藏信息，准确说出宝藏位置者获胜。

🔍【评析】这款版图游戏把确定位置的要素通过3颗骰子予以明示，因此不适合课堂的探究环节，而适合于练习环节进行巩固。在初阶玩法中，部分后进生在寻找灯塔的东偏北30°、距离6千米处的位置时有一定困难，但是学生可以逐颗掷骰子进行突破，先找到东偏北的范围，再找到象限角30°，最后通过距离6千米确定该点的位置。3颗骰子既降低了学生在确定位置三要素上的认知负荷，也有助于学生再次经历确定位置的过程，理解方向、距离对确定位置的作用，并能根据方向和距离确定物体的位置。

在2~4人的团队游戏中，不管是竞争类玩法还是合作类玩法，都为学生提供了互相学习的机会，实现生生互助。比如中阶玩法很好地调动了优生与后进生的积极性，优生可以选择担任裁判，判断其余学生是否正确放置棋子位置，其余学生则通过命运牌、宝藏信息卡中的指令进一步巩固所学知识，体会到确定位置的相对性，丰富了对现实空间的认识，拓展知识视野，进一步发展空间观念。

🔍【反思】版图游戏中有设计精美的道具，真实可控的骰子，灵活机动的规则，多人互动的快乐，不同局面的策略，这种真实的触感、观感、体验大大增加了游戏对玩家的吸引力。但需要注意的是，大量的道具带来更强体验感的同时，随之而来还有规则烦琐的问题。在版图游戏中，将所有规则和道具介绍清楚需要耗费一定的时间，这是在实际教学中需要考虑和优化的问题。

另外，游戏道具都是已经提前设置好的，因此版图游戏大多用于课堂的练习、巩固、应用环节，适用的范围有限。我们也可以设置不同难度的玩法供玩家选择，当玩家已经熟悉初阶玩法、学会基本操作后，调整角色、增设功能牌或命运卡、调整游戏机会对游戏策略提出更高要求，从而满足玩家不断进阶的期望。

🔍【教学建议】版图游戏为了虚拟多种资源的流动过程，经常需要运用大量的道具，要注意将游戏道具与教学内容进行整合，比如《最后的赢家》将确定位置的三要素（方向、角度、距离）与核心机制中的骰子相结合，才能让学生在占领土地的游戏过程中体会如何确定位置，发展空间观念。

北师大版义务教育教科书中，第二学段学生只学过用方向和距离描述简单路线图的方法，当时的方向仅有8个（东、南、西、北、东北、东南、西北、西南）。基于《最后的赢家》，我们可以将游戏底板中的经线、纬线改成横线、竖线得到方格纸（即直角坐标系），将3颗骰子调整为2颗（代表行数、列数），从而得到一组数对；也可以根据难度级别设计出只包含第一象限的直角坐标系，甚至可以融入负数，拓展到包含4个象限的直角坐标系。

三、卡牌游戏

卡牌游戏又称为卡片游戏或者纸牌游戏，以卡片或纸牌为主要道具，根据牌面的花色、数字的大小和功能等进行游戏。卡牌游戏的要素包括游戏目标、道具、规则、其他说明（如适用年段或注意事项）等。同一副卡牌，如果目标不同，那么游戏规则也会发生相应的变化，出牌的顺序和要求、获胜的条件和策略都需要进行调整，这在扑克牌游戏中也体现得淋漓尽致。

北师大版义务教育教科书将观察物体的学习分为两个阶段。第一阶段是实物观察，一年级下册是从不同方向观察一个物体(不超过3个方向),三年级上册发展到观察一个物体(不超过4个)及观察两个物体的简单关系。第二阶段分为两条线索,一是观察由几个正方体搭成的物体,二是感受观察的范围随着观察点的变化而变化,了解物体之间的相互关系。北师大版义务教育教科书四年级下册"观察物体"单元正是第二阶段的第一条线索,学习内容是辨认从正面、侧面、上面观察到的用3~4个小正方体搭成的立体图形的形状,根据不同位置看到物体的形状还原物体。简而言之,"立体图形和平面图形之间的转化"是本单元的核心内容,是空间观念形成的重要方面。

在日常教学中,我们看到游戏化学习多用于练习环节,或是通过多款不同游戏完成一课知识的学习。能否用一款游戏贯穿新授课始终?仅通过游戏规则的改变就能完成所有的学习任务吗?"立体图形"和"平面图形"本身就是培养空间观念的两个重要载体和抓手,能否将其融入不同的卡牌游戏道具中,根据发展空间观念的路径设计出合理的游戏规则,推动深度学习呢?

基于以上思考,姜巍巍老师开发并设计了《眼明手快》的卡牌游戏。整节课的教学由同一款卡牌游戏贯穿始终,学生人手一份卡牌,开展4轮游戏:①指令牌不变,我出立体牌,你出平面牌;②立体牌不变,我出指令牌,你出平面牌;③立体牌和指令牌都变,你出平面牌;④我出立体牌,你画平面牌。通过游戏规则的变换,在师生游戏和生生游戏中不知不觉地让学习走向深入,举起的纸牌能够及时展现观察的结果,利于教师清晰把握每位学生在每个环节的思考并及时进行介入和有效指导。

课例2:《眼明手快》(姜巍巍)

游戏道具:黄色指令牌8张(上面分别写着"从正面看""从上面看""从左面看""从右面看"),蓝色立体牌12张(上面分别是1~4块小正方体不同摆法的图片)、红色平面牌8张(上面分别是1~4个小正方形不同摆法的图片)。

第一轮游戏：指令牌不变，我出立体牌，你出平面牌

每人拿出一副红色平面牌，将 8 张平面牌牌面朝上，摆放在桌面上。指令牌为"从正面看"，教师出示一张立体牌，学生找到并举起对应的平面牌。

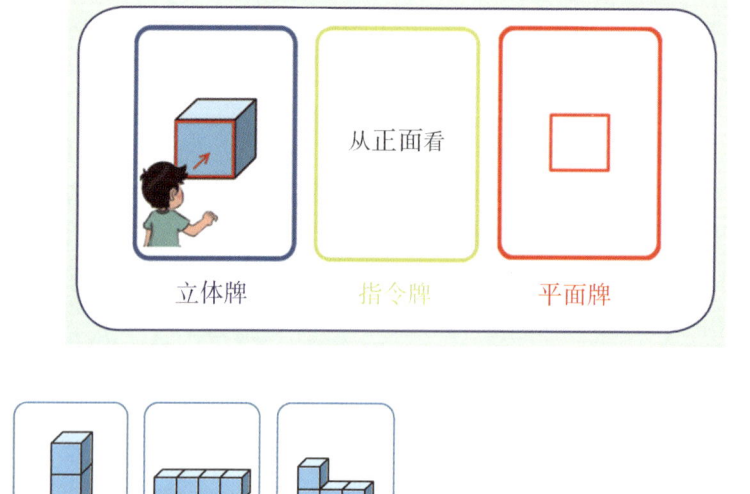

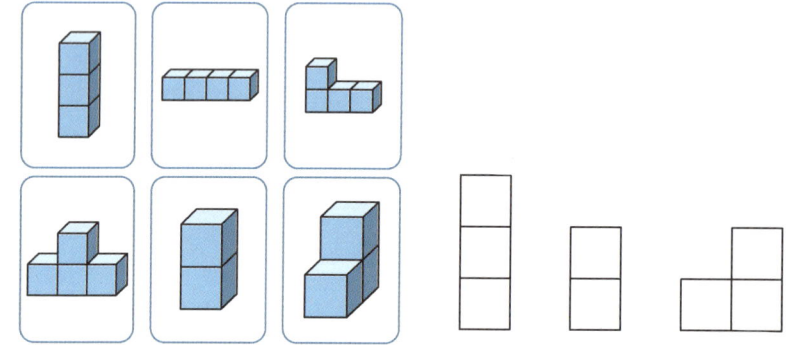

教师依次出示以上不同的蓝色立体牌，最后一幅图出现争议，学生在小组内用正方体小木块搭一搭，观察后并讨论。

师：如果还是出这张平面牌，可以出哪些立体牌？（学生思考并上台摆实物）

生 1：有无数种不同的摆法！在这个立体图形的后面不断增加正方体的数量，很多立体图形从正面看到的形状是一样的。

生 2：从正面看，同一张平面牌可以对应很多不同的立体牌。

第二轮游戏：立体牌不变，我出指令牌，你出平面牌

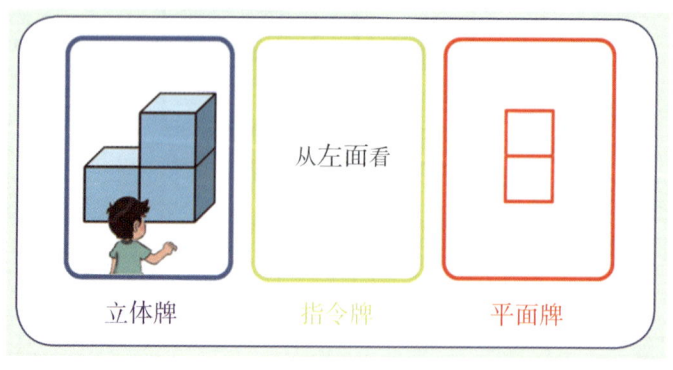

保持以上立体牌,教师分别出示指令牌:从正面看、从左面看、从上面看。其中,在出示"从左面看"的指令牌后,结合课件动态演示立体图形的转动,帮助学生观察左面看到的形状并出示正确的平面牌。

第三轮游戏:指令牌、平面牌同时变,你出立体牌

师: 同桌 2 人一组,进行游戏(扫描右下二维码观看游戏规则)。最快获胜的 2 位学生进行终极 PK,到白板前挑战电子游戏。

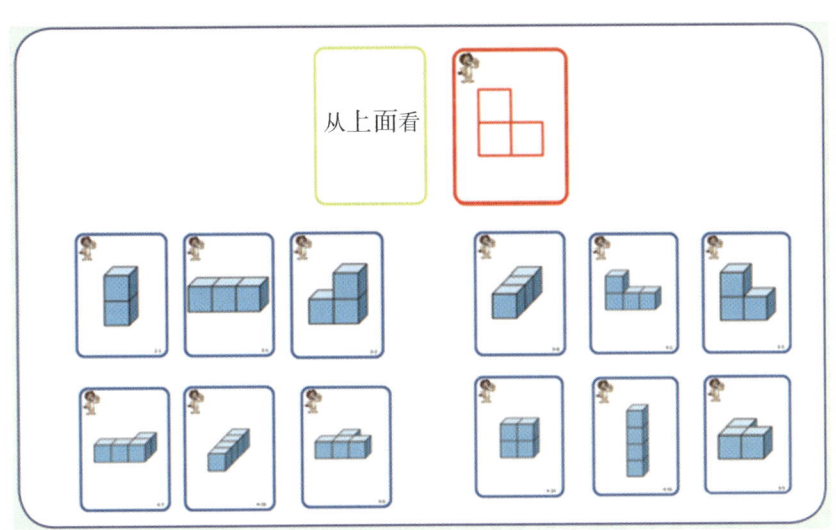

《眼明手快》第三轮游戏规则

第四轮游戏:我出立体牌,你画平面牌

根据教师出示的立体牌,学生自己制作、画出对应的平面牌,分享展示作品。

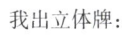

🔍【**评析**】第一轮游戏的指令牌不变,根据立体牌举起平面牌。当出示图 2-11 时,学生会出示不同的平面牌(见图 2-12),反馈的不同制造了强烈的认知冲突,引发学生开展积极讨论,并用正方体小木块搭一搭进行验证,在不同立体牌的对比中发现"不同立体图形从同一方向观察可以看到相同的形状"。由于出示的立体牌难度逐层递进,学生已有的认知经验被激活,因此认知难点也被巧妙地引出。

第二轮游戏改为立体牌不变,根据指令牌举起平面牌。从正面看的难度较低,当遇到从左面看、上面看时,学生在没有实物的情况下先通过观察、想象做出初步判断,随后结合缓慢运行的动图、动画演示立体图形的转动再次想象,帮助孩子逐步发展其空间观念以及观察、想象能力。

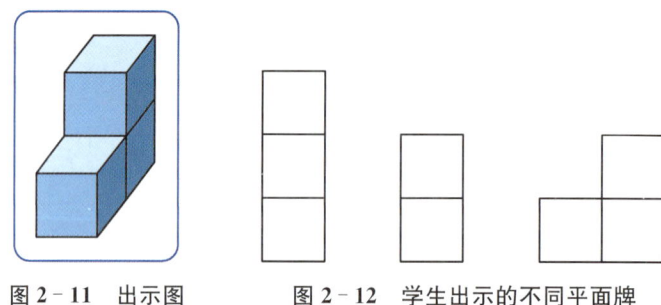

图 2-11 出示图　　图 2-12 学生出示的不同平面牌

第三轮游戏,学生两人之间借助卡牌游戏进行练习,纸牌游戏和电子游戏的双重体验提高了学生的参与度。第四轮游戏,学生自己制作卡牌,画出三视图,成为学习的小主人。

卡牌游戏的核心游戏循环是"抽卡和洗牌",整个过程学生可以亲自发牌、出牌,大大增加游戏感。纸质卡牌、电子游戏使学习走向深入并外显游戏过程,利于学生关注游戏过程,多元的学习方式大大激发学生的学习兴趣。

🔍【教学建议】游戏规则的初阶、进阶、高阶玩法要符合知识建构的过程,有助于促进学生认知由表层加工向深层加工转变。具体地说,《眼明手快》先由立体图形找平面图形,再根据平面图形摆搭立体图形,最后再由立体图形画出平面图形,先后几种不同的玩法与培养空间观念的路径是一致的,而不是随机任意编排的。

游戏道具应争取实现如下效果:内容简洁清晰,图例尺寸精准、比例得当,用材环保节约、可循环利用。例如,反复使用的游戏底板可用透明纸覆盖其上,用油性笔书写,用抹布擦去后又可重新使用;合理设计双面卡牌的内容,不同类型的卡牌可用颜色进行区分,提高可玩性。

此外,在卡牌游戏的教学实施过程中,还要注意以下几点:合理设计驱动性问题(或问题串),将思维引向深处,达到深度学习;安排恰当的教学活动,通过猜想、观察、操作、想象等多种活动调动学生的多感官参与,提高积极性;采取有效的课堂组织方式,必要时可结合相应的动图或视频,化静为动,借助技术实现可视化,实现信息技术与教学的深度融合。

四、骰子游戏

《标准(2022年版)》在第一学段的学业要求中说明,"知道乘法是加法的简便运算;能熟练口算表内乘除法;形成初步的运算能力;能在熟悉的生活情境中运用数和数的运算,合理表达简单的数量关系,解决简单的问题"。骰子游戏《飞行棋大战》将乘法的意义(即求几个相同加数的和)、乘法算式、乘法口诀、乘法的应用等内容融入一张飞行棋棋盘中,设置的命运卡题目类型多样,涵盖了基本口算、算理算法、运算策略,符合学业要求,有助于促进学生对乘法的全面理解,也培养了学生的运算能力。

❀ **课例 3:《飞行棋大战》**(叶理妹)

游戏道具:2 枚骰子、2 颗棋子、1 张飞行棋棋盘、若干命运卡牌、1 张万能牌。

第二章 桌面游戏:在合作竞争中挑战,增强学习动机

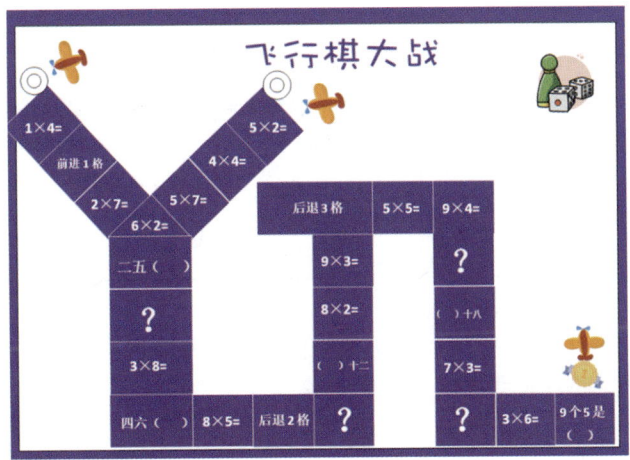

游戏规则:

(1) 选。"石头剪刀布",赢的玩家优先选择一颗棋子代表自己,并放在"◎"处,谁赢谁先出发。

(2) 掷。玩家轮流掷骰子,每次同时掷 2 枚骰子,并将正面的点数进行乘法计算,积的个位上的数为移动的步数。

(3) 移。最先移到终点的玩家获胜。

游戏说明:

(1) 玩家根据步数移到指定位置后,若回答正确,则原地不动;若回答错误,则后退 2 格,轮到下一个玩家掷骰子。

(2) 当移到"?"时,玩家须抽取命运卡牌,并根据要求回答问题。回答正确前进 3 格,回答错误后退 3 格。

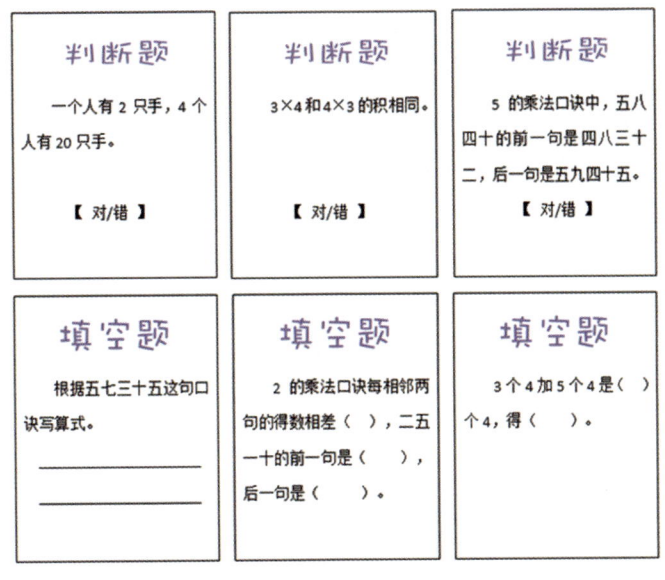

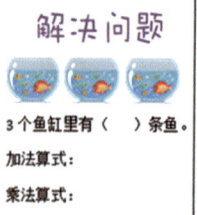

（3）到终点时移的步数要正好到达才算胜利，不然要返回走。抽中万能牌的玩家可自由选择使用该卡牌的时间，前进的步数最多不超过 6 步。

【评析】由于飞行棋的游戏规则是学生耳熟能详的，加上骰子游戏的核心游戏循环是"掷骰子—移棋子"，因此操作比较简单，只需比一比谁先到达终点即可。通过游戏后访谈，很多学生反馈游戏容易上手，规则清晰，在玩中巩固乘法口诀，既好玩又有意义。部分家长反馈很喜欢命运卡牌里面的题库，能够有效帮助学生梳理盲点和误区。

【反思】骰子游戏主要依靠骰子的点数驱动游戏，玩家的成功主要依靠运气，但是玩家更希望他们获胜的原因在于个人技巧，而非其他不可控的因素。因此，这种机制的桌游往往比较不耐玩，会影响学生的投入和兴趣。

同一阶段的学生对乘法的理解和掌握并不均衡，如果一个游戏有太多结果或条件能够让玩家成功，那么就要直接去掉若干个会让玩家成功的结果，或是加上更多的失败状态，从而平衡整体的游戏体验。我们可以在游戏组件优化和教学实施上着手改进。

游戏组件上，本游戏中设置的命运卡、万能牌增加了未知和不确定性，学生要准确作答方能前进，万能牌的使用时机不限，考验学生的策略。以上的组件一方面可以增加学生的兴趣，另一方面也平衡了学生之间的实力差距。此外，也可以增加或减少棋子数，当掷到某个点数时，玩家需要考虑移动哪颗棋子更合适，增强游戏策略。综合考量游戏底板的内容是否全面、丰富，是否需要增设便捷通道，游戏的时间与底板的规格是否匹配，不断优化底板的设计。在规则上，走到相同位置时是否可以将对方棋子打回起点，骰子的点数是否一定要与到达终点移动的步数相同，这些都是值得设计者考量的种种细节。

《标准（2022 年版）》指出"有效的教学活动是学生学和教师教的统一，学生是学习的主体，教师是学习的组织者、引导者与合作者"。当骰子游戏走进课堂时，教师要有针对性地组织学生在游戏后进行交流互动、回顾总结，如讨论"3 个 4 加 5 个 4 到底等于几个 4""2 个 5 相加，和 5 个 2 相加，有什么区别和联系"。只有将游戏与课堂教学实施、组织教学等相结合，才能真正发挥游戏的教育价值，培养学生的数学眼光、数学思维、数学语言。

五、角色扮演游戏

桌上角色扮演游戏，即 TRPG(Table-top Role Playing Game)。每个玩家控制一个人物，行动的准则是必须依照所扮演人物的个性和风格，而不是现实生活中自己的个性。

《捕数警探》一改传统课堂的教法，将传统的百数表复习开发成了桌面角色扮演游戏。

第二章 桌面游戏:在合作竞争中挑战,增强学习动机

整节课创设了警探抓逃犯的情境,课堂上,教师扮演警长,学生扮演小警探,以小组为单位进行挑战。

🌸 **课例4:《捕数警探》**(胥倩雯)

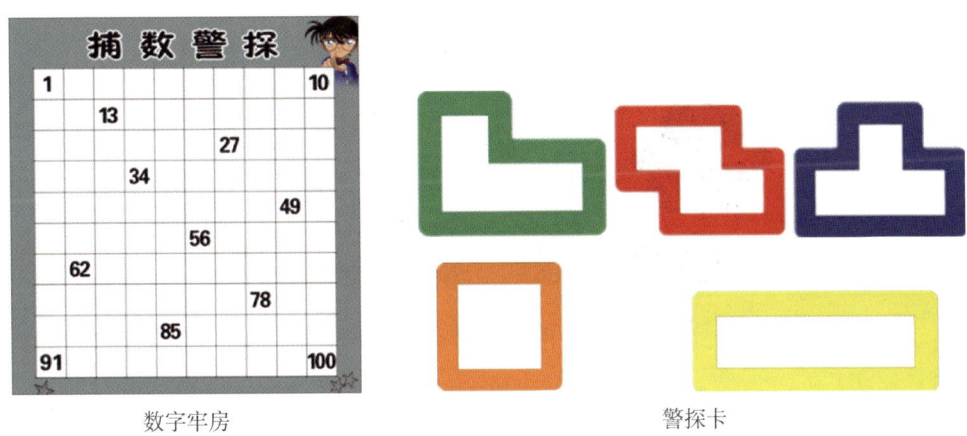

数字牢房　　　　　　　　　警探卡

这节课共设置5个关卡(即5道通缉令),分别对应1个通缉犯、2个横排相邻通缉犯、2个竖排相邻通缉犯、2个对角相邻通缉犯、2个不相邻通缉犯。以小组为单位进行挑战,抓捕逃犯最多的警探小组将成为获胜小组。必须用警探卡框住指定通缉犯的同时,再尽可能抓捕更多的逃犯。

活动一:代入游戏角色,讲解游戏规则

(1)代入游戏角色

师:小朋友们,老师今天就一起带大家玩一款桌游——《捕数警探》,一起过把瘾。老师

来当警长,小朋友们当小警探,咱们一起来抓捕逃犯,期待吗?

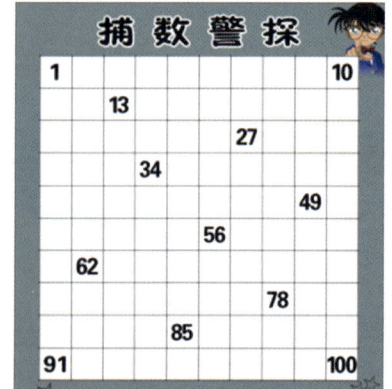

师:当我对你们说"小警探们好"时,你们就对我说"警长好"。我们一起来试一次,小警探们好!(敬礼)

生:警长好!(敬礼)

师:哎呀,警长遇到大麻烦了!我们警局的数字牢房里原本有100个数字犯人,按照百数表的规律排列在牢房表里,现在好多数字犯人都逃跑啦!小警探们能帮我把这些数字逃犯抓捕回来吗?

(2)讲解游戏规则

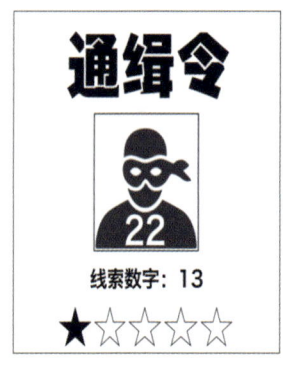  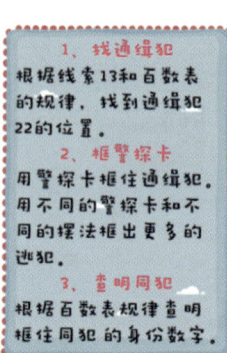

师:警长给大家准备了抓捕工具"警探卡",分别有5种颜色、5种样式的"捕数卡",可以帮助大家抓捕逃犯。

师:第一道"通缉令"是抓捕逃犯22。警长给你一个线索数字13,我们可以根据13来找到22的位置,然后选择其中一张警探卡,框住了22,即代表抓住了通缉犯。

师:小警探们,看看除了22,还框住了哪些隐藏起来的同犯呢?

师:除了这种抓捕方法,你能换一种摆法或者换一张警探卡,抓捕到更多的逃犯吗?

活动二:发布通缉令,抓捕通缉犯,警探小组PK

师:抓捕步骤如下:①找通缉犯;②框警探卡;③查同犯。

师:我们一共分为12个警探小组,每组的小警探齐心协力抓逃犯,最终抓到最多逃犯的警探小组获得胜利。当警长摇响铃铛时,就停止抓捕,并迅速坐端正。现在各位小警探们清楚抓捕方法了吗?

活动三:抓捕逃犯,小组PK

(1)发布通缉令,抓捕通缉犯

师:此次通缉目标是22,抓捕行动现在开始!

[学生用"报告警长(敬礼),我要用____色捕数卡"模板进行展示汇报。]

师:小警探们太给力了,看来一次抓捕一个逃犯难不倒你们!现在,警长发布第二道通缉令,同时抓捕两个数字17和16。难度两颗星,可以根据线索数字27来找到通缉犯,并用捕数器同时框住这两个数字进行抓捕。(重复以上步骤,抓捕剩下的3个通缉犯。)

(2)比对抓捕情况,分出胜负结果

5道通缉令上的所有通缉犯已经抓捕完毕。警长给每组小警探们一分钟的时间数一数本组抓到了多少个数字逃犯,抓捕逃犯最多的警探小组获得胜利。

【评析】 桌面游戏大多使用纸质材料(或者加上精美的模型辅助),而不需要其他电子设备的辅助。它不插电,却有着网络游戏的特点——强调交流,并且是一种人与人面对面的游戏方式。在紧张的抓捕逃犯的活动中,警长与小警探们共同投入到彼此的角色中,学生先根据通缉令上的线索数字圈出通缉数字,再利用警探卡框住通缉数字并找出同犯,即写出框中剩余的数。对于警探卡的使用,教师给予及时的引导、补充和总结,哪怕是同一张警探卡,不同的摆放方式也会框出不同的数字。这种角色扮演游戏的课堂形式非常新颖,学生在课堂上代入角色进行合作、探索,真正做到了玩中学,在沉浸式的情境中潜移默化地运用了所学的知识,达到了复习的效果。

在第一道通缉令中,学生上台示范、组内轮流捕数、组间比赛谁抓捕的逃犯最多,全体学生都参与到热烈的讨论、选卡、填数等游戏过程中,实现了师生互动、生生互动(见图2-13、图2-14)。

图2-13 师生问好　　　　　　　　　　图2-14 学生示范使用警探卡

随着通缉令的内容由单个变两个,由横排、竖排到斜对不相邻,思考性和挑战性也更强,学生的数感、推理能力和空间观念都得到了提升,在完成任务的过程中,合作、探究的游戏精神也得到了培养。

🔍【反思】《新版课程标准解析与教学指导(2022年版)——小学数学》一书指出:"聚焦到数学学科,核心素养意味着学生不仅必须学习特定的数学领域的概念和程序,还应该具备使用这些想法和模型解决日常问题的能力。"与知识技能的掌握不同,核心素养的每个水平都指向现实问题或任务的解决。在桌面角色扮演游戏中,通常每个角色都有指定需要解决的问题或任务,当问题或任务完成时,学习已经悄然地发生了。因此,只要基于核心素养精心设计核心问题,角色扮演游戏就能够使学生的学习更快乐、更有趣。

本节课一共发布了5道通缉令,通缉令的内容难度由简至难、层层递进,但是游戏规则是统一的,这既是优点,也是缺点,在课堂教学过程中反而较难体现出思维的进阶过程。另外,每道通缉令的内容看似难度加大,实际上反而更简单了,比如在斜对不相邻的情况下,能使用的警探卡受到局限,探究的空间变小了,反而是第一道通缉令中适用的警探卡数量较多,更难找全所有的填数情况。因此,角色扮演游戏的设计难点除了在于体现核心素养和教学目标外,也在于每个关卡的设计既要符合情境逻辑,也要符合数学本体知识的结构和逻辑。

《走出教育游戏的迷思》一书列出了5个促进学习的可以添加到游戏中的有效教学功能,其中一个是辅导,即在游戏中获得建议或解释会让人在游戏中学得更好。其原理是学生可能被大量感官刺激所干扰,无法发现游戏中深层的教学内容。如果他们能在游戏活动中适时获得建议或解释,则更有可能将注意力放到关键教学信息上。由此可见,教师的适时介入、点拨在游戏化课堂教学中同样非常重要。作为一节复习课,每道通缉令的教学目标分别对应什么?如何通过几个游戏关卡及时梳理总结,体现复习课的价值?显然,教师要进一步提炼出问题串(如"如何根据线索数字找到通缉数字""两个通缉数字之间有什么关系""根据通缉数字,可以先排除哪张警探卡"),才能将学生的注意力引到百数表的规律上,引导学生的思维走向深度。

角色扮演游戏的核心在于角色的发展和成长,这和数学教学的目标也是一致的,因此我们不能只停留在游戏任务是否完成,而更应该立足素养本位,反思各个教学环节、各个游戏规则的设计是否真正有利于培养学生的核心素养。

🔍**【教学建议】** 为了充分发挥角色扮演游戏的效用,要特别注意氛围的营造、道具的设计、任务的明晰。

课初要营造与主题契合的游戏氛围,借助课件、音效、教具、学具、教师的肢体及语言、师生的配饰装扮等快速让师生进入游戏角色,带着新的身份走进游戏课堂,调动学生的积极性,深入投身到课堂中。课终呼应主题,使角色扮演有始有终。

不同的主题要设计与之配套、风格相近的卡牌,如本节课的道具"通缉令""警探卡"既兼顾了教学目标,又贴合《捕数警探》的主题,使探究过程更投入、有趣,营造沉浸式体验。

不同的角色有不同的任务、指令或要求,根据学生的年龄特点,要用图文并茂、清晰明了的方式迅速发布指令,讲解如何使用道具,必要时教师还可以借助教具亲身示范或者结合讲解视频帮助学生进一步掌握游戏规则。

六、进一步思考的问题

(1) 基于4类桌面游戏,你会选择哪一种应用于课堂中呢?
(2) 你认为桌面游戏设计和教学设计之间有什么关系?

七、资源链接

[1] 吴振兴.浅谈台湾地区桌游融入教学的现状及启发[J].吉林广播电视大学学报,2018(5):82-84.

[2] Wendy Despain.游戏设计的100个原理[M].肖心怡,译.北京:人民邮电出版社,2018.

[3] 姜巍巍.一个卡牌游戏玩转一节新授课——"观察物体(看一看)"教学案例与思考[J].小学教学(数学版),2020(11):47-49.

[4] 晏捷.社交游戏理论视野下的桌面游戏[D].浙江大学,2010.

[5] 姚铁龙,胥倩雯.玩捕数桌游 复习百数表——一年级百数表的复习课[J].小学教学(数学版),2020(2):50-51.

[6] 曹一鸣.新版课程标准解析与教学指导(2022年版)——小学数学[M].北京:北京师范大学出版社,2022.

第三节 桌面游戏的开发与优化

一、理念引领

阅读本节内容之前,请先完成以下热身活动:

(1) 什么是游戏机制？

(2) 桌面游戏有哪些游戏机制？

《游戏设计艺术》一书指出："游戏机制是游戏真正的核心。剥离美学、技术和故事后，剩下的互动和关系，就是游戏机制。机制指游戏中的过程和规则。"《游戏，让学习成瘾》也指出："入木三分看游戏，它就是一套确立好的规则。规则说明一个游戏的最大玩家数量，规则描述如何得分，规则指出什么可为。"资深游戏设计师马克·勒布朗、罗宾·亨尼克和罗伯特·扎贝克认为所有的游戏都可以被分解为以下组成要素，即游戏机制、运行和体验，其中游戏机制是整个系统的规则，具体地，在桌面游戏中，游戏机制相当于游戏规则和呈现方式。按照游戏研究者杰斯珀·居尔的分类方式，所有的桌面游戏都是突现型游戏，即规则相对简单但变化多样的游戏，正如围棋和国际象棋都是用相对简单的元素和规则产生了极具深度的玩法。

《基于深度思维的数学游戏规则创编》一文指出："游戏规则决定了数学游戏活动的开展方式，决定了游戏过程的思考路径，决定了学生深度思维的发展。"《桌面游戏的设计与开发研究》指出："规则是任何游戏的基础构架，是游戏不可或缺的重要元素。据问卷调查结果显示，63%的玩家认为游戏规则是决定桌游是否吸引人的关键。"

综上，游戏机制包含了游戏核心部分的规则、流程，定义了游戏"如何进行""何时发生什么""胜利和失败的条件是什么"。设计游戏机制是开发桌面游戏的核心环节，游戏规则的设定和说明会直接影响整个游戏的质量，直接体现一款桌面游戏是否适用于小学数学课堂，是否有助于发展学生的思维、优化学生的思考路径。

根据桌游网站 BGG 的统计，桌面游戏目前约有 51 种玩法机制，每年还会根据已有的机制重新组合。一般来说，一款游戏会包括 4~5 种不同的机制。

《游戏设计艺术》则把基本的游戏机制分为以下 7 种：空间、时间、对象、属性、状态、行动、规则、技巧、概率。《游戏，让学习高效》的观点是"游戏机制"这一术语指利用一条或多条规则构成系列因果关系，在制作一款游戏时，一般不会发明新游戏机制，相反，会借鉴现有游戏中的机制做必要的调整。

以上带给我们一个启发：虽然不同桌游的主题、道具、组件不同，但可能存在相同的机制，这为我们开发设计桌游提供了以下两种路径——基于现有机制进行改编，重构游戏机制进行翻创。

二、基于现有机制进行改编

兰德尔的元分析研究表明："当具体的教学内容被选定、教学目标被准确界定后，我们才可能看到教学游戏的有益效果。"显然，桌面游戏的开发必须基于小学阶段的教学目标和教学内容来定位和切入，将教学目标与游戏目标适当对接，基于教学目标对接游戏目标，基于教学内容改编游戏内容，优化已有机制在小学数学中的具体呈现方式。注重内容考量、效果导向，才能真正助力小学数学课堂教学，发挥其应用价值。

对于一线教师而言，在改编过程中，基于已有机制进行数学化的改造，实现道具、规则、组件等的调整，无须另起炉灶、自创新机制，会在实际操作过程中减轻不少改造的负担和压力,衍生更多的可能性和创造性。我们提出了以下几种改编的参考路径,分别是经典桌游数学化、经典机制数学化、视频游戏桌游化、桌面游戏系列化。

(一) 经典桌游数学化

经典桌游蕴含了丰富的游戏机制及可以被广泛借鉴的游戏规则,这些机制和规则是被长期验证的,契合人类心理学的需求。经典桌游的原材料简单易得,这为改编提供了现成的材料,不失为一线教师开发设计桌游的首选载体,蕴含着非常大的开发潜力和空间。但是,并非所有的游戏道具和规则都能直接体现数量关系或空间形式的数学本体知识,需要基于教学目标对其进行数学化改造,才能使经典桌游为小学数学教学所用。正如深圳大学张文俊教授所提的观点,"数学与游戏有类似的结构,数学中的元素相当于游戏中的道具,数学中的关系相当于游戏中的规则",我们认为,经典桌游数学化,正是要在经典桌游的道具和规则中去精准地切入数学的元素和关系,进行游戏形式元素的调整。

❀ 课例1:扑克牌(张盛才)

游戏一:《扑克分分分》(适用年级:一年级)

在一年级学习"分类"时,可以练习把一副打乱的扑克牌进行分类(事先抽掉大王、小王两张王牌)。既可以按颜色分成2类,也可以按花色分成4类,还可以按扑克牌上的点数分成13类,等等。在不同分类标准下,分类的结果可能是不同的。通过分类活动认识扑克牌的组成,同时体会分类要依据分类标准以及分类标准具有多样性。有利于培养学生把握事物特征、抽象事物共性的能力。

游戏二:《比数碰碰碰》(适用年级:一年级)

两位玩家分别从扑克牌中抽取牌面为1至10的10张牌,将其牌面朝下、打乱顺序。每次两人同时出牌,牌面较大的玩家可收走两张牌,若两人的牌同样大则放在一边,最终牌多者获胜。在比较数字的大小中初步培养学生的数感,也为运用扑克牌进行"抽牌—组数"的多位数与多位数比较大小积累基本的活动经验。

🔍【评析】扑克牌是一种经典的卡牌游戏,蕴含着丰富的数学元素和育人价值。每副扑克共有54张牌,包括52张正牌和2张副牌(大王和小王)。52张正牌均分为13张一组,并以黑桃、红桃、梅花、方块4种花色表示,每组花色的牌包括从1至10(1通常表示为A)以及J、Q、K标示的13张牌,涵盖了花色、数字、颜色等要素。扑克牌的牌面特点与小学阶段的数量关系契合度极高,覆盖了自然数、小数、分数的认识和运算。若我们巧妙地利用扑克牌点数与数学知识间的联系,改编规则后即能产生更多玩法,应用到不同的数学课堂中。

❀ 课例2:《因数飞行棋》(卢刘晴)

游戏目标:掌握并应用质数、因数、公因数,提升数感,发展运算能力。

游戏用具:

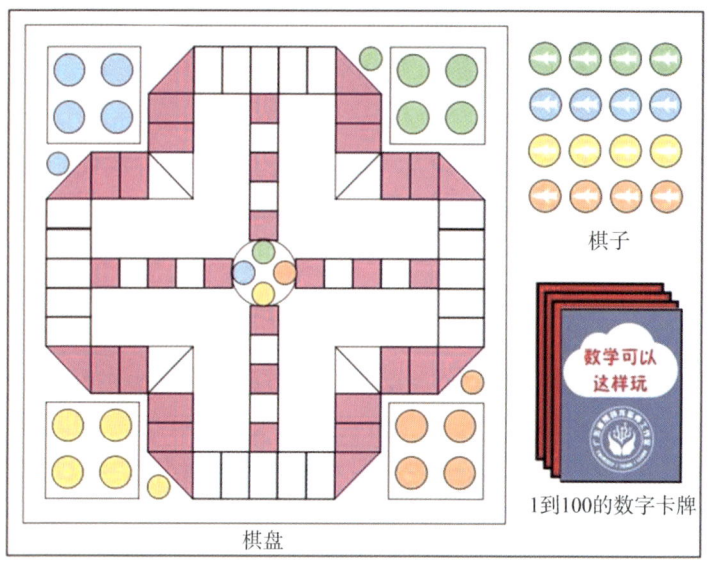

棋盘　　　棋子　　　1到100的数字卡牌

游戏规则：

(1) 把1到100的卡牌打乱后倒扣在桌上，每人选择一种颜色的棋子放在棋盘上。

(2) 用"石头剪刀布"决定谁先翻牌，玩家轮流翻一张牌。当卡牌上的数字为质数时可以起飞。每次翻完牌要放回去，打乱，下次继续抽。

(3) 棋子起飞后，玩家可再次进行翻牌。第一颗棋子已起飞，此后玩家翻牌的张数为2。棋子前进的格子数为玩家翻出的两张牌的最大公因数。

(4) 玩家翻出的牌中有几张数字为质数的牌，则有几颗棋子可以起飞。若玩家全部棋子都已起飞，则质数牌作为普通牌，与另一张卡牌计算最大公因数。

(5) 当棋子落在已经有棋子的棋格上时，可以吃掉原来在棋格上的棋子，被吃掉的棋子需要重新起飞出发。

(6) 谁先让自己的4颗棋子都到达终点，谁就是赢家。

课例3：《乘法口诀五子棋》（吴艳辉）

游戏目标：掌握并记忆乘法口诀，发展运算能力，增强数感。

游戏用具：

拆分卡

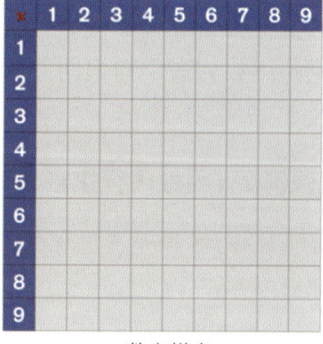

数字棋盘

游戏规则：

(1) 随机抽出一张拆分卡，将上面的数字拆成2或3个数字相加，将其按照乘法口诀写在数字棋盘的对应位置上。如拆分卡为10，可以分成4和6，也可以分成2、3和5，分别写在2×2、2×3、1×2、1×3、1×5的空格上。

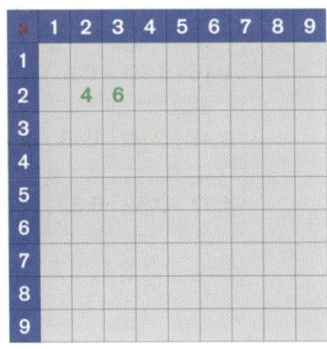 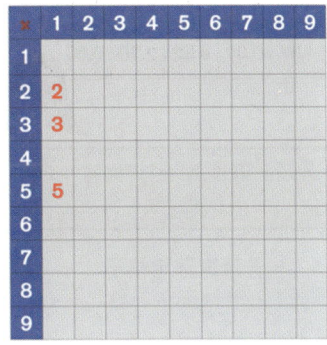

(2) 用"石头剪刀布"决定谁先开始，每位玩家各选择一种颜色的马克笔写数"占位"。

(3) 玩家一次可以写2或3个数字；如果写错，则占位失败，由对方接着写数。

(4) 谁最先在数字棋盘上写出5个数字连成一条线，谁就是赢家。赢家可以获得一枚龙币。

课例4：《小数三子棋》(赵晓旭)

游戏目标：掌握小数加减法的计算方法，增强数感，发展运算能力。

游戏用具：

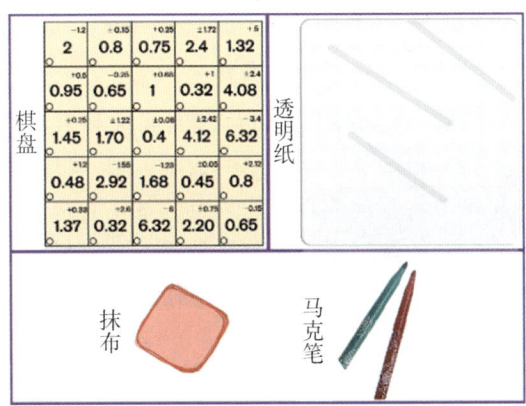

游戏规则：

(1) 将透明纸覆盖在棋盘上，两位玩家各执一支马克笔。用"石头剪刀布"决定谁先涂色。

(2) 当一号玩家选定某格后，二号玩家要算出该格的答案并在相同数值的格子上涂色。如一号玩家选择"2－1.2"，则二号玩家要涂数字为0.8的格子。遇到±表示可以选择加法运算，也可以选择减法运算。

一号玩家选定格子　　　　　二号玩家选定相同数值的格子

(3) 谁的 3 个格子先连成一条直线,谁就获胜。

【评析】将飞行棋、三子棋、五子棋等棋类游戏与小学数与代数领域的内容进行整合,可以实现棋类游戏数学化。《因数飞行棋》沿用飞行棋的底板和棋子,将数学中质数、因数、公因数的内容与游戏道具相结合,新增了 1 至 100 的数字卡牌,将规则"投到 6 才能起飞"调整为"翻到质数的卡牌才能起飞",将驱动游戏的骰子点数替换为两张卡牌的最大公因数。

五子棋、三子棋是两人对弈的策略型棋类游戏。双方分别使用黑白两色的棋子,下在棋盘直线与横线的交叉点上,先形成五子、三子连珠者获胜。在原始的五子棋、三子棋中,棋子是纯粹的黑白两色棋子,当经典棋类游戏与小学数学邂逅时,棋子可以成为各种数的化身,比如小数、分数、整数等,既可以结合加减法,也可以通过乘除法来驱动玩家的下一步行动。基于牌面做出最佳选择,在培养数感、提升运算能力的同时,提高分析问题、解决问题的能力。

(二) 视频游戏桌游化

视频游戏的节奏快、页面简单、操作易上手。在视频游戏的发展史上,借助硬件和软件的发展,基于人类的创新,涌现了无数精彩的作品。尤其是近几年,每年的新游戏都有上万款。部分视频游戏开启了某一类型、题材的先河,其核心机制和创新点也得以流传和推广,成为经典,值得借鉴。

《俄罗斯方块》便是一款利用空间机制的经典视频游戏,目标是不让方块触及屏幕的顶部。基本规则是移动、旋转、摆放方块,使之排列成完整的一行或多行从而消除得分。没有被消除掉的方块不断堆积起来,一旦堆到屏幕顶端,玩家就失败,游戏结束。这是它的游戏机制最特别的地方——成就会消失,错误会积累。有没有可能将这款视频游戏的机制迁移到桌面游戏中呢?

孙国基老师在桌面游戏《方块叠叠乐》的设计中做出了尝试,在保留原有机制的基础上,拓宽技能训练点,不仅仅停留在平移、旋转等空间操作上,而是聚焦于巩固分数乘法运算以及理解分数意义,改编出桌游版本的《俄罗斯方块》。由于无法在桌面游戏中自动消除完整的横条,目标可视化受到局限,因此《方块叠叠乐》补充了便于记录的方块底板,增加了涂色的规则和工具;同时,将《俄罗斯方块》中原有的方块形状卡与分数乘法口算卡进行巧妙对接,在继承原有道具的基础上衍生出新的卡牌道具。

❀ 课例5:《俄罗斯方块——方块叠叠乐》(孙国基)

游戏目标:巩固分数乘法,提高对分数意义的理解。
游戏用具:

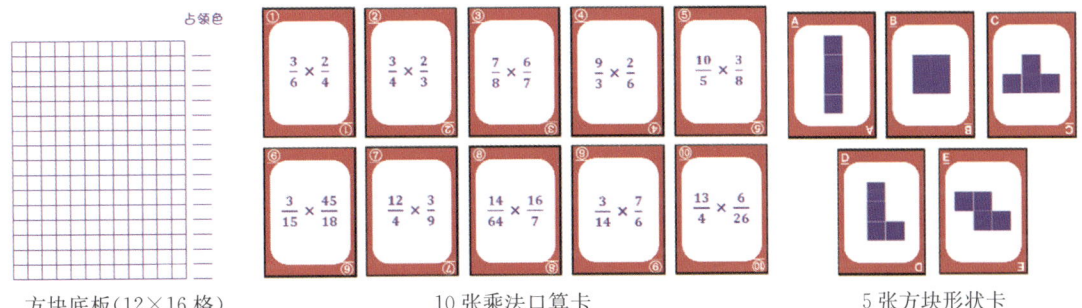

游戏规则:

(1)将形状卡和口算卡洗匀,叠成一摞,反扣在桌面上。两位玩家各执一支彩色马克笔和一支黑色马克笔,将透明纸覆盖在方格底板上。

(2)用"石头剪刀布"决定谁先摸卡,每人每次分别摸一张口算卡和一张形状卡。

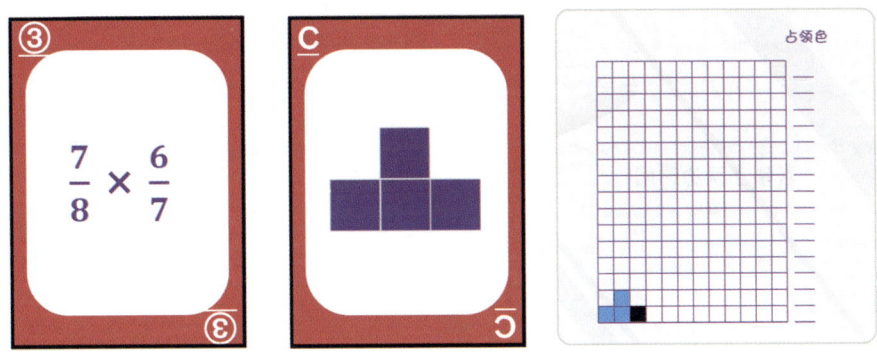

(3)玩家根据口算结果,利用形状卡用彩笔涂出对应的分数结果,形状剩余部分涂黑色,形状卡可旋转。从下面第一行开始涂,没被涂色的格子都可以涂。若有人涂满一行,则在该行占领色位置涂上自己的颜色,获得该行彩色方块得分。

（4）若有一位玩家的图形涂到顶端第16行，则游戏结束，各自算自己占领行下的彩色方块，黑色方块和空白方块不得分。谁的彩色方块最多，谁就是赢家。

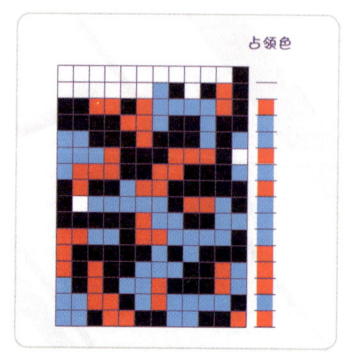

（三）桌面游戏系列化

前面列举的课例都是针对已有游戏或现有机制进行独立开发或个别调整，桌游的设计开发有没有可能实现系列改编、系统开发？我们做出了尝试，目前已经开发了3个系列的桌游，包括《对对碰》《大富翁》《算算饼干》，涵盖了小学阶段一至六年级的数学内容。

《对对碰》基于常见的量的主题设计系列桌游，根据"认识钟表""时、分、秒""测量""认识小数""小数的意义和加减法""体积单位""分数、小数、百分数、比的互化"等六个年级的数学内容进行卡牌和规则的设计、迭代，比如在竞争型、合作型玩法的基础上增加记忆型玩法、注意力训练玩法，在高年段加入抢牌卡、空白卡等功能牌，见图2-15至图2-22。

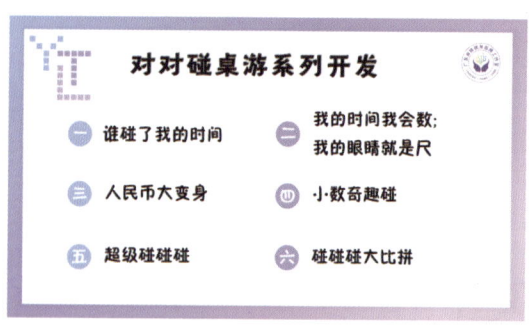

图2-15 《对对碰》系列桌游

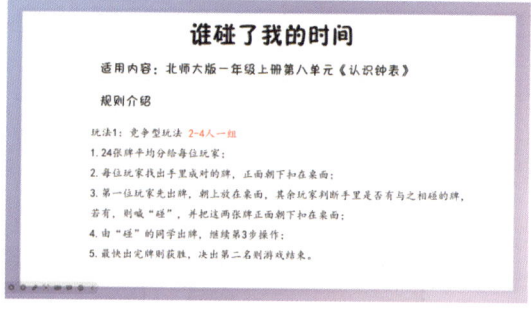

图2-16 《谁碰了我的时间》玩法1

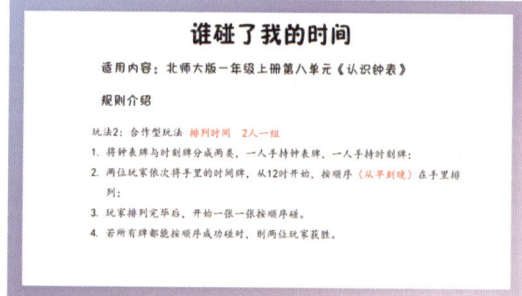

图2-17 《谁碰了我的时间》玩法2

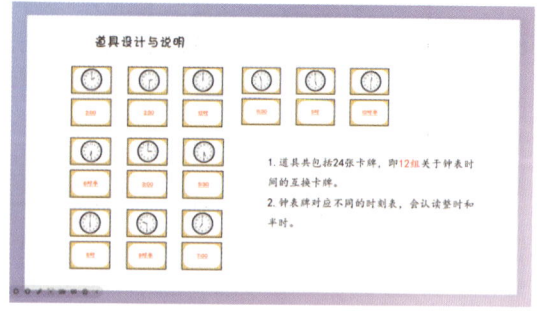

图2-18 《谁碰了我的时间》道具设计与说明

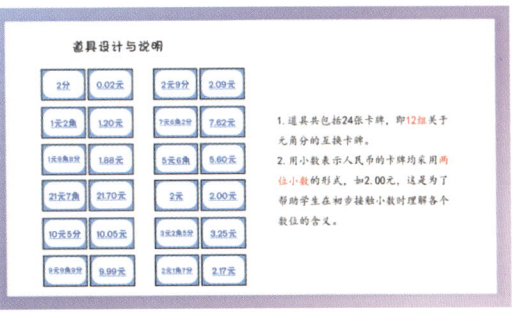

图 2-19 《人民币大变身》玩法　　　　图 2-20 《人民币大变身》道具设计与说明

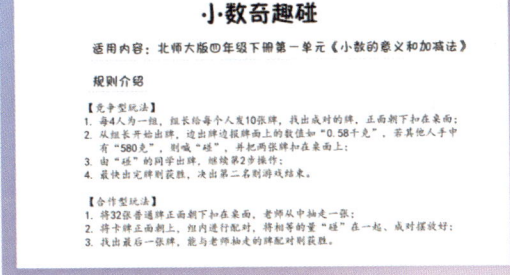
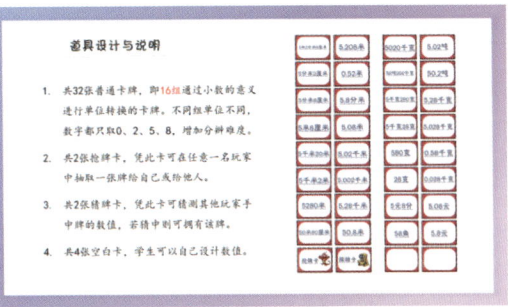

图 2-21 《小数奇趣碰》玩法　　　　图 2-22 《小数奇趣碰》道具设计与说明

课例6：《对对碰》

系列桌游中的一年级桌游《谁碰了我的时间》聚焦于认读整时、半时和钟表时间的互换。游戏设置竞争型玩法与合作型玩法，道具见图 2-23。

图 2-23 《谁碰了我的时间》道具

竞争型玩法如下：

(1) 2~4人一组，24张牌平均分给每位玩家；

(2) 每位玩家找出手里成对的牌,正面朝下扣在桌面上;

(3) 第一位玩家先出牌,朝上放在桌面上,其余玩家判断手里是否有与之相碰的牌,若有,则喊"碰",并把这两张牌正面朝下扣在桌面上;

(4) 由"碰"的同学出牌,继续第(3)步操作;

(5) 最快出完牌则获胜,决出第二名则游戏结束。

合作型玩法如下:

(1) 两人一组,将钟表牌与时刻牌分成两类,一人手持钟表牌,一人手持时刻牌;

(2) 两位玩家依次将手里的时间牌,从12时开始,按顺序(从早到晚)在手里排列;

(3) 玩家排列完毕后,开始一张一张按顺序碰;

(4) 若所有牌都能按顺序成功碰对,则两位玩家获胜。

系列桌游中的四年级桌游《小数奇趣碰》的游戏目标是通过小数的意义进行单位换算。游戏规则虽然与一年级的《谁碰了我的时间》是类似的,依然设置竞争型玩法与合作型玩法,但是与一年级的桌游难度相比,卡牌数量增加到 32 张,卡牌上的数字只取 0、2、5、8,分辨难度增加了。此外,还增设了以下功能卡牌,游戏的可玩性更强了,也更讲究游戏策略。

抢牌卡:凭此卡可在任意一名玩家中抽取一张牌给自己或给他人。

猜牌卡:凭此卡可猜测其他玩家手中牌的数值,若猜中则可拥有该牌。

空白卡:学生可以自己设计数值。

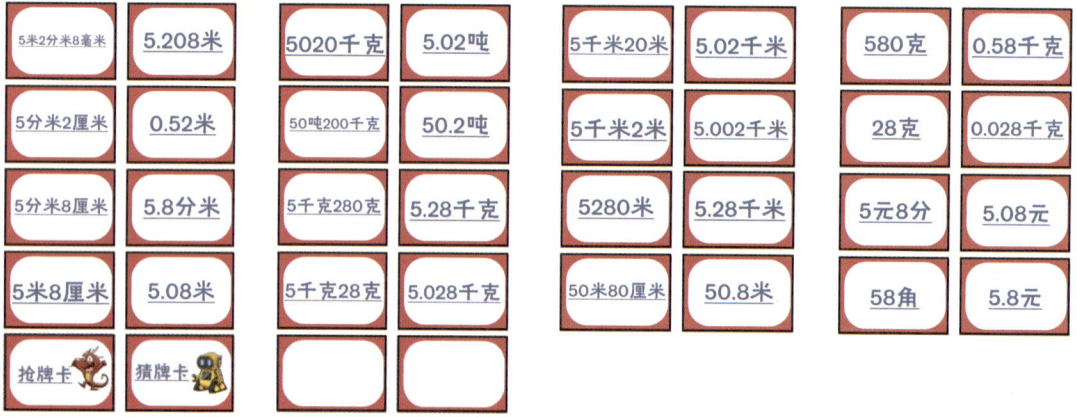

🔍【评析】在拿捏是否采用游戏作为教学手段的一个思路时,是用游戏的活动类型与目标学习成果进行匹配。让游戏活动类型与教学类型进行映射,是保证学习真正发生的途径。

有一种活动类型叫"匹配",即玩家需要把一个东西与另一个配对。《对对碰》是一款经典的消除类游戏,玩家通过点击砖块来使砖块之间互相换位,连成 3 个以上的砖块来消除得分。这是"匹配"在视频游戏中的体现,将其应用到桌面游戏中,可能是一张卡牌与另一张卡牌的内容匹配。在小学数学中,这种匹配的内容包罗万象、千变万化,可能是数与形的匹配、等值内容的匹配、算式与得数的匹配,等等。在《对对碰》系列桌游中,核心操作都是基于"匹配"把相应的牌碰成一对,不管是竞争型还是合作型玩法,都能有效激发学生的积极性和兴趣。

三、重构游戏机制进行翻创

广东省姚铁龙名师团队探索出游戏与课程的有效结合方式——基于教学目标与游戏目标对接的翻创模式,并提炼出游戏化课程"六步走"开发路径(见图2-24),为开发和设计桌面游戏提供了具体的操作指引。

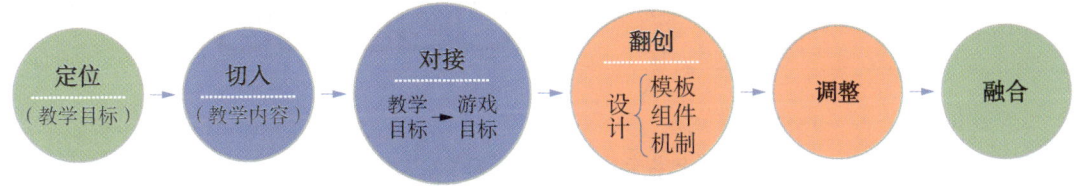

图2-24　基于教学目标与游戏目标对接的翻创模式

任何桌面游戏都是为了课堂教学服务的,首先要基于核心素养定位教学目标,切入教学内容,把教学目标和游戏目标进行对接,再进行模板、组件、机制的设计,最后要通过试玩进行调整,最终融合出成熟的桌面游戏。

前面阐述的基于现有机制进行改编的路径,只需在原有的机制上进行适当的调整、改动,但是重构游戏机制进行翻创更强调创新、独特,翻创的作品不是停留在现有的机制上,而是对其进行重构。通过研究翻创作品,我们提出了以下几种具体的操作方式,分别是设计新道具、翻创新规则、营造新情境。

(一) 设计新道具

判断一个物品是不是道具,有两个重要的标准:一个是能不能与玩家交互,另一个就是这个物品的使用对角色的属性是否有影响。道具大致分为3类:使用类、装备类和情节类。

《小数点搬家》是北师大版义务教育教科书四年级下册"小数乘法"单元中的内容,核心内容是小数点位置移动引起小数大小变化的规律,为研究小数乘小数的算理奠定基础。教材创设了"蚂蚁快餐店的价格变动"的情境,但是如何体现"小数点搬家"的价值与使用？小数点要搬到哪里？为什么要这样搬？赵晓旭老师基于此设计了"家""小数点""补位卡""指令卡"等使用类新卡牌。在卡牌的共同推动下,学生在游戏中更加明确小数点要移动的方向,思考如何根据指令进行操作,并判断自己离胜利还有几步。

《心情巧转移》则聚焦于情节类道具的开发,不仅要通过平移、旋转完成心情卡牌正面的还原,还要完成背面的情绪转移任务。很少桌游会将数学知识与德育话题相结合,但是翻创道具为学科融合提供了可能性。

❀ **课例7:《小数点搬家》**(赵晓旭)

游戏目标:在游戏的过程中,巩固小数点移动引起小数大小的变化规律,发展数感。

游戏用具:

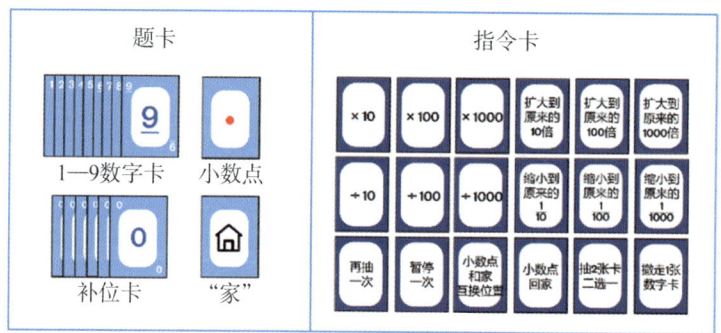

游戏规则：

（1）洗牌与摆牌。将题卡（"数字卡""小数点"和"家"）随机洗匀，依次摆在桌面上。再将指令卡随机洗匀，依次摆在桌面上。

（2）抽牌与移牌。用"石头剪刀布"决定谁先抽指令卡。根据指令卡进行小数点的移动。若需要添0占位，则在该处摆上补位卡。

（3）赢牌。谁先把小数点搬回家，谁就获胜。

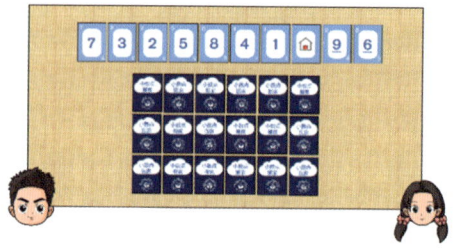

【评析】《标准（2022年版）》指出要"优化习题设计，注重发展素养"，习题的设计要关注数学的本质，关注通性通法。我们可以基于习题设计的需要，科学、合理地开发游戏道具，从而为学生的思维发展搭建"脚手架"，延长思考的过程，使思考的过程可视化。

小数点移动引起小数大小的变化规律涉及小数点移动、小数大小变化、乘除法三者之间的关系，学生容易在小数点的移动位置以及添0占位时出现疏漏，"小数点""补位卡"等题卡呈现了学生的易错点，学生在移动卡牌的时候，也正是感悟数的大小变化规律的过程，数感就这样在卡牌的摆一摆、移一移、补一补等操作中逐渐培养起来。

课例8：《心情巧转移》（黄　爽）

游戏目标：在游戏中理解图形的平移和旋转，培养学生的空间观念和想象力。

游戏用具：1张游戏底板，1颗骰子，32张双面的心情卡牌。

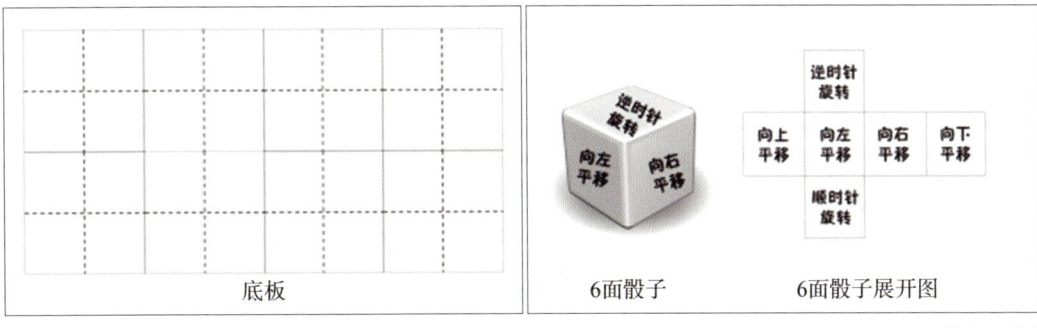

| 底板 | 6面骰子 | 6面骰子展开图 |

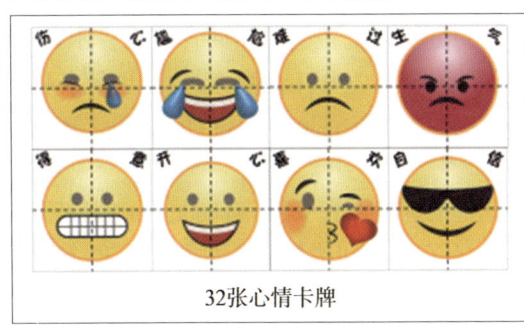

32张心情卡牌

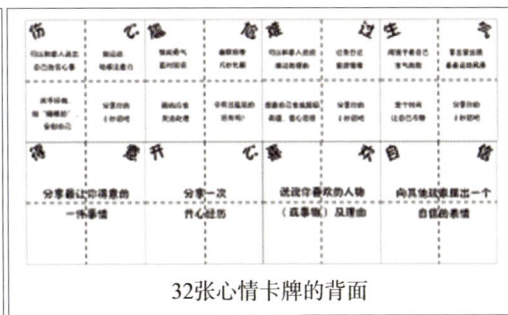

32张心情卡牌的背面

游戏规则：

（1）准备。在桌面中间摆好游戏底板，每位玩家选择一种心情，沿着虚线剪出对应的4张心情卡牌，并将对方的卡牌摆在游戏底板上的任意位置。

（2）掷骰子。双方进行猜拳，获胜者先掷骰子，获得操作指令，如"逆时针旋转""向左平移"。

（3）旋转或平移。玩家自行从4张心情卡牌中选择一张进行平移或旋转，平移几格、旋转几度，都可以自己决定。

（4）重复。玩家继续掷骰子，重复以上操作。注意，每个格子只能摆放一张卡牌，被覆盖的卡牌可以任由当轮玩家摆到其他空位上。

（5）获胜。还原4张心情卡牌后，翻到卡牌背面，解读情绪转移的方法，按要求进行分享，就能获得一种心情。在规定时间内，谁收获的心情最多，谁就获胜。

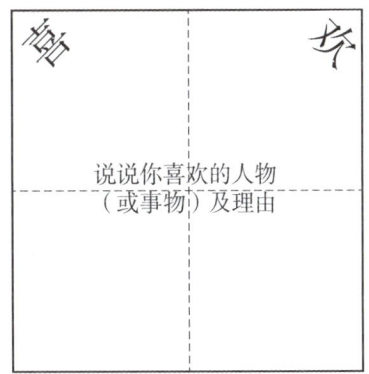

🔍 **【评析】**《标准(2022年版)》在课程资源开发与利用方面指出:"要坚持育人为本,将促进学生身心健康发展作为首要任务,从促进学生核心素养形成和发展的内在规律出发,为教与学提供有效支撑。"

《心情巧转移》通过实际操作帮助学生理解图形的平移和旋转,在核心问题"如何还原心情"的引领下,学生既感悟了图形是如何运动的、过程是如何记录的,甚至可以体验选取最佳方案的过程,培养了空间观念,同时对于如何调节、转移自身情绪的心理德育话题有了更深的思考,这也有助于促进学生的身心健康发展。在游戏中,既实现了德育与数学的融合,也实现了核心素养与身心发展同步落实。

(二)翻创新规则

规则是任何游戏的基础构架,是游戏不可或缺的重要元素。据问卷调查结果显示,63%的玩家认为游戏规则是决定桌游是否吸引人的关键。规则必须直观明确、易于理解。需要注意的是,游戏中的对象也被定义为规则中的一部分,既可以完全虚构,也可以基于现实世界,比如扑克牌中的顺牌或同花顺就是虚构的。

基于不同的游戏机制,有的桌面游戏的规则是先抵达终点者获胜,有的是在规定时间内持牌数量最多者或最少者获胜,还有的是完成某项任务的时间最短者获胜……我们甚至可以根据实际教学需求,翻创出新的游戏规则,比如《危险的1元》是累计卡牌数额最接近1元的一方获胜,超过1元则失败。

❀ **课例9:《危险的1元》**(黄 冰、周 轶)

游戏目标:认识元、角、分之间的关系,发展量感。

游戏用具:

游戏面板2张、炸弹卡牌16张、龙币若干

游戏规则:

(1)准备。每人拿一张游戏面板,并分别随机分发8张炸弹卡牌。

(2)翻牌与记牌。用"石头剪刀布"决定谁先翻牌,随后轮流从倒扣的炸弹卡牌中任意翻开一张。玩家可自行决定选择不再翻牌。

(3)给牌或留牌。炸弹牌中隐藏了一些绿色卡牌,若抽到绿色卡牌,可选择强制加给对方或者自己留下。

第二章 桌面游戏：在合作竞争中挑战，增强学习动机

准备

翻牌与记牌

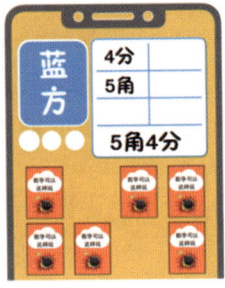
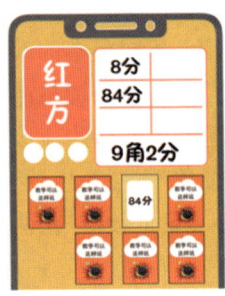

翻牌与记牌

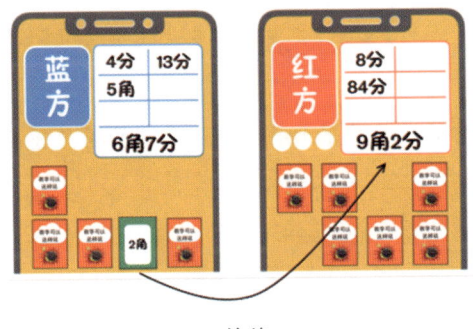

给牌

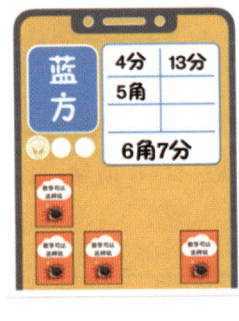
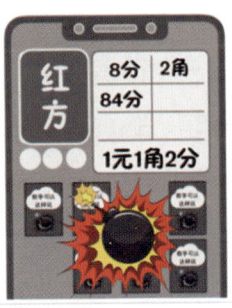

给牌

（4）获胜。最接近1元的一方获胜，若有一方累计超过1元则直接失败。

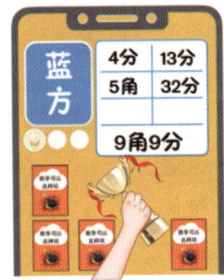
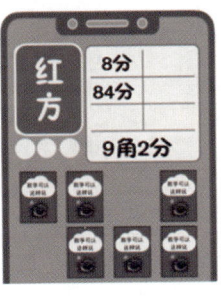

最接近1元，蓝方获胜

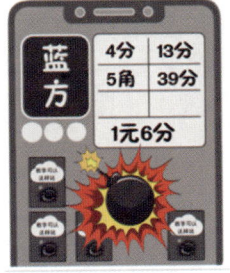

超过1元，蓝方失败

🔍 **【评析】**《标准（2022年版）》中新增了"量感"这一核心素养的主要表现,主要指对事物的可测量属性及大小关系的直观感知,会在同一度量方法下进行不同单位的换算。

游戏规则决定了数学游戏活动的开展方式,决定了游戏过程的思考路径,决定了学生深度思维的发展。目前的游戏机制大多关注玩家的速度、持牌数量、所用时长等方面,《危险的1元》却关注哪位玩家距离终点最接近则获胜,此规则的翻创与"量感"巧妙地进行了对接。玩家需要根据炸弹卡牌的信息、结合计算和单位换算进行定量分析,从而决定是否继续翻牌,以及给牌、留牌,综合地运用所学知识进行决策和判断,为形成抽象能力和应用意识打下经验基础。

（三）营造新情境

讲故事是游戏的一个延伸元素,一个好的游戏背景,在低年龄阶段的游戏化学习中特别有用。不同版本的教材都特别注重情境的创设,其中大多数情境来源于生活。游戏化教学中营造的新情境也注重生活与学生的联系,同时更加注重赋予学生角色感、使命感,它建立了游戏中的行为应该符合的一套设定或框架。如果缺乏这种沉浸式的情境,玩家就会觉得很抽象,无法产生情感投入。

《黄金救援》在课初创设了营救大船的情境,所有玩家统一从城堡出发,根据罗盘的指引前往钻石岛,最先到达者获胜。这个情境设置了推动故事向前发展的行动,就是每位玩家要转动方向罗盘、步数转盘进行相应的平移。在缥缈的大海上,玩家可能抽到任务卡、命运卡、鲨鱼区或穿梭通道,学生沉浸在救援之旅中,也在不知不觉地提升自己的技能。游戏结束时,学生拥有的更多是一种完成使命的骄傲,而不仅仅是掌握某项知识或技能。

🌸 **课例10:《黄金救援》**（蔡晓欣）

游戏目标:经历用数对表示位置的过程,巩固对数对意义的理解,培养学生的符号感;在操纵船只的过程中积累平移经验,提高动手操作能力。

游戏道具:

游戏背景:一艘大船不幸被龙卷风卷到了美丽的钻石岛上。作为黄金救援队的一员,你要以最快的速度奔赴钻石岛开展救援。玩家从城堡出发,根据罗盘的指引前往钻石岛,最先到达者获胜。

游戏规则：

(1) 准备。摆好图版，并将命运卡、任务卡和奖励卡分别整理成一摞，牌面向下放在桌面上。玩家选一颗帆船棋子代表自己。

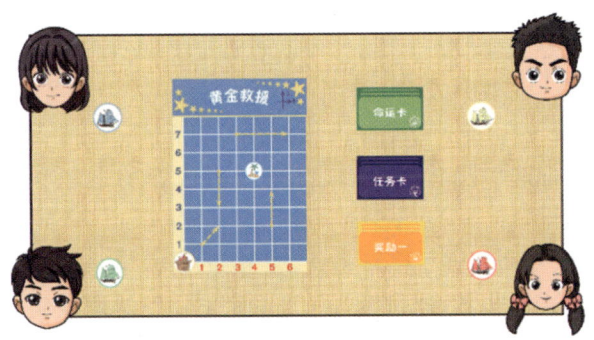

(2) 重复。玩家转动黄金罗盘，待罗盘停下后，若罗盘上的指针指向方向（东/南/西/北），则转动步数转盘，并向这个方向平移相应的步数。若指针指向任务卡，则4人分别独立完成任务卡上的任务。该轮的挑战者若挑战成功即可得到对应的奖励，若挑战失败则原地不动。若指针指向命运卡，则根据命运卡上的指令操纵棋子。

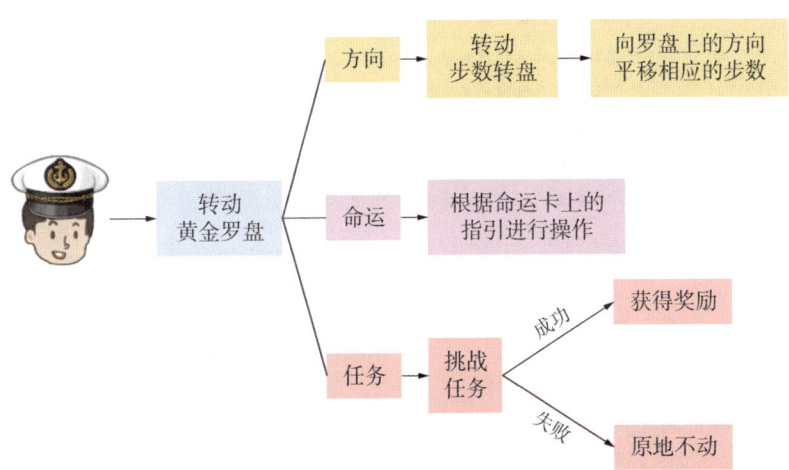

(3) 穿梭通道。如果你正好到达穿梭通道 •——▶ 箭尾的小圆点所在的位置，那么请直接把轮船开到箭头所在位置处。

(4) 注意事项。如果根据提示，下一步就要到边界之外了，则需要停在该处，因为方形海域外面是危险的鲨鱼区。执行指令后，若棋子会走出棋盘，则只能停在原点，结束该回合，轮到下一位玩家转罗盘。

🔍【评析】《标准（2022年版）》指出："图形的位置教学可结合教室里学生的位置、电影院里观众的位置等熟悉的情境，引导学生借助方格纸上的点，用有序数对表示具体的位置。"此游戏对教学内容进行游戏化包装，创设出黄金救援的情境，把要素分解成黄金罗盘和步数转盘，将启发性问题设置为闯关的任务卡，再用其他的辅助卡牌增加游戏的可玩性，从而赋予学生使命感和沉浸式体验。

四、基于运行进行迭代优化

基于现有机制进行改编，重构游戏机制进行翻创是我们提出的开发桌面游戏的两条路径，但是只有在开发桌游后对其进行测试，才能真正展现游戏机制在运行时的效果。游戏设计中有一个专业名词叫迭代，即对一个行为不断进行重复，并且将前一次的结果作为基础来进行下一轮重复的过程。游戏开发就是一个迭代的过程，从一个粗略的图形和很少功能的原型开始，为其加入更多的功能，使现有机制更加复杂和强大。因此，在开发出一款桌游之后，必须基于运行进行迭代优化，才能最终融合出成熟的适用于小学数学课堂的桌面游戏。

Monopoly，又名《大富翁》《强手棋》，是一款经典的多人策略棋类游戏。在游戏中，玩家掷出骰子的点数决定行走的步数，通过投资土地和水电铁路等增加领地，不断增加收入。这是一款传承文化的游戏，许多新潮又有趣的主题，想要传递的学习内容，都能被游戏包装进去。以下是我们团队和深圳市谭春兰名师工作室成员共同开发的《大富翁》系列桌游作品（见图2-25），游戏主题丰富多样，包括爱国主义、生活视角、德育教育等。

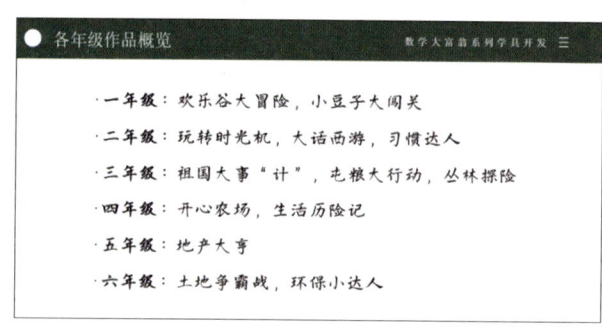

图2-25 《大富翁》系列桌游

《大富翁》属于上一节中提到的"骰子游戏"，玩家通过掷骰子来移动棋子，随机性强，玩家无法控制游戏的结果。将《大富翁》用于小学数学的课堂要注意兼顾可玩性和可操作性，因此，有必要根据小学生的年龄和认知特点进行调整。目前，我们已设计出《大富翁》桌游的经典课例并投入课堂教学，且开发了系列桌游，在制作游戏原型后进行集体试玩、修改、反馈、汇总，最后总结出迭代优化的几个要点，包括调整底板、增设道具、调整规则、引入不确定性。

❀ 课例11：《大富翁》

基本的游戏规则如下：

(1) 每位玩家选取不同颜色的棋子放在"起点"处，用"石头剪刀布"决定掷骰子的顺序，准备开始游戏。

(2) 掷骰子，按点数走格子。

(3) 走到主题图上题目：答对题目者可留在位置上，否则要返回原位。

(4) 走到命运卡片:得到命运卡片背面的奖励或惩罚(见图2-26)。

图2-26 命运卡片

(5) 走到题库卡片:需要完成题库卡片背面的任务才能得到相应的奖励或惩罚(见图2-27)。

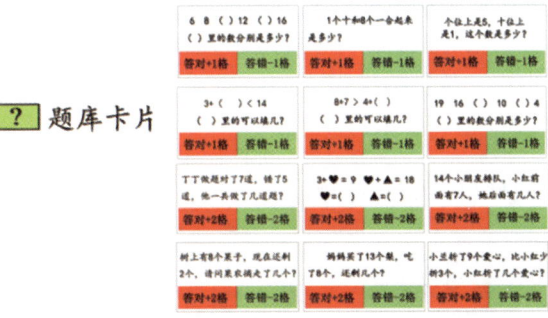

图2-27 题库卡片

(6) 先回到"起点"处的玩家获胜。

1. 调整底板

通过试玩和实践,我们发现在小学数学课堂上应用以下底板(见图2-28)的游戏体验感不强,会出现游戏时间过长、学生无法完整体验的情况,因此,需要对底板进行重新设计、精简优化(见图2-29)。

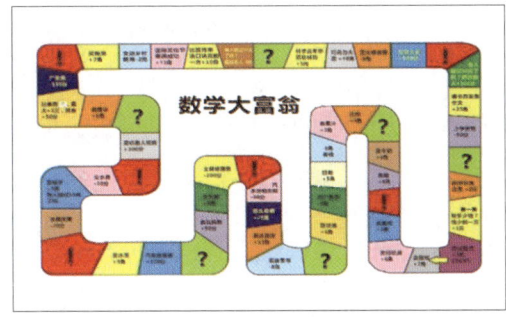

图2-28 原始底板

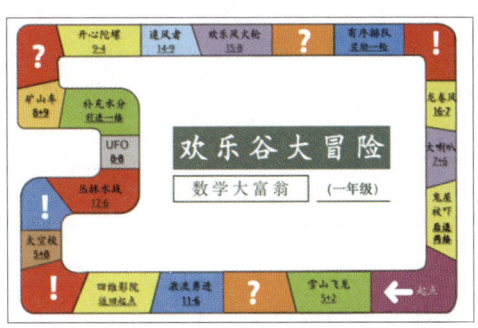

图2-29 精简底板

2. 增设道具

为了便于判断是否完成任务，我们研究团队增加了答案卡片，并在背面标上对应的题号（见图 2-30），这样既能保证游戏公平，又能确保学生在游戏中学习、巩固和应用相关知识。

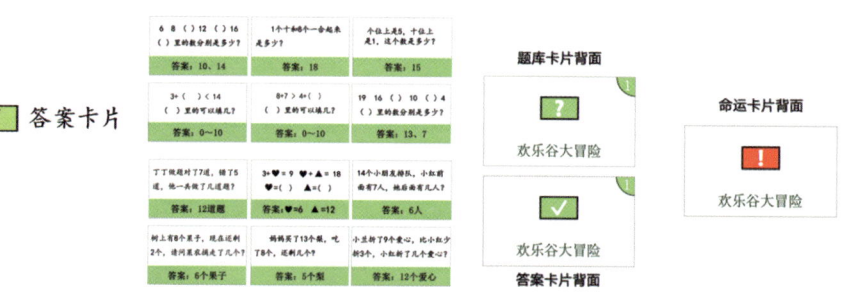

图 2-30　答案卡片

3. 调整规则

在不同主题之下，要适时对游戏规则做出调整。如《玩转时光机》（见图 2-31）统一从早晨 6:00 开始拨动学具钟的指针，当游戏时间截止时，获胜条件应该是比一比谁的钟面上时间领先，这样才能充分发挥学具钟的作用，而不一定要回到起点才能获胜。

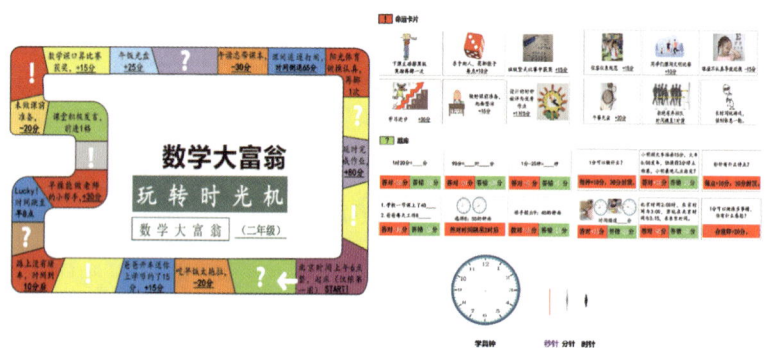

图 2-31　《玩转时光机》底板、命运卡片、题库卡片、学具钟

4. 引入不确定性

为了增强游戏的可玩性，也可以引入"不确定性"因素，如设置抢牌卡（凭此卡可在任意一位玩家中抽取一张牌给自己或给他人）、猜牌卡（凭此卡可猜测其他玩家手中牌的数值，若猜中则可拥有该牌）、空白卡（玩家可以自行设计数值）等。

【反思】《游戏设计艺术》提供了 112 个透镜，其中以下问题有助于指引调整的方向：
- 是什么决定了我们游戏的时长？
- 玩家是否因为游戏时间太长而感到无聊？怎样改变这一现状？
- 游戏中有哪些对象？这些对象的属性是什么？
- 游戏的终极目标是什么？
- 游戏需要玩家拥有何种技能？

……

基于对以上透镜问题的思考,我们简化了游戏底板、减少了游戏时间,将游戏对象由命运卡、任务卡拓展到答案卡,基于主题设置不同的终极目标、获胜条件,将数学核心素养渗透到命运卡或任务卡当中,正如《游戏设计艺术》中所说:"如果玩家的技巧水平与游戏难度相匹配,玩家将会感到挑战,并且停留在心流阶段。"

五、进一步思考的问题

(1) 对于桌面游戏的两条开发路径(改编和翻创),你还有其他创意或想法吗?
(2) 你能结合熟悉的游戏或机制来开发设计或迭代优化出一款桌面游戏吗?

六、资源链接

[1] Jesse Schell. 游戏设计艺术[M]. 刘嘉俊,陈闻,陆佳祺,等译. 北京:电子工业出版社,2016.

[2] 卡尔·M. 卡普. 游戏,让学习成瘾[M]. 陈阵,译. 北京:机械工业出版社,2018.

[3] 卡尔·M. 卡普,卢卡斯·布莱尔,里奇·梅施. 游戏,让学习高效[M]. 陈阵,译. 北京:机械工业出版社,2017.

[4] 张辉,朱立才. 游戏策划与开发方法(第2版)[M]. 北京:清华大学出版社,2022.

[5] 吴汀儿. 桌面游戏的设计与开发研究[D]. 南京师范大学,2011.

[6] 张优幼. 基于深度思维的数学游戏规则创编[J]. 教学与管理,2019(11):53-55.

[7] Wendy Despain. 游戏设计的100个原理[M]. 肖心怡,译. 北京:人民邮电出版社,2018.

[8] 浅谈桌游中常见的游戏机制[EB/OL]. [2014-12-30]. https://www.gameres.com/313588.html.

[9] https://boardgamegeek.com/.

第三章
视频游戏：在快节奏中互动，调动多感官参与

第一节　传统视频游戏融入数学教学课堂

一、理念引领

阅读本节内容前，请完成以下热身活动：
（1）视频游戏是什么？
（2）传统的视频游戏有哪些适用于数学游戏化教学？

视频游戏也被称作电子游戏，是玩家利用电子设备为媒介进行游戏活动，通过用户界面与电子设备进行互动的行为，并且是一种可以在电脑屏幕、手机屏幕等电子设备上获得视听反馈的游戏形式。

在当今的游戏市场上，视频游戏的分类标准主要是由视频游戏的开发商以及视频游戏所在的发布平台等这种商业机构所制定的。根据不同标准进行的具体分类如图3－1所示：

图3－1　视频游戏分类

随着近些年移动终端逐渐普及，教育部门积极推进教育信息化的发展，电子书包也开始进入中小学课堂。为了促进信息技术与教育的"深度融合"，许多教育技术的专家学者组建了研究团队，与一线教师合作研发数字化教学资源。当现代教育生态与"互联网＋"相遇时，视频类教育游戏就已经进入了我们的视野。

第三章　视频游戏:在快节奏中互动,调动多感官参与

与传统意义上的视频游戏内容分类不同的是,游戏化教学中适用的视频游戏很难在基于游戏的分类中找到明确的类别归属。在本章中,我们根据所搭载的平台对教学中使用的视频游戏进行分类,主要为:传统视频游戏、基于智慧平台设计的视频游戏。除此之外,还将介绍内容游戏化视角下的视频游戏课,并结合实例赏析、学习、提炼视频游戏的游戏化教学设计策略。

适合课堂教学的传统视频游戏有哪些特征呢?首先,游戏不宜过于复杂,操作、页面要简单、易上手;其次,对于硬件要求不能太高。大小一般在六七百 kB 左右,一般来说,App 游戏可适用于大多数手机或平板电脑,Flash 游戏也有游戏简单、操作方便、绿色、无需安装、文件体积小等优点。

二、课例导读

(一) App 游戏与游戏化教学的有机融合

随着通信技术的飞速发展,手机已成为人们生活的必需品,用手机玩游戏也成为许多孩子喜闻乐见的一种娱乐形式,走进了孩子的课余生活。目前市场上关于学习方面的 App 层出不穷,内容也日趋丰富。如果能将数学教学中的重点、难点与孩子们喜闻乐见的 App 游戏有机结合,寓教于乐、乐中求教,那么数学课带给孩子们的又是什么呢?在北师大版小学数学二年级下册教材"认识时分"的教学中,教师巧妙地将 App 游戏加入课程,借用"儿童宝贝认时钟""Telling Time"来更好地突破教学重难点。

❀ **课例 1:《认识时分》**(授课教师:深圳市福田区上沙小学伍莉春)

课前准备:学生开课前一晚观看微课,课堂上每个小组发放一台平板电脑。
【教学片段 1】拼装时钟

打开 App 游戏

进入拼装时钟的游戏界面

师:大家有信心把这个时钟拼装好吗?
生:有。
师:请每个小组派一名代表上台,比一比,看谁拼得又快又好!

🔍 【评析】这个环节是为解决"钟面上有什么"的知识点而设计的。在以往的课堂上,老师们可能会设计让学生在操作纸上画钟面,或请学生到台前用教具拼装钟面等。画钟面,低年级孩子操作速度慢,课堂耗时多,气氛沉闷;用教具拼钟面,上台操作的只是极个别学生,大部分孩子无所事事,容易导致注意力分散。而采用玩 App 游戏的方式呈现,一方面,可以让老师从繁杂的教具准备中解脱出来;另一方面,孩子们对于 App 游戏的热情一点就着,画面一出现,他们就个个高举小手,跃跃欲试,课堂瞬间沸腾起来。在台上同学操作的过程中,台

下同学都羡慕不已地观察着台上同学的操作。就是在这种自然、轻松的状态下,孩子们对于钟面的基本组成有了深刻的认识。

【教学片段2】体会时与分的关系

师:想不想继续玩游戏?先来看看游戏规则。

玩法一:将分针从 12 开始,转一圈,观察时针有什么变化?将时针从 12 开始,走一大格,观察分针有什么变化?

师:明白要求了吗?谁想来试一试?

打开 App 游戏　　　进入时钟操作界面

(教师分别请两名学生上台按要求拨动时针和分针,台下同学静静观察。)

师:通过刚才的观察,你发现了什么?

生1:我发现分针走一圈,时针走了一大格。

生2:我发现分针走的时候,时针也在走。

生3:我发现时针走得慢,分针走得快。

【评析】这个环节解决"时与分关系"的知识点,课堂上孩子们积极观察,他们的发现是丰富、具体而且有价值的。App 游戏的教学价值在此得以突显。传统课堂上,教师采用学具钟或机械钟来教学,常常会遇到这样的困难:(1)学具钟的时针与分针不能联动,学生在操作过程中无法感受到时与分的关系;(2)用机械钟教学,学生拨钟的过程不便于展示,难以在全班分享交流。而 App 游戏的教学方式是让学生用平板电脑来操作,学生拨钟的过程通过同屏技术被放大到屏幕中,台下同学清晰地观察到了同伴的操作过程,游戏软件中时针与分针的联动效果在学生一次次的拨动过程中反复呈现,孩子们得到深刻体会,以上的困难就迎刃而解了。

【教学片段3】认读时间

师:加大难度,你们敢挑战吗?

玩法二:根据提示,在钟面上拨出时间。

师:以小组为单位,打开游戏,根据游戏上提示的时间,在钟面上拨一拨。比一比,看哪组的正确率最高。

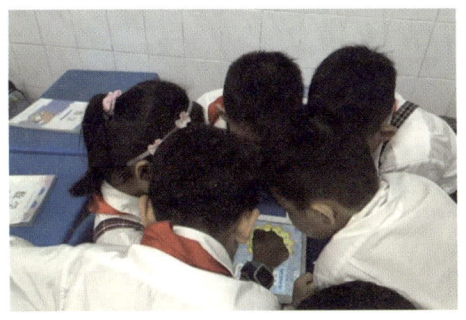

小组合作学习中

【评析】"认读时间"环节在以往教学中,许多老师会设计师报生拨、生报生拨等方式来开展教学。活动过程中,总有些学生因各种原因而游离于老师的要求外。在此,首先设计放手让学生先玩 App 游戏再组织全班反馈交流,这样的设计基于课前教师已组织学生回家观看微课,孩子们对于认读时间的方法有了初步的了解,具备独立尝试的能力;其次,教师有意安排每小组共用一台平板电脑,借助游戏的出题和判断正误功能,让小组变成自主学习的"小课堂",孩子们在游戏的"指引"下互助、互学,形成了良好的合作学习氛围。本环节知识的重难点也在孩子们的讨论声中得到有效内化。

【反思】纵观整堂课,App 游戏让课堂实现了在轻松愉快的气氛中人人动脑、动口、动手去学习和发现,去理解和掌握知识的目标。事实证明,它带给孩子们的不仅仅是单纯的快乐,更多的是在游戏中体验数学乐趣,唤起学习热情,获取成功体验,巩固新知,体验创新,让课堂闪现灵动。

(二)Flash 游戏与数学游戏化教学融合

Flash 游戏是很多人的游戏启蒙,从技术角度来说,用 Flash 制作出来的动画是矢量的,不管怎样放大、缩小,它还是清晰可见的。同时,用 Flash 制作出的文件很小,可以根据课堂教学需求直接插入教学课件中,并在上课时调用。交互性更是 Flash 动画的迷人之处,教师和学生可以通过点击按钮、选择菜单来控制动画的播放。以上种种特点都说明了 Flash 游戏可以通过有效的设计与改造在课堂教学中得到运用。在进行乘法口诀的教学时,引入的 Flash 游戏让整个课堂变得更加鲜活,学生们的学习兴趣也十分高涨。

❀ **课例 2:《功夫学院拜师记》**(授课教师:深圳市福田区教科院附小陈枫)

【教学片段1】

师：小朋友们，你们知道功夫熊猫吗？

生：知道，我可喜欢他了，因为他会很多功夫。

师：看看老师的装扮，你们猜猜老师今天是什么角色？（熊猫。）对，老师今天是功夫学院里的一名熊猫老师。我们先来看看功夫学院的课程安排，修炼秘籍、疯狂接龙、你问我答、火眼金睛、抢占地盘。今天呀，就让我们闯关学功夫，表现优秀的小组和弟子们会获得贴纸，熊猫老师我也会根据贴纸数目奖励武器笔。你们准备好了吗？

师：第一关修炼秘籍，请同桌两人为单位，互相拍手学习乘法口诀秘籍。（学生玩拍手游戏，2分钟。）

师：第二关疯狂接龙，每位弟子要在5秒内完成接龙，成功则获得一张贴纸，失败则没有。火车火车开起来……（出示App的乘法口诀算式，一列或一行为单位进行接龙游戏，5分钟。）

师：第三关你问我答，同桌两人为单位，出示10张乘法口诀算式卡片，另一位弟子要在3秒内回答出算式答案，答对卡片数量多的弟子获胜，可得到一张贴纸。（同桌之间你问我答，5分钟。）

【教学片段2】

师：第四关火眼金睛，考验你们的时候到啦，看谁口诀背得最熟，在规定时间内将答案一致的相同格式的算式消除。

（出示火眼金睛的Flash游戏，老师带着学生玩，感知答案一致的乘法算式，8分钟，前三关贴纸分别为2张、3张、4张。）

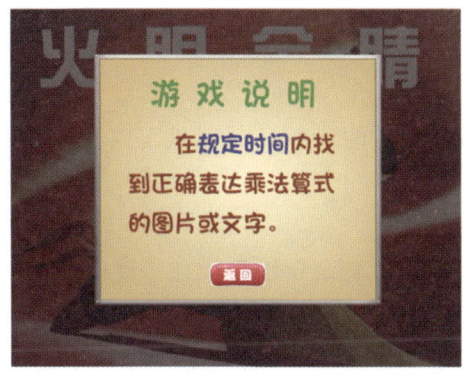
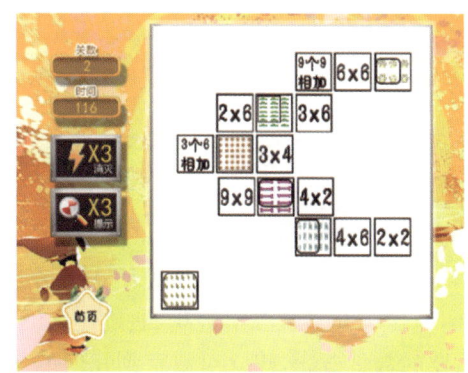

🔍【评析】教师通过"火眼金睛"这一 Flash 游戏,让学生们进一步巩固和练习乘法算式,突破乘法的代数语言与面积的图形语言之间的转化和对应这一教学难点。

🔍【反思】相较于传统课堂练习,这节课中引入的 Flash 游戏让学生们学得更加兴致盎然,他们热情饱满,积极思考,并且游戏选项的多样化设定从多个维度对乘法口诀的学习进行了考查。这一游戏不仅有计算,更有算理,游戏目标与教学目标浑然一体,对于乘法口诀的理解与熟练度提升都大有裨益。

三、进一步思考的问题

(1)市面上现有的数学教学类 App 游戏有哪些?分别适用于哪些教学场景?什么样的 App 游戏适用于课堂教学?

(2)Flash 游戏如何快速上手?身为一线教师应如何根据自身教学需求进行开发?

四、资源链接

[1] 牛志良. Flash 游戏课件制作教程(一)[EB/OL]. [2021-07-02]. http://gzs.hsszhjy.cn/studios/other_detail?detail=293&t=2&o=11.

[2] 张瑛. 基于 Flash 的幼儿数学游戏的设计与实现[J]. 企业技术开发,2013,32(10):40-41.

[3] 申宵鹏. Flash 课件在小学数学课堂中的运用[J]. 理科爱好者(教育教学),2020(6):204-205.

[4] 王明丽. Flash 在小学数学图形教学中的运用[J]. 科普童话,2020(21):83.

[5] 李光明. 谈小学数学教学中数字化 Flash 技术的应用[J]. 中国教育技术装备,2016(13):32-33.

[6] 孙萍. 小学数学教师应用教育类 App 的调查研究[D]. 天水师范学院,2022.

[7] 陆伟星. 教育类 App 在小学数学课堂中的应用[J]. 基础教育研究,2021(6):48-49.

[8] 黄笑雨,孙卫华. 利用数学游戏 App 促进数学学习[J]. 中国教育技术装备,2018(19):44-45.

五、学习分享

(一) 现有 App 游戏的分类

梳理现有的数学游戏 App，按数学游戏中的叙事性的程度，App 游戏可以分为"轻"游戏和"重"游戏两个大类。

1. "轻"游戏

(1) TodoMath。这是一款专为早期学习者在幼儿到二年级阶段独特设计的综合型数学 App，包含 700 多款数学游戏，通过迷人的游戏和视觉效果，吸引孩子独立地学习，了解早期最重要的数学概念，建立对数字到几何的信心。TodoMath 包含的学习内容有六大模块，分别是：计数与基数、运算、数学推理、时钟和硬币、几何、测量和数据。下面以"运算"模块为例介绍一下。

如图 3-2 所示，"运算"模块中包含多种数学游戏，每种游戏有大约 20 关（难度逐级递增），其核心数学知识均为整数的加法和减法运算，并未涉及乘法和除法。如图 3-3 所示，在游戏《下降积木》中，画面的左边会写出数学算式，同时会以小球个数的形式更直观地体现数学算式的内涵，而画面的右边会提供 0～9 的卡片，学习者需要将卡片拖到下面的蓝色空白区域。如果卡片上的数字与数学算式的结果一致，则回答正确；如果回答错误，则卡片会弹回，直到正确为止，一共有 12 道题。

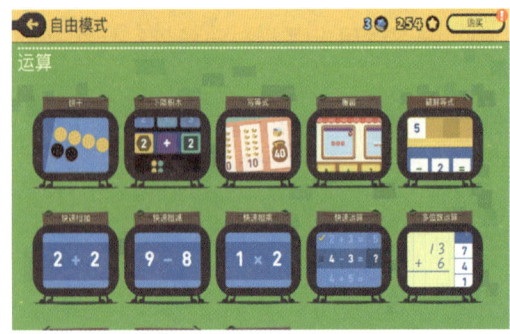

图 3-2　TodoMath 中的"运算"模块

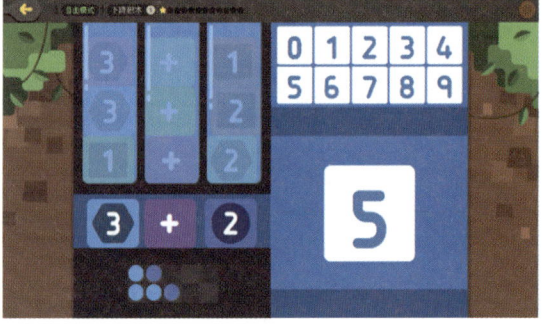

图 3-3　游戏《下降积木》

(2) Zapzapmath School。这是一款针对 5～12 岁儿童的数学游戏 App，通过这款 App，孩子们能够体验有趣的游戏画面并掌握数学的基本概念。Zapzapmath School 拥有 180 多款数学小游戏，游戏的知识内容包含加法、减法、乘法、分数、系数、形状、坐标、测量、角度、时间。

每个年级有多个学习模块，比如，四年级有"乘法和除法""形状和测量""分数"（如图 3-4 所示），而每个学习模块有 4 个学习阶段，分别是"练习""准确性""速度""任务"，难度逐级递增，先完成"练习"，最后完成"任务"。如图 3-5 所示，在四年级"乘法和除法"的《对比奇兵》游戏中，画面顶部是进度条，学习者答对题目时，怪物头像就会向右移动一小步，学习者的目标就是获得星星，画面的下方是比大小的题目，答题时间没有限制，但是答题速度越快，得分越高。

图 3-4 四年级的"乘法和除法"模块

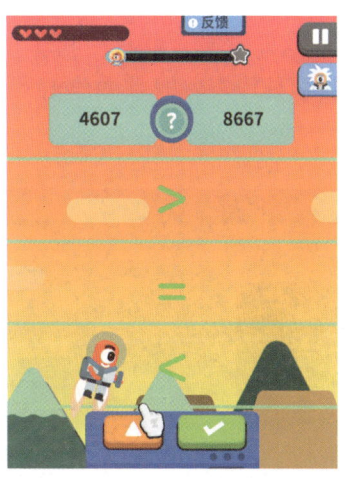
图 3-5 游戏《对比奇兵》

(3) MathTango。这是一款针对 5~10 岁儿童的数学游戏 App,其学习内容仅限于整数的加减乘除等。MathTango 有两个游戏世界,一个是岛屿,另一个是人造星球。在这两个游戏世界中,会有一个卡通形象陪伴学习者,随着学习的推进,会有越来越多的卡通形象被解锁。学习者可以将他们放置在游戏世界中,他们会自动在游戏世界中活动。

如图 3-6、图 3-7 所示,这款 App 具有一个任务系统和养成系统,学习者不断完成任务(即玩数学游戏),一方面可以升级,升级可以获得更多卡通形象;另一方面可以获得更多金币,金币可以用来购买物品,物品用于装饰游戏世界。

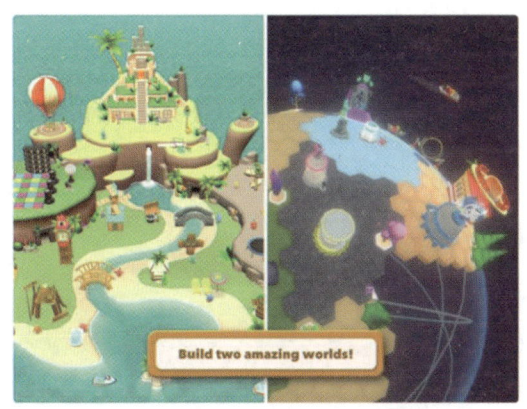
图 3-6 MathTango 的两个游戏世界

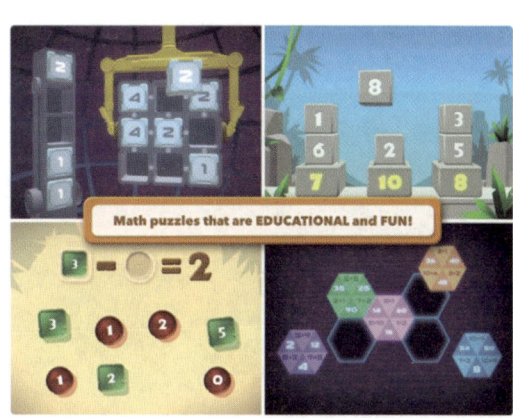
图 3-7 MathTango 中的游戏

(4) Montessori 数学集合。它包含 7 款 App,分别是"蒙台梭利:运算第一课""Montessori Numberland""蒙氏数学城""蒙氏数学:大数加减""蒙氏数学:乘法""蒙台梭利的几何图形学习""Seven Academy 数到 10"。Montessori 数学集合面向的学习者是 4~9 岁的儿童,其学习内容包括认识 0 到 9、认识 2D 和 3D 形状、加法/减法/乘法、翻倍/减半、奇数/偶数、计数到 1 000。

如图3-8所示，在 Montessori 数学集合内有一个数学教室，教室中摆放着各式各样的虚拟游戏学具，这非常契合蒙特梭利幼儿园的布置，为孩子营造一种学习数学的氛围。每一款虚拟游戏学具代表着一款数学游戏，学习者点击任何虚拟游戏学具即可开始玩数学游戏。

图3-8　Montessori 数学集合内的数学教室

2. "重"游戏

（1）《洪恩数学》。《洪恩数学》包含两大学习模块——麦斯的旅程和魔法师修炼场。如图3-9、图3-10所示，在麦斯的旅程中，学习者和小魔法师麦斯一同开启探索数学世界的奇幻旅程，拯救消失的伙伴，消灭神秘魔王，通过数学知识守护魔法数学世界。在该学习模块中，一共有10个主题场景，每个场景均有一个故事，学习者控制角色，边走边打怪边学习，将认数和加减法的学习与冒险故事深度融合，学习的沉浸感较强。

图3-9　《洪恩数学》中的麦斯的旅程

图3-10　旅程1："糖果乐园"

如图3-11、图3-12所示，在魔法师修炼场中，教育专家精心设计了专业、系统的数学思维启蒙课程，包含"数与量""数运算""几何与空间""综合思维"四大知识板块，涵盖儿童基础数学启蒙教学的核心内容。在这四大知识板块中，又包含数个子板块，每个子板块都包含"讲、练、测"3个教学环节，其中"麦斯小课堂"负责"讲、练"教学环节，而后 App 内会设置1

个或多个数学游戏,用来测评学习者的学习效果。魔法师修炼场中的数学游戏没有叙事性强的故事背景,更加注重游戏的玩法。

图 3-11 《洪恩数学》中的魔法师修炼场

图 3-12 "数与量"游戏:一起来玩摩天轮

(2)《小伴龙玩数学》。《小伴龙玩数学》根据教育部《3~6岁儿童学习与发展指南》《义务教育数学课程标准》制定课程体系,针对2~8岁儿童进行系统化的数学思维启蒙,训练孩子的数理逻辑,全面培养孩子学数学的兴趣,教学内容包括数字与计算、单位与度量、图形与空间、规律与逻辑、综合化运用。如图3-13、图3-14所示,每个教学内容都被形象化地设计成一个建筑物,分别是数字城堡、刻度小镇、图形金字塔、智慧海滩、探险谷。

图 3-13 《小伴龙玩数学》App 主界面

图 3-14 刻度小镇的学习内容

每个建筑物就是一个大的学习板块,每个学习板块又包含多个子板块,每个子板块包含数节课程。每节课程设置丰富、趣味的故事背景,让数学变得好玩,引导孩子主动运用数学知识和思维去寻找解决问题的办法,但课程与课程之间的故事是没有关联的。如图3-15、图3-16所示,在"认识长度"游戏中,第3关小伴龙需要走到地面,但是画面中的石柱高低不平,需要学习者挪动石柱,从长到短排列。如果学习者表现得非常好,就可以获得更多星星,并有机会获得数学魔卡。

图 3‑15 刻度小镇游戏:"认识长度"

图 3‑16 "认识长度"游戏的第 3 关

(二) App 游戏适用教学的条件

将这些 App 应用于课堂教学之前,必须考虑下面 4 个基本要求。

1. 要契合教学内容或者部分教学内容

在为课堂教学设计游戏环节的同时,我们就要考虑到这个关键因素。游戏内容契合教学内容是游戏化课堂的基本前提。然而,数学游戏 App 的开发者并非教师和学生,这就使得我们无法随心所欲地把教学内容设定为游戏内容。所以,数学游戏 App 的使用要做到恰到好处其实并不容易。

2. 能满足课堂的时间限制并易于操作呈现

游戏化教学的课堂时间分配非常重要。游戏环节通常会安排在引入或者练习的部分来完成,然而这两个部分的时间不会太多,所以数学游戏 App 必须满足时间限制,多回合制最佳;另外游戏操作方面力求做到简单易懂,因为游戏化教学其实质还是教学本身,游戏只是一种方式,复杂的操作流程会影响甚至淹没主要的教学内容。

3. 明确数学游戏 App 所应用的教学环节

前面提到,游戏环节要安排在引入或者练习的部分。也就是说,我们在课程设计的时候,就要考虑哪一个环节安排什么样的数学游戏,同时也要考虑什么样的数学游戏适合这一环节。

4. 数学游戏 App 能够完成相应的教学任务

使用数学游戏 App 就是要打破枯燥无聊的传统方式,但如果数学游戏并没有完成相应的教学任务,那这个"生动有趣"的改变就脆弱不堪了。所以,我们坚守的原则仍然是:教学是实质,游戏是方式。

(三) Flash 游戏的开发与设计

在设计 Flash 游戏时,如何进行问题难度、问题形式的设计是我们面对的难题。首先,教师要充分研读教材,设计练习时尽量多维度思考,鉴于 Flash 游戏的特殊性,可以在不同关卡中设置不同考查重点;其次,教师在进行设计时可以多找孩子来尝试,不单单自己班、自己年级,也可以找不同阶段的孩子尝试一下。Flash 游戏是建立在 Flash 平台上的,这也就意味着它的应用场景不局限于校内,教师可以先录制视频讲解,让家长了解游戏,从而在家中也能边游戏边学习,让知识在玩乐中自然生长。

此外,关于如何利用 Flash 平台实现设计可以参考互联网上的相关资料。

【备课建议】

(1) 传统视频游戏适合嵌入式加入课堂教学中,教师可以根据课程某一模块需求自行设计游戏内容。

(2) 在设计视频游戏时,页面不应过于复杂,配色尽量简单。

第二节　智能教育平台助力视频游戏化教学

一、理念引领

阅读本节内容前,请完成以下热身活动:
(1) 现有的智能教育平台有哪些?
(2) 希沃白板具有哪些与视频游戏相关的功能?

随着教育信息技术的发展,多媒体教学已经基本普及,也让更多有益的视频游戏走进了教育的领域。只是,看似"高大上"的视频游戏让很多教师望而却步,总认为视频游戏的制作对技术要求太高,不敢尝试。但随着触摸式一体机被引入校园,传统课堂形态被极大地改变。教师应用高度集成的多功能教育平台,着实提高了课堂教学效率。其中,使用较多的有希沃白板、一起中学、乐乐课堂等。

以希沃白板为例,这是针对信息化教学而设计的互动教学平台。其产品以生成式教学理念为核心,具有提供云课件、学科工具、教学资源等备授课功能。其中,课堂活动这一功能有助于教师根据课程设计进行游戏制作。

二、课例导读

利用希沃白板,教师能够制作在小学课堂教学中通用且简易的视频游戏。如图 3-17 所示,希沃白板中的游戏功能在"进入平台—导入/新建课件"后的界面上方工具栏中可以找到,名称为"课堂活动"。

图 3-17　希沃白板中的"课堂活动"

点击进入后,会出现 10 类活动,如图 3-18 所示。根据游戏内容,这些课堂活动被分为 4 种:分类、配对、竞争、拼图。

不同种类的视频游戏所适合的教学内容存在着一定的区别，经过对北师大版小学数学教材的梳理，我们形成了表3-1。

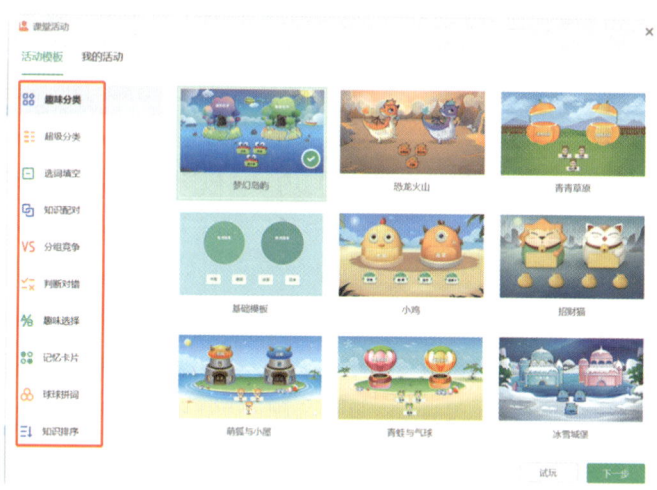

图3-18 "课堂活动"中的10类活动

表3-1 不同种类的视频游戏适合的教学内容

希沃白板中的视频游戏类别	适合的教学内容
分类游戏	按概念的本质划分类别的知识点
配对游戏	一一对应的知识，如数学单位的换算
竞争游戏	答案不唯一，且有易混淆、错误答案的内容
拼图游戏	图形的拼合，如七巧板、四连方、分数拼图等

（一）分类游戏

（1）适合内容：按概念的本质划分类别的知识点。

（2）游戏案例：选自北师大版《数学》一年级上册"整理房间"，游戏要求学生能按一定的标准对文具和衣物进行分类，养成有条理地整理物品的习惯。

（3）游戏简介：在乱糟糟的大雄的房间里，把到处乱丢的物品按类别分别放回书桌和衣柜；游戏过程有限时和计分；可以多人反复挑战，看谁又快又准挑战成功。

（4）游戏玩法。

第一步：根据以下物品的属性将其放回衣柜或书桌。

第二步：点击绿色按钮开始游戏。

第三步：拖拽物品，将其移动到对应收纳位置。放置正确，物品被吸纳进去并加分；放置错误，物品退回原始位置并扣分。

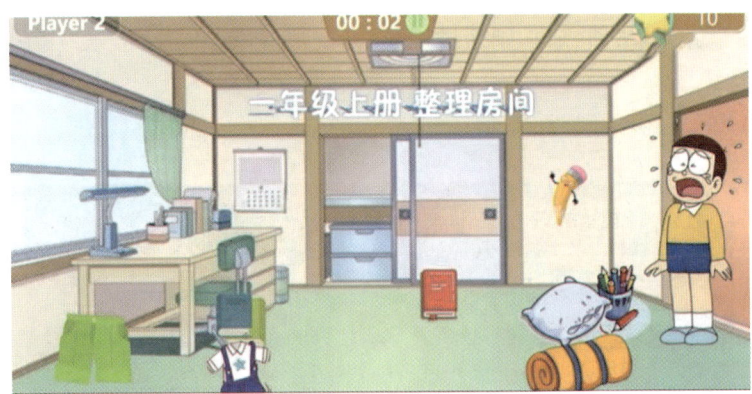

第四步：将所有物品放置完毕，挑战结束。

第五步：点击"挑战一下"，返回第二步，打乱物品顺序再玩一次。根据玩家游戏的时间和正确率进行排名。点击"查看答案"，出示分类结果。

(二)配对游戏

(1)适合内容:一一对应的知识,如数学单位的换算。

(2)游戏案例:选自北师大版《数学》三年级上册"买文具",游戏要求学生把几元几角几分与用元作单位的小数表示进行配对。

(3)游戏简介:根据给出的几元几角几分的人民币值,配对以元为单位的人民币值,配对完成后系统自动给出反馈,成功则通过挑战,失败则将错误项反弹,继续修正配对。

(4)游戏玩法。

第一步:查看配对与被配对项。

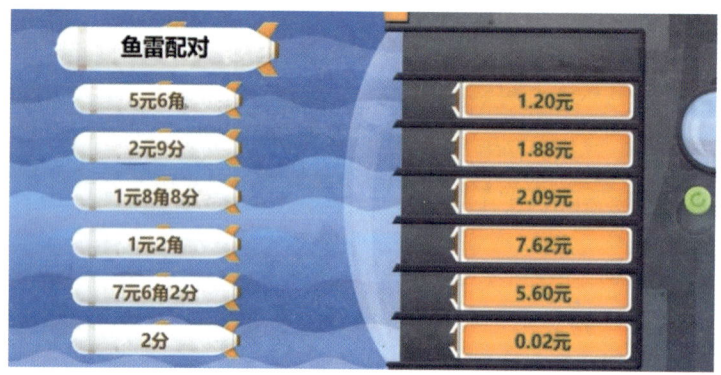

第二步:移动鱼雷到对应的系统配对。

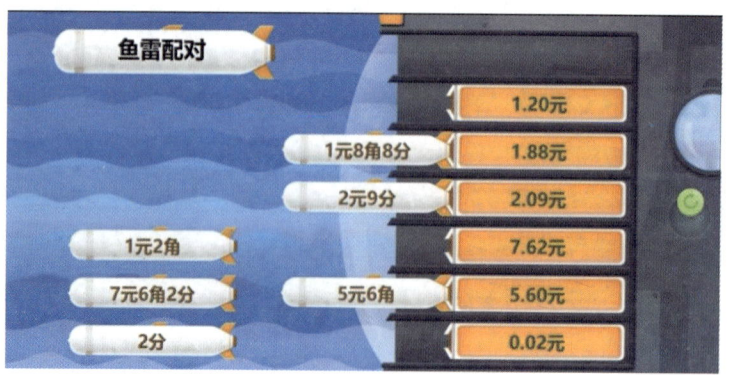

第三章　视频游戏：在快节奏中互动，调动多感官参与

第三步：点击"检查答案"，判断对错。

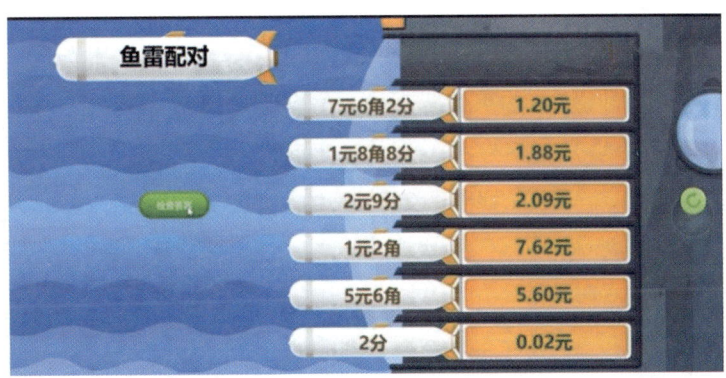

第四步：若有选项错误，则再匹配。
第五步：重复第三步检查答案，若全部正确，则游戏结束。

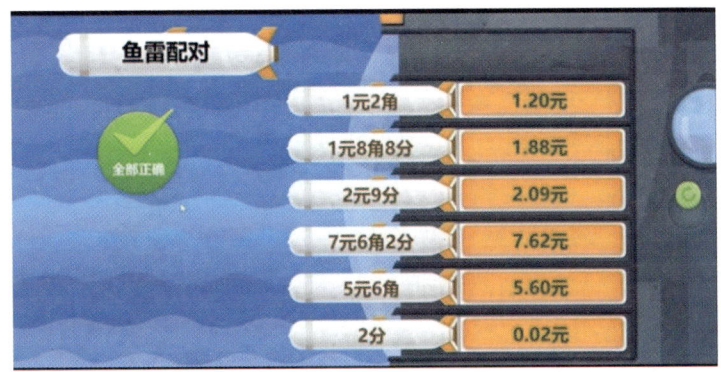

（三）竞争游戏

（1）适合内容：答案不唯一，且有易混淆、错误答案的内容。

（2）游戏案例：选自北师大版《数学》四年级下册"看一看"，游戏要求学生按给出的正面观察图，找出对应的空间立体图形。

（3）游戏简介：根据给出的正面观察图，在掉落的图形中找出对应的空间立体图形并点击消除；游戏过程有限时和计分；两人同时PK挑战，看谁眼疾手快挑战成功。

（4）游戏玩法。

第一步：在以下掉落的图形中，找出正面观察如图 的立体图形，并点击消除。

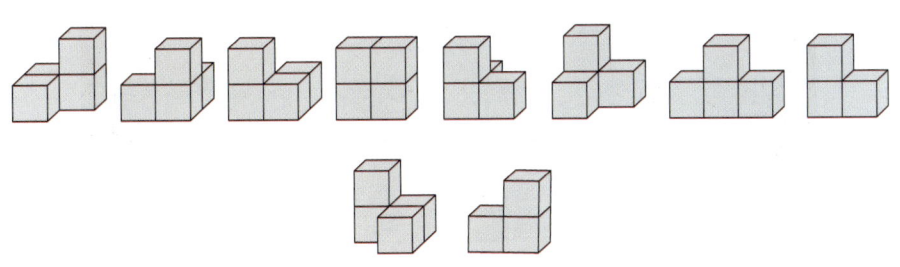

第二步:选择两位玩家,以分界线为准,各占一半游戏界面。

第三步:点击绿色按钮开始游戏。

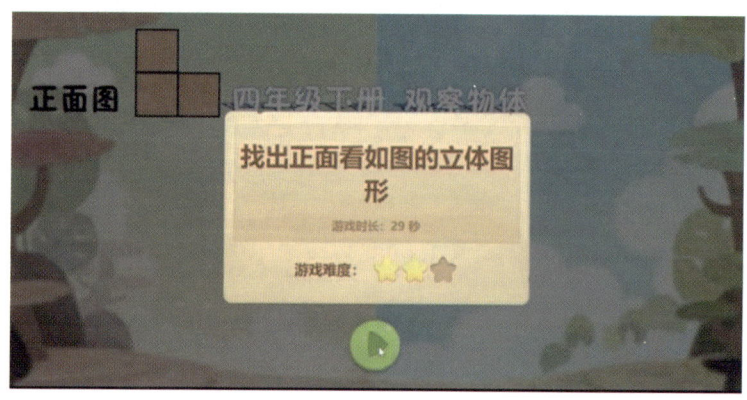

第四步:倒计时开始,伴随着音乐,在掉落的立体图形中点击消除,点击正确则加分,点击错误则扣分。

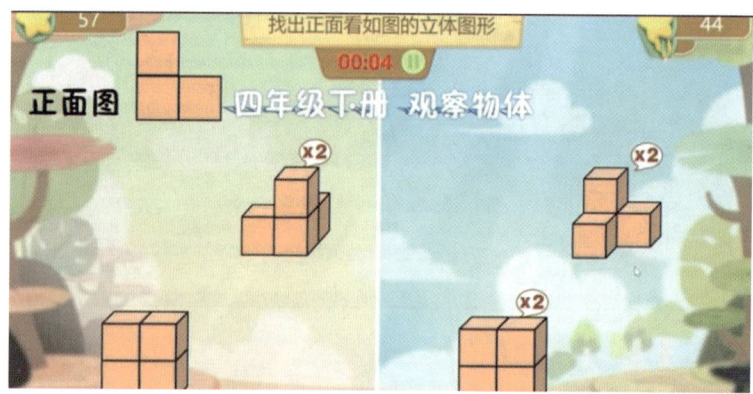

第五步:时间到,出示游戏结果。

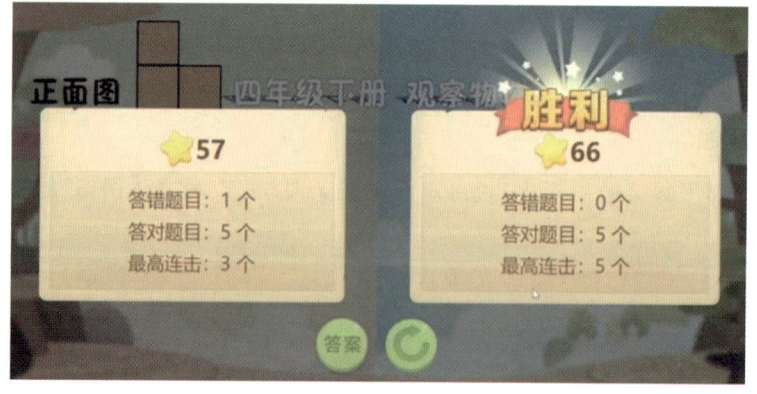

第六步:点击"答案",出示答案;点击 再玩一次。

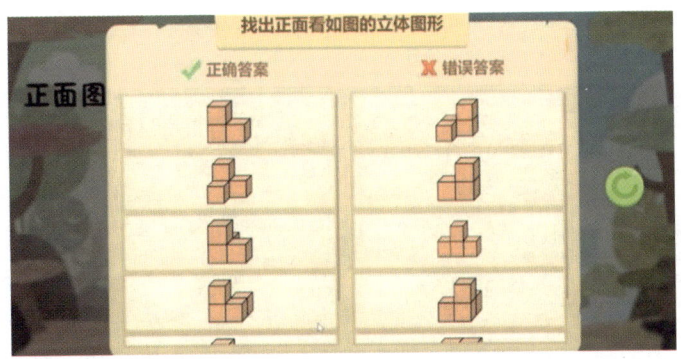

(四) 拼图游戏

(1) 适合内容:图形的拼合,如七巧板、四连方、分数拼图等。

(2) 游戏案例:选自北师大版《数学》一年级下册"认识图形　动手做(二)",要求学生认识简单的基本图形,并通过移一移、转一转,将七巧板拼成各种有趣的形状。

(3) 游戏简介:根据给出的图形,通过摆放零碎的七巧板拼出对应的图形;游戏给出12个图形,选择其一进入拼合界面,按要求成功拼合则通关;拼图过程中,遇到困难可以选择查看答案提示。

(4) 游戏玩法。

第一步:进入游戏界面,点击查看游戏说明。

第二步:了解游戏玩法。

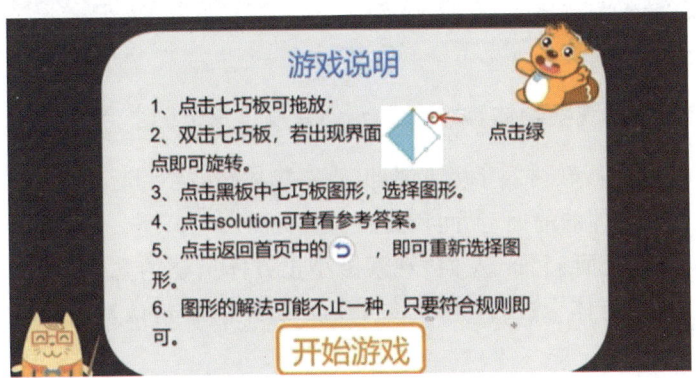

第三步：点击"开始游戏"，进入游戏界面，选择拼合图形。

第四步：移一移、转一转，将右边框里的七巧板块进行拼合。

第五步：点击"solution"查看答案，点击"返回"，从第三步继续游戏。

❀ **课例1：《看一看（观察物体）》**（授课教师：深圳市福田区东海实验小学李岚岚）

本课例来自北师大版教材四年级下册的"观察物体"，教学目标为：

(1) 认识正（长）方体的前面、上面和侧面（左、右面）。

(2) 从不同方位（正面、上面、左面）观察由小正方体搭建的立体图形：①观察从正面看到的形状，体验增加立方体个数时，正面形状并没有改变；②辨认从正面、上面、左面观察立方体看到的形状。

（3）画出从正面、上面、侧面观察立体图形所看到的形状的平面图形。

PK 消消乐

师：根据题干，选择对应的立体图形。

游戏方式：随机选择 2 名学生上台玩消消乐，共 3 轮。游戏结束后，让得分高的学生分享游戏的获胜策略。

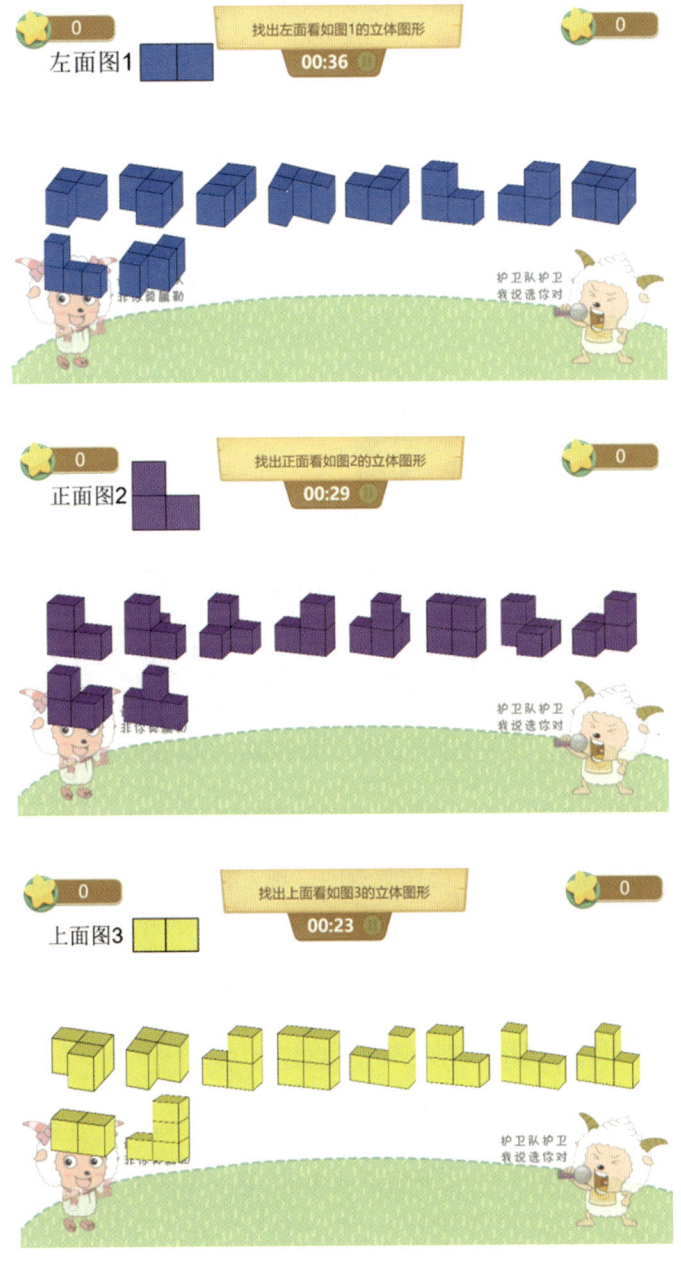

【评价】本游戏应用于课堂总结部分，与常见的通过语言描述不同，这里通过消消乐游戏，让学生在 PK 的氛围中，集中注意力辨析观察面，进一步提升巩固学生的空间思维。通

过加入PK游戏,学生们会因为想要获胜的心理从而更加专注,更投入课堂。音效和即时的反馈给他们积极的心理暗示,起到很好的课堂气氛调节作用。而希沃白板的制作辅助,让整个游戏目标清晰,立体图形展现效果良好,为学生在构建空间图形的过程中搭建了"脚手架"。

课例2:有多少张贴画(授课教师:河源市第四小学李静)

本课例来自北师大版教材二年级上册的"有多少张贴画",教学目标为:

(1) 经历编制6的乘法口诀的过程,在探索规律的基础上理解口诀的意义;

(2) 能用6的乘法口诀进行计算,并能解决简单的实际问题;

(3) 借助点子图,建立新旧知识之间的联系,初步学会用类推的方法学习新知识,体验从已有的知识出发探索新知识的思想方法。

【教学片段】

师:同学们都做得很好,老师要奖励你们玩游戏,谁想来?

(学生上台玩希沃小游戏。)

【评析】在这个教学片段中,教师将课本习题用希沃的课堂活动方式来呈现。与传统习题呈现方式不同的是,选择配对这一视频游戏的呈现方式会让学生更加兴致盎然,天生对游戏的喜爱以及对获胜的渴望都会激发他们的斗志。同时,这种计算类习题,或更具体的来说,有关运算律的习题,通过配对游戏的方式来进行,能够让学生更好地理解算理,因为里面有大量的干扰项,而不仅仅只是一道题目。在教学中插入视频游戏,可以让学生在玩中学,在音效、即时反馈的氛围中更加高效地掌握知识点。

课例3:《圆柱与圆锥》复习课(授课教师:深圳市罗湖区东昌小学陈报)

本课例来自北师大版教材六年级下册第一单元,是一节单元复习课。在完成整个单元的学习后,学生往往能够掌握相关基础知识。但圆柱与圆锥作为立体图形是抽象的,且相关内容包含大量公式、转换,需要从各种角度来进行多维度的联系,以让学生达到非常熟悉的程度。因此在习题类的复习课中,教师往往会采用不断做题再讲评的模式。这种课堂的问题很明显,就是学生兴致缺乏,学习效率不高。如果巧妙穿插视频游戏,则可以很好地解决这个问题。

毕业运动会

师：同学们，复习累了吧？毕业运动会正式开幕！需要请一名男生代表和一名女生代表进行PK，有哪两位同学想上台PK？

🔍【**评析**】复习课中往往需要大量的练习，适时引入分组竞争的视频游戏可以让原本有些枯燥的纯练习变得更加有趣。这个案例中是男女分组PK，大家都会为了获胜而全力以赴，并且本游戏不仅有音效，还有倒计时和正误的即时反馈，以上种种都会营造紧张刺激的氛围，进一步增强了复习课的趣味性。

🔍【**反思**】上述视频游戏都属于嵌入式的游戏。整个游戏的操作过程，除去对知识的思考，学生的操作并不复杂，大多是简单的拖拽、点击，并不会对学生的思考过程产生过多的干扰。同时，即时反馈的效果提升了课堂的效率，让学生在游戏过后直接聚焦对游戏结果的思考。甚至教师可以根据学生对知识的掌握情况，决定是否让游戏再来一次，或是出示答案，让学生分享自己的获胜秘诀，一键重复练习以及答案呈现的设计，让"以生为本"的教学理念发挥了最大的价值。

在知识目标的指向下，此类嵌入式的视频游戏目标清晰，一句话就能让学生明白游戏的目标和操作概要，在有限的课堂教学时间里避免游戏规则介绍所带来的累赘感，不会造成课堂节奏的拖沓。

视频游戏界面带来的视觉冲击、音效切入、倒计时设计等，在感官上牢牢地抓住了学生。

有研究表明,短视频游戏能为数学和阅读带来"认知启动",强化学习者的注意力、自控力和记忆力。在教学中,让学生专注,就相当于紧紧守住了课堂的根。

三、进一步思考的问题

(1) 阅读了上述 4 种视频游戏涉及的内容架构,你将如何根据教学内容进行游戏设计?
(2) 怎样在课堂教学中恰当地设计和引入视频游戏?

四、资源链接

[1] 李楠,尹慧. 亲社会视频游戏对儿童心理发展的影响及教育建议[J]. 品位经典,2019(8):85-88.

[2] 李晴,陈安涛. 视频游戏对认知能力的影响及其神经基础[J]. 心理科学,2018,41(6):1318-1324.

[3] 王元,李柯,盖笑松. 视频游戏训练对执行功能的迁移效应[J]. 心理科学,2019,42(4):820-826.

[4] 王平. 视频游戏对健康成年人认知功能的影响[C]. 第十九届全国心理学学术会议摘要集,2016:243.

[5] 张有辰,金正勇. 学龄前儿童接触视频游戏情况及其相关因素分析[J]. 延边大学医学学报,2016,39(1):37-39.

[6] 廖晨希. 玩转"希沃白板" 点亮精彩课堂[J]. 考试周刊,2018(75):13-14.

[7] 吴菁. 基于希沃白板的智慧课堂教学案例分析[J]. 校园英语,2018(15):194.

[8] 吴静松,李红安. 浅析视频游戏在中小学教育中的应用[J]. 中国现代教育装备,2008(5):144-146.

五、学习分享

本节分享的 4 款视频游戏涉及的内容架构,涵盖了日常教学的大部分。

第一款分类游戏,对应于教学上的分类概念知识,如数学学科素数(质数)与合数、负数与正数、图形的分类等。只要有明确概念分界的知识,都可以使用。

第二款配对游戏,对应于数学中涉及的概念转化问题,即传统教学中所有的一一配对连线题,都能将知识嵌入游戏机制,进行配对游戏的改编。

第三款竞争游戏,则是针对答案并不唯一,而且存在易混淆答案的教学内容。可嵌入的内容范围是很广的,除了上述游戏案例提及的同类知识外,像语文学科的褒贬词,带有不同情感色彩的词语、成语,甚至是诗句,都能涵盖。

第四款拼图游戏,并不局限于数学图形类知识的教学,它的游戏机制适用于所有允许拆卸的碎片化知识,如科学的机械组装、英语的单词拼写、美术的图形组合画等。

视频游戏的训练让个体认知能力得到持久改善,游戏奖赏预期对认知能力也有调控作用,这在心理学界是被证实的结论。但是,这并不意味着视频游戏在教学中可以滥用。以下 3 点是教师在设计前需要知道的。

1. 游戏设计

随着教学与信息技术融合的发酵，很多教学平台具备了一键生成视频游戏的功能，教师只需在平台中选择对应的游戏机制，填充考核的知识内容，就能制作出一款契合课堂的视频小游戏，如本节介绍的 4 款视频游戏就是使用了希沃白板 5 中教学平台的课堂活动功能制作出来的。因此，视频游戏的制作并不要求教师具备多强的代码编写能力，利用教学平台的游戏机制设计就能实现。

2. 目标融合

技术有平台的支持，教学考核的设计则是教师的职责。教学目标是学生学习任务的导向，而游戏目标是玩家在游戏里的追求，只有将这两个目标合理地融合，才能实现游戏成果向知识成果的转变。例如，分类游戏的目标是将混乱的物品恰当地收纳到衣柜和书桌中，而完成挑战的知识成果是实现不同物品的分类，直指教学目标。

3. 类别选择

知识的学习主要由探索的必要性、探索的过程和知识的应用三大模块组成。因此，视频游戏的角色大致可以分为 3 类。第一，在快节奏的人机互动中提供失败的体验，迫使学生学习新知，寻找通关的突破口。失败代表着未知，通关目标自带一种魔力，促使学生不断地武装自己，进而战胜未知。第二，在信息极其丰富的游戏界面中训练学生辨别和筛选信息的能力。这个过程等价于学习探索，学生在一次次的尝试中寻找核心的攻关信息，与此同时搭建自己的知识架构。第三，借助一次又一次闯关的奖惩机制，去验证知识是否得到有效应用。失败→尝试→通关的游戏体验，其背后是未知→探索→释疑的学习过程。把握住知识的属性，选择对应的视频游戏类别，可以让教学更高效。

【备课建议】

（1）需要对教学内容进行仔细研读，不同的视频游戏类型适用于课堂教学的不同模块，如新知导入、知识巩固和练习模块，课堂上嵌入视频游戏时要充分思考是否合适。

（2）视频游戏中的思考时间需要根据实际情况进行调整。

（3）在设计练习题时应该全方位考虑试题难度和所考查的知识点，在 PK 类型游戏中尽量做到难度均衡。

第三节　内容游戏化视角下的视频游戏教学

一、理念引领

阅读本节内容前，请完成以下热身活动：

（1）什么是内容游戏化？

（2）内容游戏化有什么特殊之处？

游戏化的做法主要有两种方式：第一种叫作结构游戏化，第二种叫作内容游戏化。结构游戏化是利用游戏元素驱动学生完成任务，同时不改变学习内容；内容游戏化则是指对教学内容实施游戏化改造,加入游戏元素并融入游戏思维,使其具有游戏特征。值得注意的是,两者之间不存在互斥的问题,经常同时出现在同一门课程里。实际上它们珠联璧合,更能相得益彰。

相比较来说,结构游戏化的学习内容没有游戏感,但学习的流程带有明显的游戏特征。这种游戏化思路着眼于激励学生完成学习内容,吸引学生将更多的时间花在学习上。例如,学生观看一段视频和完成一项作业而获得积分,除了积分外,视频和作业本身没有任何游戏特征。

内容游戏化则是在课程中加入故事情节,或用一个挑战和任务启动教学课程,而不是罗列教学目标。在游戏化的应用中,游戏中的元素,诸如积分、证章、安全试错、挑战等经常被使用,但目的不是去创建一个完备的系统——去生成一款游戏,而是借用游戏元素鼓励学生学习教学内容,完成学习任务。通过游戏化,我们可以从游戏的维度思考问题,将不同的游戏机制和游戏技巧组合起来,为学生带来学习的快乐体验。

在第一、第二节中,我们介绍了很多可以使用于结构游戏化的视频游戏。将视频游戏片段以合适的方式嵌入课堂,能够为我们的课堂添彩。而在本节,我们将重点阐述内容游戏化下的视频游戏。

二、课例导读

游戏,曾经令许多父母谈之色变,深恶痛绝。游戏,是许多人眼中孩子学习的天敌,必绝之而后快。而在游戏化课例《谜之藏宝图》中,学生们竟然都表达出"不愿下课"的心声,听课教师也不愿散去,大家不禁感慨:"数学课原来可以这么上!"

这堂别开生面的游戏课,到底隐藏了什么样的奥秘?继续看下去吧!

❀ 课例1:《谜之藏宝图》(授课教师:姚铁龙)

这是基于三年级第二单元"图形的运动"这一单元的学习,我们设计的一节空间与图形内容的单元游戏课。一方面,教材上关于图形运动的过程是"刻板"的,局限于书中已有的图案,学生无法更好体会图形运动过程中的变化。另一方面,如何运用图形的运动来解释(解决)生活中的实际问题是本单元知识点一个重要的综合提升。设计之前首先要确定好目标,目标既要保证数学性,又要保证游戏精神。我们希望借助游戏化学习,让学生通过观察图形的特征及图形的运动,培养空间想象能力和创新意识。在操作中提高学生的观察、分析、比较、推理等能力,锻炼数学思维能力。让学生在技术加持的游戏中感受不一样的数学,培养数学学习的兴趣。

【情境创设】

本课虚拟4位勇士在古堡历险寻宝,以勇士们运用数学智慧破解机关、战胜神兽、寻得宝箱的探险故事为情境。

第一关:快手夺钥匙。这一关主要是激发学生兴趣,考查学生观察和记忆几何图形的能力。

第二关:炸毁神秘墙。此关卡主要复习平移的知识。

第三关:召唤神兽。此关卡主要考查学生对轴对称图形的理解。

第四关:动物战争。此关卡通过学生的动手操作,进一步理解图形的旋转,培养学生的观察能力及空间想象能力。

【设计说明】

(1) 4位勇士天赋各异,有擅长推理的,有擅长观察的,也有擅长表达的。

(2) 每位勇士手上只拥有一块宝图碎片,只有携手合作,才能开启探险之旅。

(3) 只要通关,都会获得相应的勇士勋章,凭借最后的勋章才能成功获得宝藏。

【教学过程】

(一) Let's go!（行动）

情境渲染:

传说在源码大陆的一座古堡里,藏着上万年的远古宝藏,而能够打开宝藏的4块神秘碎片,分别散落在4位勇士手中,他们是编程猫、火焰熊、雷电猴和大黄鸡,只有4人一起合作,才能进入古堡藏宝区。在古堡里有很多机关,用你的智慧破解这些机关,就能激活你手上古老的神秘碎片。使用你们激活过的神秘碎片,放到藏宝区大门的机关上,大门就会向你们打开。现在请选择你们的英雄,分别从4个方向进入古堡,一起开始冒险吧!

第一关:快手夺钥匙

师:带着藏宝图来到古堡门口,可是古堡的大门紧闭着,藏宝图显示大门的钥匙就藏在如下形状的盒子中。你能在下面的盒子堆中找出这个钥匙盒吗?找到了请赶紧点击钥匙盒(学生点击平板电脑上的图形后翻出钥匙)。

(课件声音)通关提示语:钥匙,钥匙,在哪里,找到我了才过关。

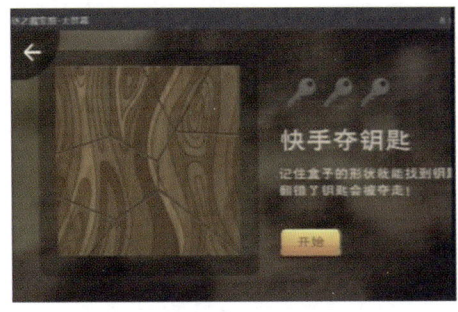  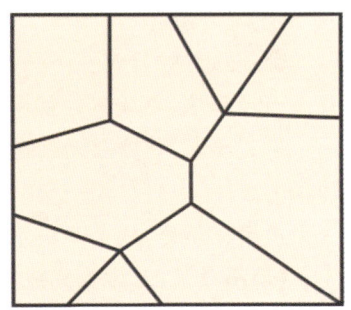

快手夺钥匙游戏界面

(动画效果:成功找到3把钥匙,钥匙闪亮,屏幕上出现了第一枚勇士勋章▲。)

师:此关卡难度较低,亲爱的同学们,你通关了吗?如果你通关了,将获得一枚勇士勋章▲。

师:恭喜你们顺利闯过第一关!接下来真正的探险就要开始了,做好准备了吗?

设计意图

这一关主要是训练学生的专注力,激发学生兴趣,考查学生观察和记忆几何图形的能力。

(二) Advance(进阶)

第二关:炸毁神秘墙

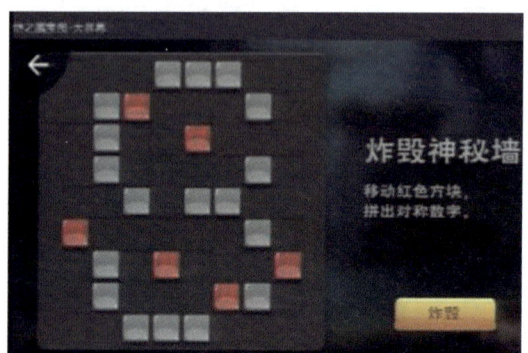
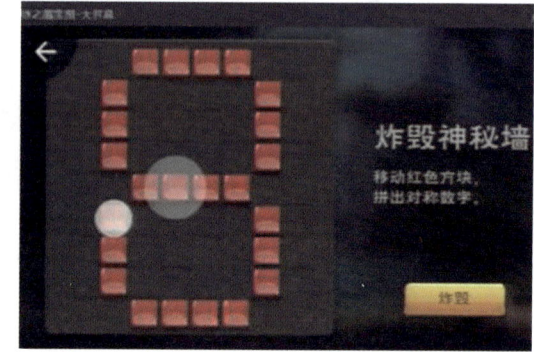

台下学生在平板电脑上操作,学生代表在台上移动红色方块,并说一说红色方块朝哪个方向平移,每次平移几格。

炸毁神秘墙

师:哇,好惊险啊!……终于拿到钥匙了,可是眼前却被一面墙堵住了去路。别着急,这是一面神秘墙,要破解神秘墙,先看藏宝图的提示——

通关要求:任意移动红色方块(灰色方块不能移动)到正确位置,按要求拼出图案,炸毁神秘墙。

出示提示语:红色方块推一推,对称数字它是谁。

(动画效果:让学生完成后就点击按钮提交,"轰隆"一声巨响,神秘墙炸毁,道路畅通。)

师:此关卡难度较高,亲爱的同学们,你通关了吗?如果你通关了,将获得一枚勇士勋章。

设计意图

此关卡主要复习平移的知识,让学生先观察图案特点,再确定朝哪个方向平移,每次平移几格并进行口头表达,发展学生空间观念与表达能力。

第三关:召唤神兽

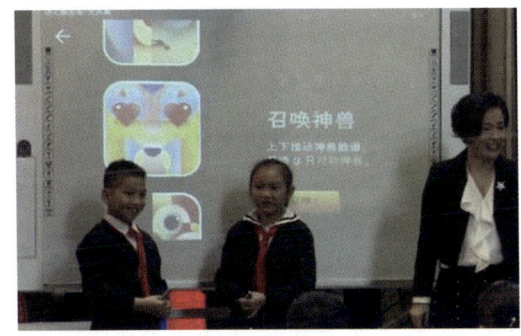

> 台下学生在平板电脑上操作,学生代表上台操作,并在过程中不断给台下学生抛出问题:"这是不是轴对称图形呀?"

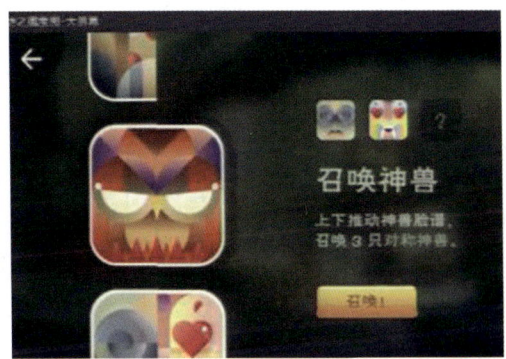

召唤神兽

师: 经过了神秘墙,可是眼前却出现了守护古堡的怪兽,怕是要过不去啦!不过藏宝图提示,选中对称的怪兽脸谱就可以进入古堡,同学们,准备好开始吧!

通关要求:上下拨动两侧图案,成功拼成轴对称图形才能通关(神兽脸谱图案具有迷惑性,其中只有3个图案是轴对称的)。

出示提示语:上下移动神兽脸谱,召唤3只对称神兽。

(动画效果:学生成功拼出轴对称图案。点亮3只怪兽脸谱,"轰隆"一声巨响,藏宝间大门打开——)

师: 此关卡难度一般,亲爱的同学们,你通关了吗?如果你通关了。将获得一枚勋章▲。

设计意图

此关卡主要考查学生对轴对称图形的理解。

第四关:动物战争

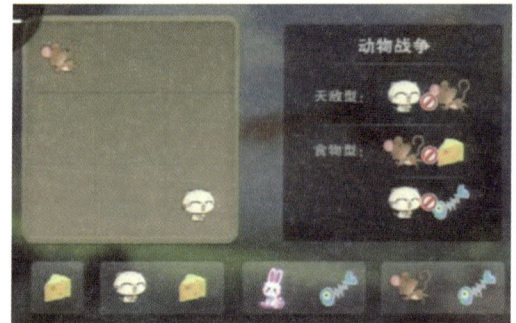

1. 理解规则

天敌型:
猫不能跟老鼠
毗邻

食物型:
老鼠不能和芝士
毗邻

猫不能和鱼毗邻

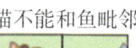

★注意每种动物会和它最喜欢的食物同色哦!

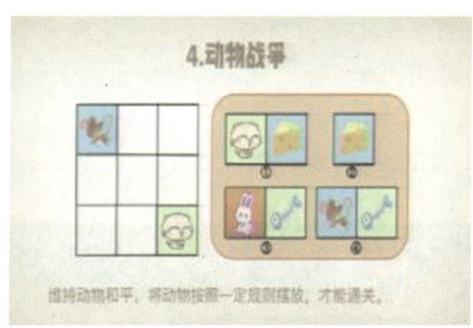

2. 小组合作

到底应该先从哪一块拼图开始摆呢?现在请拿出学具和同桌赶紧试一试!(同桌两人一套磁性学具动手操作)

3. 即时投影

教师巡视,并用平板电脑拍摄学生的作品投至大屏幕,在大屏幕上针对学生的作品进行展示、纠错。

动物战争

师:经过了千辛万苦,终于来到了藏宝间,可是藏宝间里面发生了动物战争,我们必须维护动物和平,将动物们按一定的规则摆放,才能拿到藏宝箱!

通关要求:动物不能和它们的天敌或者喜爱的食物毗邻而居,要让动物们维持和平,这样才能拿到藏宝箱。

(动画效果:学生在屏幕上根据自己的作品移动图案,成功拼出轴对称图案。点亮3只怪兽脸谱,"轰隆"一声巨响,藏宝间大门打开——)

师:此关卡难度较大,亲爱的同学们,你通关了吗?如果你通关了,将获得两枚勋章。

设计意图
　　此关卡主要考查学生的观察能力和推理能力。

1. 理解规则

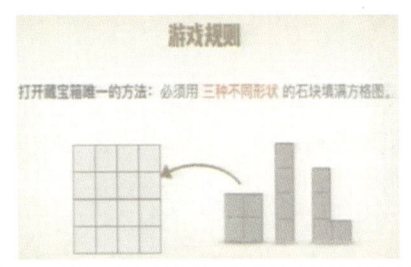

2. 动手操作
　　学生用学具在台下操作,学生代表上台在屏幕上操作。

3. 策略分享
　　师:说说你为什么要先放正方形?可以先摆长方形吗?长方形只能摆在哪?
　　引导学生发现:L型图形必须用两次。

4. 分类讨论
　　师:最多能找到几种拼法?
　　引导学生发现:原来通过旋转,看起来不一样的图形实际上是一样的。

宝藏密码

　　师:我们顺利地拿到了藏宝箱,可是所有的宝藏都被锁在这个密码箱里,打开密码箱的唯一办法是什么呢?

通关要求：用这3种不同形状的石块填满方格图，也就是填满方格图要3种形状都用上，才算过关。

（动画效果：学生在屏幕上移动四连方，成功填满方格图，屏幕上出现了最后两枚勋章。）

师：此关卡难度较大，亲爱的同学们，你通关了吗？如果你通关了，将获得两枚勋章。

设计意图

此关卡通过学生的动手操作，进一步理解图形的旋转，培养学生的观察能力及空间想象能力。

师：密码箱上有这样一个图案，请你用刚刚收集的勇士勋章拼出这把钥匙（学生在大屏幕上动手将7枚勋章拼成上述钥匙，密码箱打开）。

师：过五关，斩六将，我们终于全部过关。《谜之藏宝图》的游戏到此结束。

孩子们，勇士们，寻宝的历程，充满了挑战，也充满了智慧，今天的课结束了，并不意味着学习就止步了。关于四连方，还有更多有趣的问题等着大家来挑战，大家有信心吗？课后留个探究作业，小勇士们，接受挑战吧！

设计意图

课后作业的设计延续课堂上对四连方图形的探索，布置了有趣而又富有挑战的探究性任务。数学的魅力在于它的复杂性——当独自解开一道思索已久的难题时，会感到发自内心的喜悦与自豪；在复杂迷离的题海中，总有人被它所吸引，希望发现并解开更多的谜团……

游戏作业纸

班级：_____ 姓名：_____

一、寻找四连方家族

四连方家族有很多兄弟姐妹，在课堂上，我们已经认识了田大姐、L小弟和一小妹，想一想，四连方家族还有哪些成员？你能把他们画在下面的方格纸上吗？

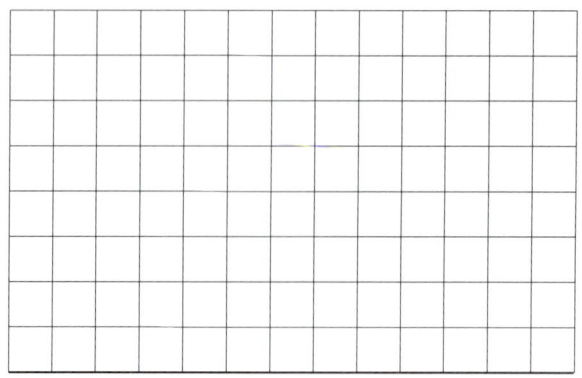

二、四连方拼拼乐

在下面的方格图中隐藏着 4 个不同的四连方宝宝,你能把他们都找出来吗?记得用不同的颜色区分哦!

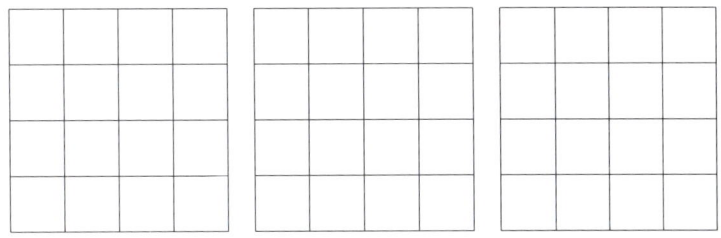

🔍【评析】《谜之藏宝图》是基于三年级第二学期第二单元"图形的运动",自主开发的一节单元游戏练习课。我们重塑学习方式,采用"技术+游戏化"的教学手段,借助教育信息技术将数学知识融于游戏中。一方面,本课设计使用的 App 游戏为原创的闯关游戏,《谜之藏宝图》游戏 App 带来的音效、画面的转变让学生身临其境,学生可以在平板电脑上完整体验图形的运动变化过程。学生不仅觉得好玩、有趣,更不觉得累,让游戏课堂一直有思考,让学生在趣味中无形地学习。另一方面,智慧教室平台和即时投影技术让学生的操作结果得到最快速的反馈,便于展示讲解。整个课堂一直在碰撞思考的火花,"技术+游戏化"的创造性设计让课堂不失本真,又发展了学生思维。

🔍【反思】本课设计使用的 App 游戏为原创的闯关游戏,游戏虚拟 4 位勇士在古堡历险寻宝,以勇士们运用数学智慧破解机关、战胜神兽、寻得宝箱的探险故事为情境。游戏共有 5 个环节,在前面 3 关中,信息技术的辅助使游戏元素恰当地融合于环节当中,有游戏化的故事背景、挑战性的闯关、虚拟的勇士形象化身、控制感、反馈系统,包括画面、音效、神秘性、时间限制、奖励结构……这些重要的游戏元素构成了"勇士寻宝——闯关升级"的游戏机制并与教学深度融合,科幻的学习情境、创意的游戏设计,为学生营造了令人恋恋不舍、心潮澎湃的学习活动。学生在完成游戏活动的同时也在完成数学知识的构建,这样的学习,学生的专注度更高,学习兴趣更浓厚,学习效果也更好。

这种课程还有高度的容错能力。一方面,技术可以最大程度地暴露课堂上学生出现的问题;另一方面,虽然在游戏过程中学生会遇到许多困难,但他们决不会放弃,会斗志昂扬地坚持到底,这就是游戏精神,也是游戏化学习的美妙之处。在最后两个环节,教师将线上游戏转移到线下,提供实物,让学生人人动手操作,并在实践操作中提升综合能力,开发学生的高阶思维。在游戏学具和投影技术的帮助下,学生完成游戏任务并展示成果,但是在这里,完成任务并不是我们的终极目标,游戏背后的思考才是我们要关注的。"先选什么图形?"不同的取材蕴含着不同的逻辑,"田字型"可摆放在 9 个不同的位置上,一旦确定了它,"L 字型"就只能追随左右,顺藤摸瓜完成任务。"一字型"只能有一处位置,先摆它,剩下两个就比较容易了……从"拼出符合要求的图形"到"拼出尽可能多的图形",从"发现共性与规律"到"应用规律解决问题",学生学会正确地、综合地分析信息,从一到多,再发散思维,最后着眼于解决实际问题。

❀ **课例2:《羊圈改造工程》**(授课教师:深圳市福田区文天祥小学张秀瑜)

【情境创设】

本课中,教师创设了羊圈改造工程的游戏情境,分为以下3关。

第一关:解密羊圈。围绕"怎样增加羊圈的面积"这一核心问题,提高解决问题的能力,发现"周长相等的长方形,面积怎么变"的规律,发展推理意识。

第二关:巧算羊圈。进一步巩固周长与面积的计算的同时,加深对周长与面积意义的理解,通过转化,感悟变与不变的数学之美。

第三关:抢占羊圈。巩固运用,聚焦直观模型的变化,运用周长与面积的关系解决问题。

【教学过程】

(一) Let's go!(行动)

情境渲染:

在美丽的草原上,有一个部落,世代以牧羊为生。最近,村里发起了羊圈改造工程,但改造过程中问题多多,想请大家一起帮帮忙!

第一关:解密羊圈

1. 创设情境

"跳跳"是村里的放羊男孩。原来他养了4只羊,用20 m长的栅栏围了一个长8 m、宽2 m的长方形羊圈,平均每只羊的活动面积正好不少于$4 m^2$。后来他又买来了2只羊,羊的活动面积不够了,怎样增加羊圈的面积呢?

2. 解决问题:怎样增加羊圈的面积?

学具:可拆卸边的红色长方形(长8 cm、宽2 cm)1个,绿色边(长1 cm)10条,方格纸1张(小方格边长为1 cm)。

要求:拼一拼,写一写,说一说。

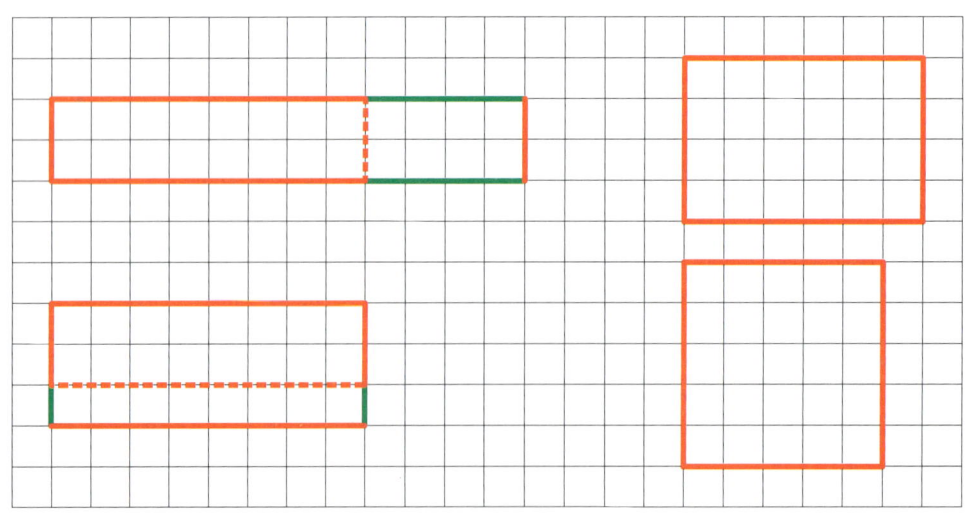

(1) 独立思考,动手操作。

(2) 全班第一次交流:买栅栏。

① 说想法。

② 及时追问:

- 为什么多买栅栏而面积没有多增加呢?
- 为什么加在宽上,面积就增加得多呢?

(3) 全班第二次交流:不买栅栏。

① 说想法。

② 及时追问:

- 不买也能解决问题,是不是意味着"周长不变,也能增加长方形的面积"? 周长不变,面积却变了,这是为什么呢?
- 面积变化与长、宽有关,到底有什么关系?

3. 探究规律:周长相等的长方形,面积会怎么变?

学习单:不同小组的学习单规定的周长不同(16 m、20 m、24 m)。

要求:画一画,填一填,说一说。

	周长(m)	长(m)	宽(m)	面积(m²)
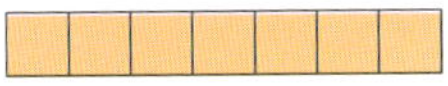	16			
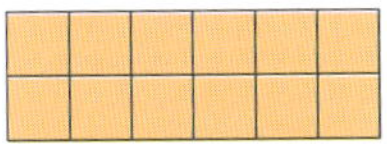				
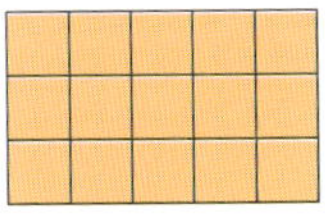				
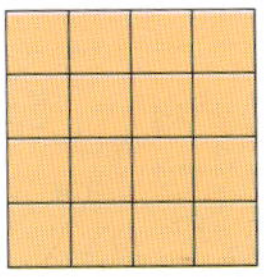				

(1) 小组合作。

(2) 全班交流。

① 周长为 20m 的小组分享想法:周长相等的长方形,长和宽越接近,面积越大。

② 周长为 16m、24m 的小组上台验证猜想。

③ 及时追问:什么时候面积最大?

(长和宽相等时,面积就最大。)

设计意图

围绕"怎样增加羊圈的面积"这一核心问题,提高解决问题的能力,从合情推理的角度感知"周长相等的长方形,长和宽越接近,面积越大"的规律。

（二）Advance（进阶）

第二关：巧算羊圈

1. 创设情境

草原上的羊多了，新的羊圈也就多了！"跳跳"担负起记录新羊圈的周长与面积的重任。玩个游戏，比比谁算得快吧！

2. 理解规则：闪—写—举

屏幕闪现羊圈，限时计算羊圈的周长与面积，写完举板，比比谁又快又准。

3. 开始游戏

第一轮：面积相等的长方形，周长会怎么变？

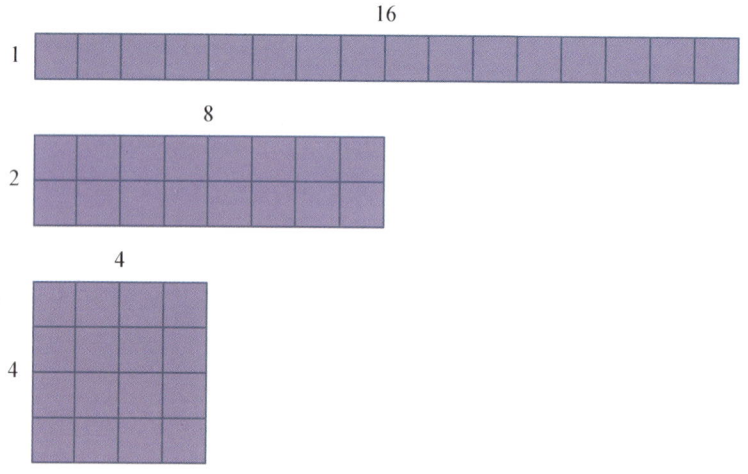

第二轮：在不规则图形中，周长与面积有什么关系？

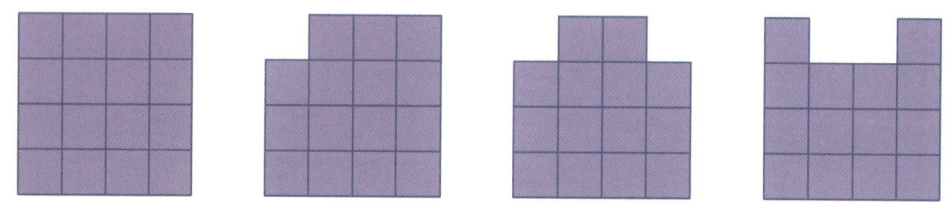

> **设计意图**
>
> 在进一步巩固周长与面积的计算的同时，加深对周长与面积意义的理解，通过转化，感悟变与不变的数学之美。

第三关：抢占羊圈

1. 创设情境

看来羊圈里有不少的数学学问！还想玩吗？那我们再来玩个抢占羊圈的游戏！

2. 理解规则：选—点—比

选中参照物后，找出与参照物周长相等的图形并点亮它们。游戏时长 2 分钟，最快通关者获胜。如果计时结束仍未完成，则正确数最多者获胜。

3. 开始游戏

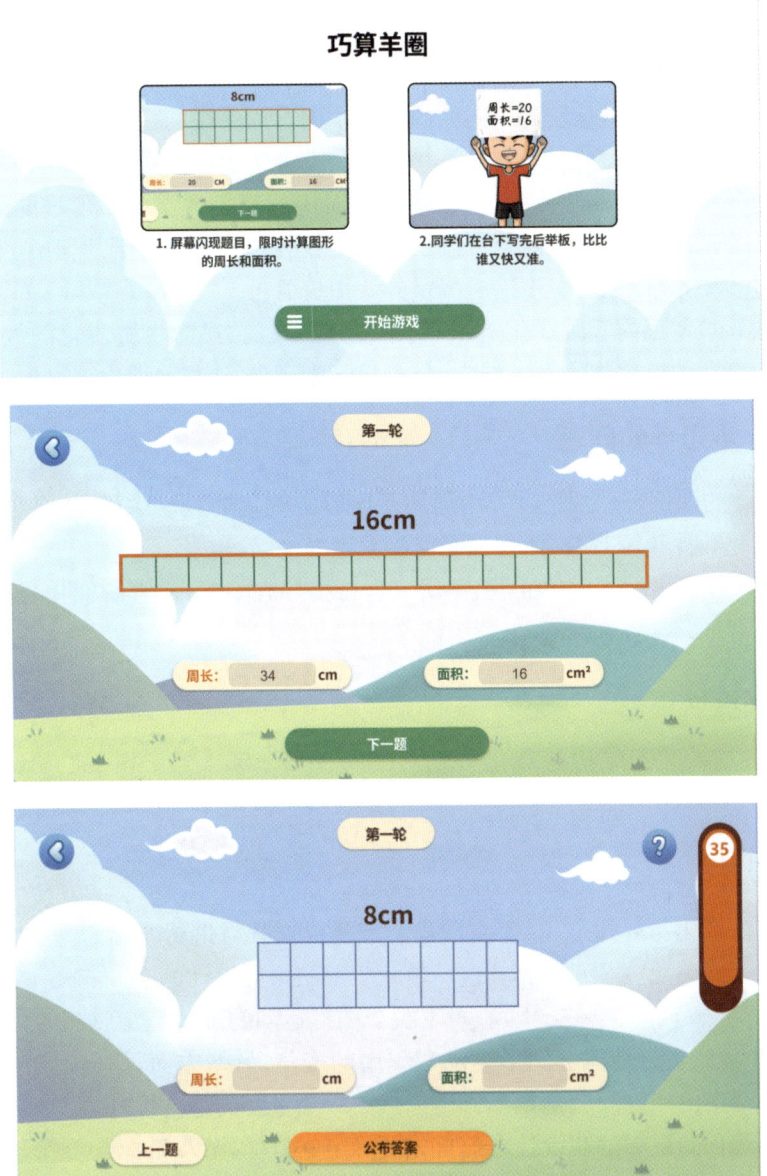

设计意图

 巩固运用,聚焦直观模型的变化,运用周长与面积的关系解决问题。

(三) Yeah!(评价)

 分享自己的收获和疑问。

🔍【评析】这节课是北师大版数学教材三年级下册"面积"单元的复习课,教师创设了羊圈改造工程的游戏情境,通过3个游戏关卡来解决教学中的重难点,用视频游戏的方式让课堂充满趣味性;同时,在游戏中融入了音效、倒计时,让整堂课的氛围更热烈,而即时的反馈也让学生更加沉浸在课堂中,更认真地去思考。

【反思】"面积"这一单元的教学痛点是:①学生容易将周长与面积的概念混淆。②周长与面积的计算及单位的换算,是掌握较好的内容;周长与面积的关系,是较为陌生的内容;周长与面积的综合性应用题,是较为薄弱的内容。本课设计使用的视频游戏,是根据本单元的教学内容设计的。值得注意的是,它并不是嵌入在教学过程中的游戏,而是依托于游戏的闯关去进行有效的复习。游戏共分为3关,每一关对应的都是教学中出现过的问题。教师在设计时为每一关都准备了题库,需要考虑难易程度、题目量大小;对于几何类的知识,特别要考虑是否有过多要素,以免对学生造成沉重的认知负荷。

本节课巧妙地使用内容游戏化机制,利用视频游戏的方式,将游戏化的故事背景、挑战性的闯关以及刺激的音效物等融入课堂,与教学深度融合,让复习课也变得趣味盎然。

三、进一步思考的问题

(1) 在刚才的课例《谜之藏宝图》中运用了内容游戏化的教学手段,结合本节课例,想想在将内容游戏化和视频游戏结合时,我们需要思考哪些问题?

(2) 在新课标提出后,"大单元"教学研究进行得如火如荼,内容游戏化与单元游戏课的设计应如何更好地结合?

四、资源链接

老咸. 内容游戏化与结构游戏化[EB/OL]. [2018-05-25]. https://mp.weixin.qq.com/s/Vnq2rnAuz1QelpIgEcX0kw.

五、学习分享

在将内容游戏化与视频游戏结合时,我们需要根据教材进行全盘思考。例如在本节课例——三年级第二单元"图形的运动"这一单元学习结束后设计的空间与图形内容的单元游戏课,我们进行了如下思考:一方面,教材上关于图形运动的过程是"刻板"的,局限于书中已有的图案,学生无法更好地体会图形运动过程中的变化;另一方面,如何运用图形的运动来解释(解决)生活中的实际问题是本单元知识点的一个重要的综合提升。

在内容游戏化的视频游戏设计之前首先要确定好目标,游戏目标既要保证数学性,又要保证游戏精神。我们希望通过游戏化学习让学生通过观察图形的特征及图形的运动,培养他们的空间想象能力和创新意识;在操作中提高学生的观察、分析、比较、推理等能力,锻炼数学思维能力;让学生在技术加持的游戏中感受不一样的数学,培养学生数学学习的兴趣。

而在设计单元游戏时,老师们可以考虑使用闯关游戏的方式来串联整节课。这是因为单元中每一节课的内容都各有侧重点,且相互之间存在着一定的联系。利用闯关游戏的方式,可以较好地将整个单元的内容融入一个大情境中来引导学生逐步探究、深化理解。

一款闯关游戏到底需要什么呢?它必须考虑关卡之间的联系和指引,必须有一个重点关,这一关必须是多个路径、多个通道通关,还要考虑新元素的加入,最难得的是要在教育和有趣之间学会取舍。能让人觉得惊艳的游戏,都是细节上的突破。最后要考虑一个大的故事背景。基于以上考虑,一堂闯关类的单元游戏课就诞生了。

【备课建议】

(1) 内容游戏化的视频游戏在设计时要考虑各个环节之间的关系,并根据内容创设合适的情境,以期用视频游戏的方式直击传统模式教学的痛点。

(2) 进行大单元游戏设计时要深入分析教材,找到联系点进行综合考量。若采用闯关模式进行串联,则要理清知识点中的逻辑。

第四章
绘本游戏：在故事情境中体验，营造沉浸式氛围

第一节 经典数学绘本遇上游戏

一、理念引领

阅读本节内容之前，请先完成以下热身活动：
(1) 如何把静态的数学绘本变为动态的游戏载体？
(2) 经典的数学绘本如何融入游戏化教学"玩起来"？
(3) 绘本游戏在课堂上如何有效促进学习？

数学绘本将数学图画与数学语言组成一种故事形式，主要通过画面与文字带给读者视觉感受，从中接收数学知识与技能。按照学习科学理论的双重通道原理，图示信息记忆常常优于文字信息记忆，数学绘本即有图文优势，教学过程中通过言语和视觉的双重通道进行信息的输出，有助于学生更好地输入信息，便于学习和理解。数学游戏是把数学知识寓于好玩的游戏中。

静态的数学绘本变成动态化的游戏载体，让儿童从一个阅读者变成游戏者，在交流与探讨中用自己独特的动作或是简短的语言以示回应。他们会将动作和语言结合起来表现对绘本内容的理解，还会演绎数学绘本中的故事情节和人物对话，在两人你来我往的游戏互动中探究着数学绘本的内涵。

我们可以根据儿童的认知特点以及逻辑思维，选择与教材知识相关的数学绘本进行加工、重组。

第一，教师可以合理利用绘本创设情境，进行重新整合。情境创设有几种常见方式：一是通过教师语言描述，学生进行模拟想象；二是通过媒体技术手段，为学生呈现视频、图片、声音等情境；三是直接让学生参与真实场景。例如，在一年级《重复的奥秘——找规律》一课中，选择数学绘本《数学帮帮忙》——寻找消失的王冠宝石。播放绘本视频（选择第二种情境创设）：有一天，大鼻子侦探和助手迷糊虫到国家博物馆去参观，突然大鼻子侦探指着一顶王冠说，这王冠是假的！迷糊虫吃惊地说，这是博物馆，怎么可能？你怎么知道的？大鼻子侦探说，你看看博物馆的向导手册，上面写着王冠宝石是按规律排列的。教师顺势问道：你们

第四章 绘本游戏:在故事情境中体验,营造沉浸式氛围

能帮忙看出这顶王冠上的宝石有什么规律吗？这样以大鼻子侦探发现国家博物馆的王冠已被调包、寻找真正的王冠为主线，在故事情境的推进过程中，将学习内容周期性规律、递增递减规律、数列规律与绘本故事有机融合，既激发了学生的学习兴趣和积极性，又发展了学生思维。至此，"故事激趣"的目的已经实现。

寻找消失的宝石王冠

情境创设赋予学生角色扮演。由八角行为分析法，我们知道这是一种核心驱动——史诗意义与使命感——化身游戏角色，带着使命感，沉浸在学习情境中，自发主动学习，产生解决问题的需求。

第二，数学游戏与数学绘本有很多融合点。教师可适当地渗透、提炼游戏元素，进行情节处理，搭建绘本学习场景，营造轻松愉快的游戏环境，让有趣好玩的数学绘本"玩起来"。例如，在一年级《重复的奥秘——找规律》一课中，适当增加故事情节，学生自然建立情境感。

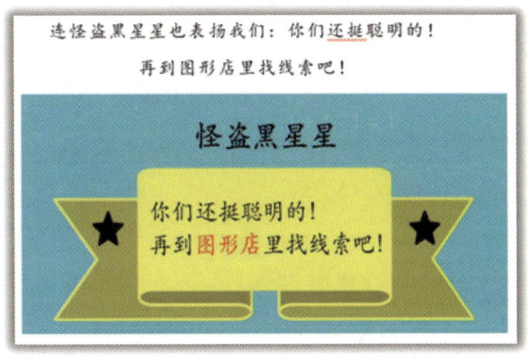

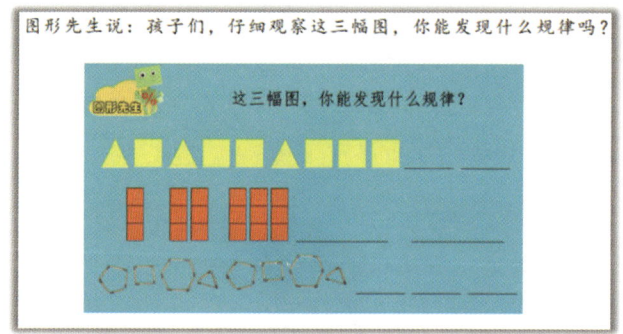

在搭建游戏学习场景时,我们可以通过一定规则指引学生开展操作类、表演类等游戏,促进学生在玩中动手操作能力得到提高,核心素养得到发展。例如:

我们和大鼻子侦探一起找到了真正的宝石王冠,现在你能发挥自己的想象力,创作一顶漂亮的王冠吗?那赶快动起手来吧!我们看一看谁设计的王冠最漂亮而且有规律!

学生动手操作并进行展示。

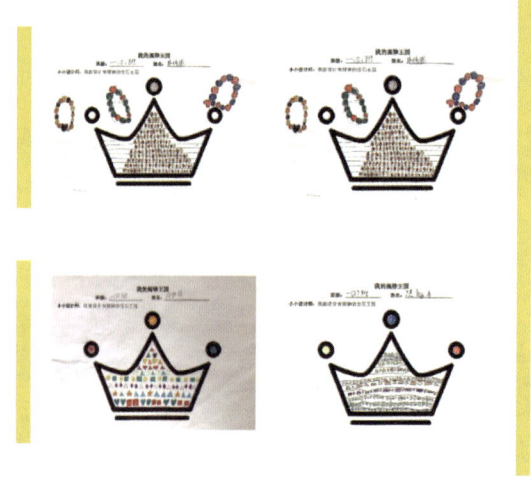

那么,绘本游戏在课堂上如何有效促进学生的学习呢?学习科学理论指出,深度学习发生源自学生的主动建构。数学绘本为学生提供有趣的"阅读"材料。学生通过愉快地"读"绘本,进入营造的形象生动的情境,在体会丰富的数学知识的过程中,发现问题和解决问题。通过"辨、思、玩"的过程,聚焦数学问题的思考;通过交流与合作,在动手实践中推动意义建构的发生。也就是说,我们可以通过"读、辨、思、玩"这4条学习路径提供完整的情境,支持学生进行主动的意义建构。

二、课例导读

课例1:《猫咪城堡》(授课教师:深圳市园岭小学陈榕晓)

认识立体图形是通过对一些常用物品的分类,直观认识立体图形的特点,逐步抽象出长方体、正方体、圆柱体和球的基本特征。内容与生活联系紧密,可以构建情境贴近生活,在情境中直观认识立体图形,在游戏的动手操作中感受立体图形特征。学生在游戏课的探索合作中,体验数学绘本故事和数学游戏的乐趣,积累基本的数学活动经验,初步发展空间观念,从而培养学生空间观念。本课例选自北师大版一年级上册"认识图形"。课例中的绘本故事来自数学绘本《数学帮帮忙》中的《猫咪城堡》,我们选取绘本中的场景,搭建新的游戏关卡场景,抓住绘本中莉莉的主人翁身份,以及她的可爱猫咪宝宝圆圆和方方的各自特点,增加绘本故事情节。这是一节新授游戏课,以2个活动、4个游戏环节贯穿整节课。通过2个活动"物体分类""介绍好朋友",我们看到学生对立体图形的观察、分类、比较等实际操作,积累了亲身体验,获得对不同形状的立体图形的多方面感知,初步认识长方体、正方体、圆柱和球,内化概念。通过动手操作,激活学生已有的视觉、触觉经验,引导学生以自己的理解,通过拟人化的语言对长方体和正方体的相同点与不同点进行辨认和区分,对圆柱和球的特点进行总结和概括。最后游戏串烧,在"玩中巩固",进一步强化学生对立体图形的形状及特征的感受;回归绘本角色任务——搭建猫咪城堡,运用新知识去尝试解决新问题,结合所学,动手操作、实际应用,再次验证立体图形的特征,数学游戏活动整体是好玩的、有趣的、感性的。

(一)激趣导入

教师边描述绘本情景边呈现课件: 莉莉是一名刚上一年级的小朋友。她的家里养着一只可爱、粘人的大花猫。最近,她家又迎来几只刚出生的小猫咪!

这是圆圆,它对玩具很挑剔,只喜欢能滚来滚去的东西,不喜欢有棱有角的东西。这是方方,它喜欢登高,或者埋伏在快递箱子里边。

小猫咪们很调皮,总是窜来窜去,把莉莉家里弄得一团糟!这一天,猫咪们把莉莉的积木弄得到处都是!你能帮她把东西分分类吗?

(二)物体分类

师:仔细观察大屏幕,请你说说如果让你来分类,你想怎么分?

生 1:按颜色分。

生 2:按大小分。

生 3:按形状分。

师:不如今天我们就按形状来分。如果按形状分,你想把谁和谁放在一起?

生:红色的正方体和绿色的正方体。

师:方方的物品放在一起。

生 1:白色的球和绿色的球在一起。

生 2:紫色的长方体和绿色的、蓝色的长方体在一起。

生 3:长长的、扁扁的物品在一起。

师:大家说得都很棒!今天老师就要带领大家按照形状来认识认识这些物品。(板书课题:认识图形。)

(倒计时 2 分钟,自由讨论,小组合作分类。老师巡视指导学生合作分类,并拍摄学生的分类结果。)

师:看看哪个小组最先分类好,而且最快、安静地坐端正!

师:时间到!(鼓掌 3 次整顿纪律)同学们帮莉莉都分好类了!想看看现在变得整整齐

齐的物品吗？请你们把桌面上的物品安静、快速地放进篮子里。开始！倒数5个数，5，4，3，2，1，停。（表扬最快收拾好的小组。）

投屏正例

师：有人能看懂他们是怎么分的吗？

生：把长方体放在一起、正方体放在一起、圆柱放在一起、球放在一起。

师：他们的分类思路真清晰！一会就能把物体分类好。

生：我把长方形放在一起，方方的放在一起，圆圆的球放在一起，圆的柱子放在一起。

师：这个长长的物体（"物体"重读）叫作长方体。你们组的分类方法也很棒！

投屏反例

师：如果按照形状来分，他们组是哪一个物品没有分对呢？（有两个面是正方形的长方体。）

生1：这个扁扁的应该是长方体，不是正方体。

生2：它就是正方体！

师：它到底是正方体还是长方体呢？如果我们弄懂这4种物体，就能知道它到底和谁是好朋友！

（三）介绍"好朋友"

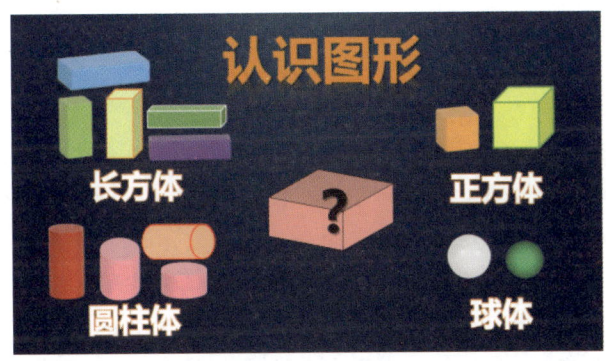

师：现在呀，老师想请同学们来介绍你最喜欢的物体，介绍你的好朋友。

生：我最喜欢长方体，长长的，有的地方刺刺的、尖尖的。

（学生上台演示，摸一摸哪里是尖的。）

师引导：我的好朋友是长方体，它看起来长长的，摸起来平平的，有的地方刺刺的、尖尖的。

师：还有谁想介绍你的好朋友？

生：我的好朋友是长方体，我发现它有些地方是一样大的，有些地方是不一样大的。

（学生上台演示，转一转、指一指，哪里一样大、哪里不一样大。）

师：这个发现真不错！他还会转过来观察，真仔细！

师：我发现还有一样物体和长方体很像，你们知道它是谁吗？

生：正方体。

师：有谁喜欢正方体？请你说一说。

生：我喜欢正方体，它胖胖的，每个面都是一样大的。摸起来也是平平的、尖尖的。

（学生上台演示，摸一摸平平的面，摸一摸哪里是尖的。）

师：他喜欢正方体，它看起来是方方的、胖胖的，摸起来平平的，有的地方尖尖的。

师：我有一个疑问，长方体和正方体很像很像，它们有什么不同呢？

生1：长方体是瘦瘦的，正方体是胖胖的。

生2：长方体是扁扁的，正方体不是扁扁的。

生3：长方体有些地方长一点，有些地方短一点，正方体都是一样的。

师：现在我想请同学们观察老师手上的长方体和正方体。请仔细看！

（演示左手拿长方体，右手拿正方体。）

师：老师手中这个是正方体，这个是长方体，我现在让它转一转。

（演示转动一个面，长方体变矮了，正方体不变。）

师：我让它们再转一下。

（演示转动一个面，长方体变高了，正方体不变。）

师：有谁想说说你的发现？

生：长方体一会变高，一会变矮，正方体怎么转都不变。

师：哇，大家的眼睛真雪亮！正方体不管怎么转都一样，长方体转动都会变。

师：那现在，我把刚刚那个特殊的物体的放大版请出来了！它到底是正方体还是长方体？

生：长方体！

师：有谁能说说理由吗？

生：虽然它正面看像正方体，但是它转过来就变扁了。

师：大家终于把它认清楚了，让它和它的好朋友长方体在一起吧！

（播放PPT，让这个特殊的物体回到它的好朋友长方体的阵营中。）

师：刚刚同学们认识了长方体和正方体。那么有人喜欢它吗？（拿出圆柱模型。）

生：我喜欢圆柱体。它上下面是圆圆的、平的，旁边是弯弯的，可以滚的。

师：请你上来演示演示，它哪里是平平的，哪里是弯弯的。

（学生上台，指一指或者摸一摸弯弯的地方、平平的地方分别在哪。）

师：圆柱是可以滚动的，还有一样物品它也可以滚动，你们知道它是谁吗？

生：球！

师：谁喜欢球呢？你能介绍你的好朋友球吗？

生：我最喜欢球，球也可以滚，怎么放都会滚。圆柱只能够前后滚，球可以到处滚。

（学生上台演示圆柱、球的滚动方式。）

师：看来大家已经弄清楚了。老师现在把它贴在黑板上，请你大声说出它的名字。（板书分别展示：长方体、正方体、圆柱和球。）

（四）游戏串烧，知识巩固

游戏1：猫咪对对碰——圆圆（圆柱、球），方方（长方体、正方体）

师：请听清楚游戏规则，一位小朋友代表圆圆，一位小朋友代表方方，找出它们喜欢的立体图形，开始！

第四章 绘本游戏：在故事情境中体验，营造沉浸式氛围

游戏2：辨认能手（找出圆柱体和球）

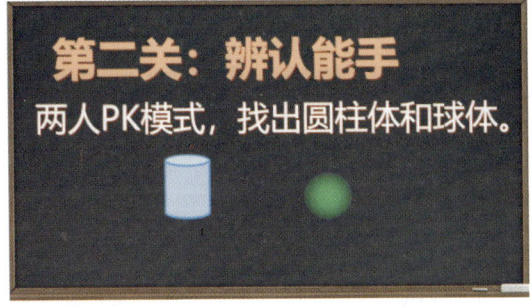

师：两人PK找出长方体，如果点击正确、速度越快，你们小组的积分将越高哦！请在座位上的小朋友也拿出小手，一起参与。3,2,1,游戏开始！

游戏3：辨认达人（找出长方体）

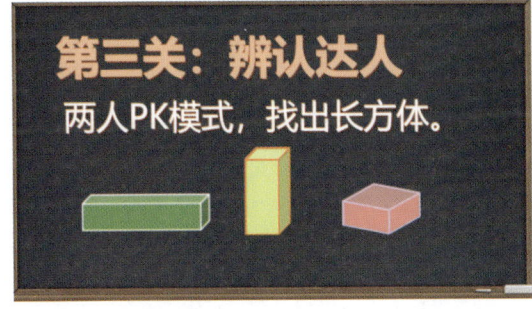
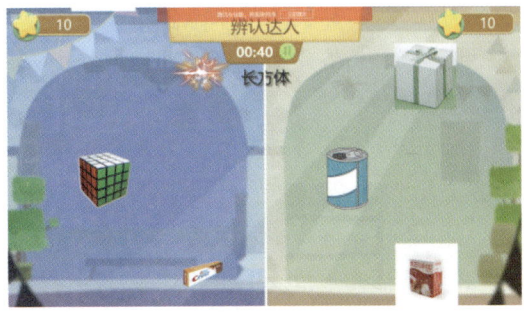

师：听清楚游戏规则，找出长方体。3,2,1,游戏开始！

师：咦？我发现这位小朋友有一个点错了，我们来看看是哪一个立体图形（有两个面是正方形的长方体）。它到底是正方体还是长方体呢？

生：这个应该是长方体。它虽然有两个面是正方形，但是转过来就改变了。

师：看来你是真的弄懂了。它看起来扁扁的，虽然很像正方体，但是转过来就改变了。它是一个长方体。

游戏4：火眼金睛（找出正方体）

师：听清楚游戏规则，找出正方体。3,2,1,游戏开始！

111

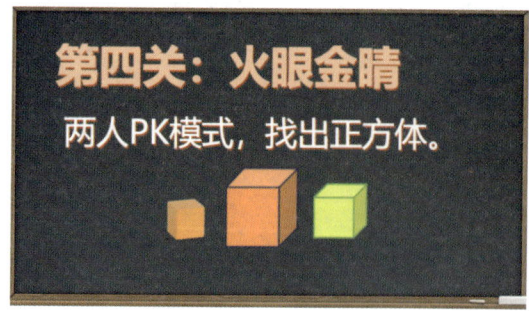

师：这一次大家没有把这个特别的长方体再弄错变成正方体了，你们真棒！

（五）搭建猫咪城堡，分享心得

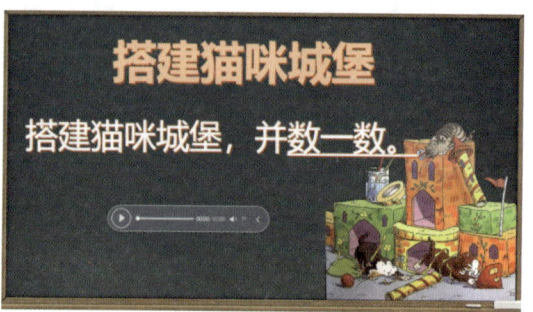

情景：小猫咪们一天天长大，它们没有自己的窝，在家里四处乱蹦。

莉莉邀请了她的好朋友汤姆一起想办法，这可怎么办呢？汤姆提议为小猫们搭建属于它们自己的窝，那就是猫咪城堡！

师：你们想搭建猫咪城堡吗？

生：想！

师：请听清楚活动要求。用积木搭建猫咪城堡，并数一数你用的长方体、正方体、圆柱和球各有几个。

师：老师会播放一首歌曲，这首歌唱完，时间就到了。准备好了吗？3，2，1，开始。

（老师巡视并拍摄小组的作品，进行投屏展示。）

师：时间到！现在请同学介绍介绍你们小组搭建的猫咪城堡。

生1：我们用了3个长方体，2个正方体，我是想给方方搭建它的家。（学生上台用教棒指出物体并介绍。）

生2：我们喜欢圆圆，我们用了4个圆柱和1个球给它搭了一个猫咪城堡。（学生上台用教棒指出物体并介绍。）

师：为什么你不把球放在下面，而是放在圆柱的上面呢？

生：球会滚来滚去，球的上面不能放东西。

师：今天同学们不仅认识了立体图形，还帮猫咪们搭建了猫咪城堡，莉莉一家都很开心！小猫咪们有了自己的窝，再也不会乱跑乱跳了！

【评析】课例开头通过生动有趣的绘本故事引入,激发学生的学习兴趣,由物体分类活动切入教学主题,问题的出现将学生的注意力集中在物体分类上。

课例中教师明确游戏的规则,学生领会合作的要求,开展有效的合作活动。空间观念的建立,必须由学生亲身体验做基础。通过实际操作:看、摸、分、滚等,学生积累了亲身体验,在亲身感受中,获得对不同形状的立体图形的多方面感知。

最后运用新知识去尝试解决新问题,结合所学,动手操作,实际应用,再次验证立体图形的特征,数学游戏活动整体是好玩的、有趣的、感性的。

总体而言,一年级孩子注意的特点是无意注意,注意时长较短。数学知识一般较为抽象和刻板。课例利用数学绘本设计故事情节,提炼游戏元素,搭建游戏场景,如摸一摸、介绍好朋友、游戏PK、搭建猫咪城堡等,通过多种感官刺激,让学生在愉快的活动中学习、探索、感悟。

【反思】课例充分发挥绘本游戏的故事性特点,使单调、枯燥的数学知识变得更具趣味性、更形象化和生活化,有效提高学生学习数学的积极性。在课堂活动中,特意增加了让学生观察和触摸立体图形的数学游戏,并将长方体和正方体进行转动对比,从感性到精确,学生在反复的比较中对两者的关系有了更形象的感知,更好地发展了学生的空间观念。

任何关于学习的研究,均无法回避"学习是如何发生的"和"如何促进学习"两个问题。对于"学习是如何发生的",我们找到了数学绘本游戏这个载体,那么绘本游戏教学是"如何促进学习"的呢?

课例2:《认图形》[授课教师:深圳市荔园教育集团(百花校区)李映华]

"认识图形"是北师大版小学数学一年级下册的教学内容。这节内容是在一年级上册对立体图形有了初步感知的基础上,引入平面图形学习的,教学目标非常明确:①在操作活动中认识长方形、正方形、三角形和圆形,体会"面在体上";②体会平面图形在生活中的普遍存在,体会数学与生活的密切联系;③培养初步的观察、比较和动手操作能力,培养初步的空间观念。教学重点是体会"面在体上"。课例基于《谁偷了西瓜》贯穿整节课,选自北师大版一年级下册"认识图形"。

(一)绘本故事,激趣导入——"读"绘本

师:(教师课件呈现绘本,描述绘本故事)今天这节课我们从一个有趣的故事开始——谁偷了西瓜?传说,在一个遥远的地方,有一个安静的小村庄,村子里住着一些"特别"的村民,它们是一些立体图形。村子外面有一片宽阔的土地,土地里种着绿油油的西瓜。瓜地主人每天都给西瓜浇水、施肥、捉虫……西瓜一天天地长大了。一天早上,主人像往常一样来到了瓜地,看到眼前的这一幕,惊呆了!

"西瓜!我的西瓜!是谁偷走了我的西瓜?"他气得火冒三丈,"我要报警!我要找到那个偷瓜贼!"警察来到了现场,立即开始寻找线索。他严肃地问瓜地主人:"昨天都有谁来过瓜地?把他们统统叫过来!"好的,你们都过来。把它们请下来,好不好?

传说,在一个遥远的地方,有一个安静的小村庄,村子里住着一些"特别"的村民,它们是一些立体图形。

村子外面有一片宽阔的土地,土地里种着绿油油的西瓜。瓜地主人每天都给西瓜浇水、施肥、捉虫……西瓜一天天儿地长大了。

一天早上,主人像往常一样地来到了瓜地,看到眼前的这一幕,惊呆了!
"西瓜!我的西瓜!是谁偷走了我的西瓜?"
他气得火冒三丈,"我要报警!我要找到那个偷瓜贼!"

警察来到了现场,立即开始寻找线索。

🔍【评析】教师富有感染力的语言,让学生通过阅读绘本进入情境。数学课堂不仅是思维的课堂,也应该是语言的课堂、艺术的课堂。借助故事化的绘本情境,学生在教师的指引下,进行以发现数学问题为目标的绘本阅读,以发现问题作为有效建构的起点。

(二)动手操作,主动探究

1."辩"绘本

师:村民们来了,好,咱们来认一认,大点声告诉老师,确认一下这个是什么?

(学生上台边指边说出立体图形的名称:长方体、正方体、圆柱、球、三棱柱。)

师:警察数了数,"1,2,3,4,5,6",有6个嫌疑犯,而小偷只有1个,到底是谁呢?

114

第四章 绘本游戏:在故事情境中体验,营造沉浸式氛围

师:警察说道,带我前去侦查一番。警察在瓜地里找线索,突然他发现了一些脚印。经过分析,这些脚印就是小偷留下的,而且这些脚印来自立体图形上那些平平的面。你们认为小偷会是谁呢?

(学生经过个人思考,教师进行全班交流。)

生1:(上台指认)正方体、长方体。它们都有平平的面。

师:还有补充吗?还有谁有嫌疑?

生2:(边指边说)圆柱,它也有平平的面。

师:那球呢?

生3:球一个平平的面也没有。

师:你们都同意吗?

(学生表示同意,脚印是平平的面,球没有嫌疑,其他都有嫌疑。)

交流辨析总结:原来脚印是平面留下的。排除球之后,还有5位嫌疑犯:1个正方体、2个长方体、1个圆柱、1个三棱柱。

师:那我们继续寻找线索。细心的警察做了侦查,发现这个小偷在现场留下了这样的脚印,这个形状。你们猜一猜这个脚印会是谁留下的?

生1:(表达猜想)正方体6个面的形状跟这个脚印长得一样,应该是正方体。

生2:(表达猜想)也有可能是这个长方体,它也有两个面跟这个脚印长得一样。

生3:(表达猜想)三棱柱也有可能。

师:都有可能,那你们说得对不对呢?怎么办呢?

生4:可以每个图形动手试一试,验证它们的脚印有没有这种形状。

(其他同学表示赞同。)

🔍【评析】根据绘本中出现的线索,教师引导学生化作警察,基于"脚印是平平的面""脚印的形状"进行逻辑推理。这样通过个人思考、全班讨论,提出不同见解,甚至需要"辩证",是基于数学问题的逻辑表达,有助于学生思维以及语言表达能力的提升。

2."思"绘本

师:说得好。但口说无凭,要有证据。警察跟你们的想法一样,接着让嫌疑犯到警局留脚印,存档案,再来和现场的一个脚印对比。聪明的你们,想一想,有没有办法能帮助警察把

立体图形上这些平平的面移到纸上去?

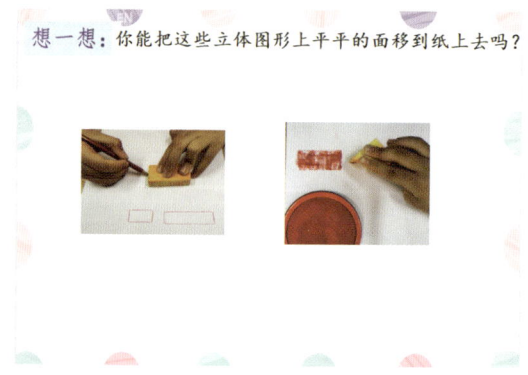

生1:用一个盘子,把里面装满沙子,让它们每一面都踩一遍,然后再去对比真正的脚印。

师:他说的你们听懂了吗?掌声送给他。如果真有一盘沙子,可以做到。想想还有什么办法可以把脚印留到纸上去?

生2:比如往它的每个面上涂一些颜料,然后把每个面粘到纸上去。

师:还有其他办法吗?

生3:把它放在纸上,用笔描下来。

生4:可以把图形放在印泥上,在纸上印下来。

师:好,下面我们用印泥帮助我们一起描一描,印一印。来验证一下。

【评析】数学是思维的体操。"思"是"思考",包括"个体思考"和"集体思考"的融合。学生的思考是有指向性、有步骤和基于已有的经验的思考。秉承"意义建构",需要让学生在绘本的指引下,联系生活经验,思考如何把立体图形上平平的面移到纸上去。

3. "玩"绘本

学生分组活动,在组长的组织下,学生动手操作,把手里的积木上不同的面都描或者印到纸上。

教师用相机拍摄作品。

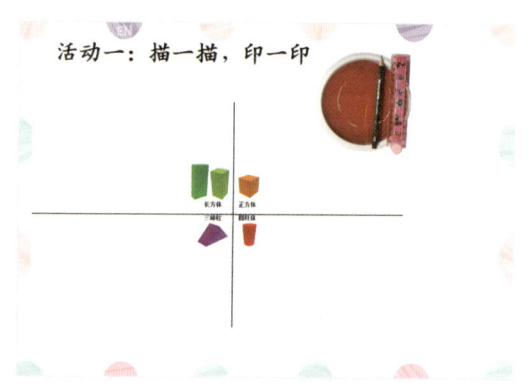

教师指名学生小组上台介绍长方体、正方体、圆柱、三棱柱印在纸上的脚印有哪些图形。学生通过比对瓜地留下的脚印，找到嫌疑犯。

师：刚刚我们认识到这些平平的面有长方形、正方形、圆、三角形。同桌两个人准备了一个信封，这信封里就装着这几个平面图形，下面我们两人一组来摸一摸这些平面图形，相互说一说它们长什么样。

（学生同桌合作，摸一摸，找一找。）

生1：长方形有4条边，4个角，2条短边一样，2条长边一样。

生2：正方形有4条边，每条边都是一样的，有4个角。

生3：三角形有3条边，3个角。

生4：圆像一个球的形状，它只是个球形，没有平平的面。

师：他说圆像一个球的形状，这两个一样吗？（指球和圆）

生：不一样。

师：谁来补充一下圆长什么样？

生5：圆是这一条边，但是它上面没有直直的边，也没有尖尖的角。

生6：圆是这个形状。要是球的话就可以滚，要是圆的话它就不能滚。

生7：它立起来又会趴下去。

师：是的，圆只有一个面，没有直直的边，也不能滚。

师：长方形、正方形、三角形和圆存在于我们面前的这些形体上。这么多立体图形上都有它们的身影，我们来把它们送回家。请把图形上面的序号填在相应的房子里。

（教师指名学生上来把对应的图形送回家。）

师：我们教室里有这些图形，大家来找一找。走出我们的教室，站在我们美丽的校园里，也会发现它们的身影，我们来找一找。

【评析】实践出真知。通过真正的动手操作，学生看得见、摸得着，把立体图形的"面"由抽象变得具体。在"玩"绘本中，通过印、摸、找等动手操作，可以体会"面"在体上，认识平面图形的特征，发展空间观念。

【反思】课例中的绘本出自《谁偷了西瓜》这册绘本，为了与"认识图形"这一节课结合起来，教师在嵌入的过程中对原故事进行了改动和加工。课例设计遵循了学生的认知规律，有一定的教学理念做支撑，符合布鲁纳的"表象模式理论"的认知流程，即（人的活动从）动作（开始）—表象（表象阶段）—图形、符号。

比如，课一开始，教师首先给学生提供一组信息刺激源（就是那些来自生活中的大大小小的实物），这为学生进行图形的符号化感知过程提供了有力的支撑。

活动一：描一描，印一印。将立体图形上平平的面"留"在纸上，帮助学生体会"面在体上"。平面图形较为抽象，借助具体操作，可以建立直观感知。

活动二：摸一摸，说一说。在立体图形上得到长方形、正方形、三角形、圆之后，让学生动手去摸一摸它们的边线、角及面，说一说它们各自长什么样，再出现图形的名称及抽象的"骨架"。

最后，再让学生结合图联想，列举生活中的实例，实现生活经验的再现，将动作表象进行固化,形成图像式的映像再造。

三、进一步思考的问题

(1) 课例 1 和课例 2 都运用了绘本游戏教学,它们有什么不同点和相同点?

(2) 在绘本游戏教学中,如何有效促进学习? 你有什么想法?

四、资源链接

[1] 尚俊杰,裴蕾丝. 发展学习科学若干重要问题的思考[J]. 现代教育技术,2018,28(1):12-18.

[2] 毛小园,丁丽. 基于学习科学的小学数学绘本游戏化教学[J]. 中小学信息技术教育,2020(6):54-57.

五、学习分享

右侧二维码中的内容是"《猫咪城堡》——认识立体图形"课例设计在绘本游戏中如何培养空间观念的视频解说。

《猫咪城堡》
课例解说

第二节　原创绘本进行游戏化包装

一、理念引领

阅读本节内容之前,请先完成以下热身活动:

(1) 原创数学绘本游戏开发有什么教育意义?

(2) 好的原创数学绘本游戏应具备哪些元素?

(3) 原创数学绘本游戏在课堂教学过程中的实现路径是怎样的?

依据皮亚杰的认知发展理论可知,小学低年级学生的思维方式处于具体运算层次,认知结构由表象图式逐步演化为运算图式,心理操作着眼于逻辑性的抽象概念表达,而此阶段儿童的具体思维活动则需要相应内容的支持。数学课本呈现的知识大多是结果性知识,略去了许多发现性过程,其抽象性、概括性较强。基于教育家戴尔的"经验之塔"理论我们知道,人们的学习经验和教学活动可以分为 11 个层次,由下往上,层次越高,抽象程度就越高(如图 4-1 所示)。因此,数学教学要遵循学生由具体到抽象的认知规律,把学习内容具体化、直观化,从学生的直接经验出发,灵活运用各种教学媒体,搭建经验与理论的桥梁,促进和发展学生的抽象思维。

作为老师,我们如何将数学教学活动变得更加有趣、更加好玩、更加亲近呢? 我们能否让学生在轻松、愉悦的阅读氛围中,感受数学的魅力,让学生体会到数学不再是如此的高冷,不再是拒人于千里之外的学科? 对学生来说,听故事就有着神奇的魔力。主人公的境遇,故事剧情的发展,最后结局是否如愿,每时每刻都在吸引着孩子的注意力,牵动着孩子的心。

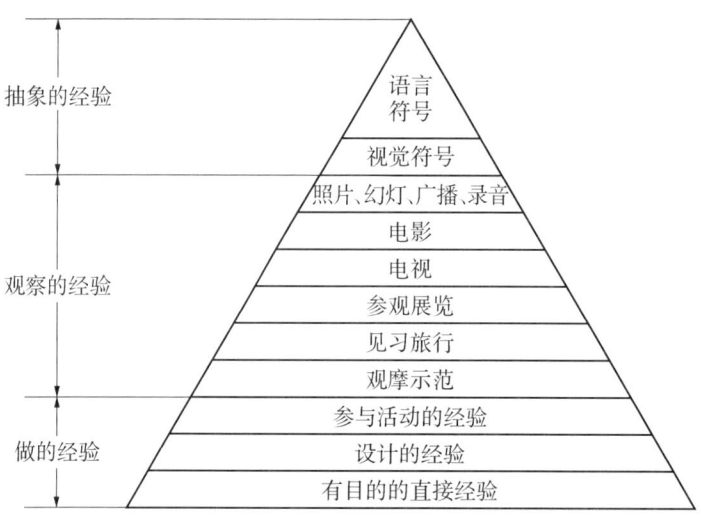

图 4-1 "经验之塔"理论

所以,我们开始了数学绘本中融入数学游戏的研究,尝试用一种沉浸式阅读的方式,来贯穿整个课堂教学。

通过分析《标准(2022年版)》内容主要包含的"数与代数""图形与几何""统计与概率""综合与实践"的知识点内容,对比四大模块知识点内容与绘本内容间的差异后,我们发现了当下市场中与教材内容相配套的绘本素材匮乏的现状,由此萌生了通过创编原创数学绘本开展游戏化教学的研究。

绘本立足于儿童的视野,通过创编连续多幅的图画、配上简短的文字,生动形象地描述儿童喜闻乐见的生活或虚拟的故事。绘本的种类繁多,其中就包含了数学绘本。什么是数学绘本呢?数学绘本也有精美的图画,引人注目的故事情节。它是基于小学低年级学生的生活经验,化抽象数学为具体知识的阅读书籍。通过创编生动有趣的故事情节,将抽象的数学概念、数学知识巧妙地融入学生喜欢的、熟悉的绘本故事中,学生通过阅读、讨论、探索、操作、比较、推理来理解抽象的数学概念,掌握数学方法,提高数学能力,从而让学生在轻松、愉悦的阅读中潜移默化地吸收最好玩的、最初的、最浅显的数学知识,促进学生数学思维的发展。数学绘本游戏则是在以图为主,配有简短的文字,生动有趣的故事情节中增加游戏的元素,为绘本内容增添趣味性,为学生学习数学提供直观的感性材料和愉悦的学习过程,进一步发展学生的数学思维。

好的数学绘本游戏让儿童有机会了解数学概念如何应用在他们熟悉的生活情境中,能有效地提升、扩展学生感到抽象的数学概念,加强学生的沟通能力,提升解题的自信心。教师可根据学生的认知规律及教学目标,自己创编符合学生心理特质的绘本游戏。数学绘本游戏既要在故事情节中蕴含数学知识,又要在数学知识中开展丰富的数学游戏,从而让学生在游戏中爱上数学。那么,好的数学绘本游戏应该具备哪些元素呢?在课堂实践与操作中,我们找到了以下4点必不可少的创作元素:①生动形象的图文,能快速地吸引学生的眼球,满足学生审美的需要,同时在阅读绘本的过程中,引发学生的数学思考;②数学教学源于生活但高于生活,我们要为学生创设充满生活气息的数学场景,符合学生的年龄特点;③故事情节和数学知识相辅相成,符合学生的阅读心理和接受能力;④游戏化元素的加入能提高学生的数学学习兴趣,如关卡设置、奖励机制、合作与竞争、反馈机制等。

在创编数学游戏绘本的过程中,我们要以教学目标为主线,创作出适合学生阅读的绘本故事。

(1) 故事性。数学学习对逻辑思维能力的要求较高,而低年段的学生主要依靠直接与感性经验相联系,以具体形象思维为主,抽象逻辑思维能力较弱。教育心理学家皮亚杰曾经提出过:"儿童是有主动性的人,想要做好学生教学,必须将其建立在兴趣之上。"结合学生爱听故事的特点,我们可以从学生的天性出发,创编具有故事性、趣味性、直观性的数学游戏绘本,在生动活泼的故事的牵引下,提升学生的学习兴趣。

(2) 游戏性。在数学游戏绘本中增加游戏的元素,不仅符合学生好玩、爱玩的天性,同时能促进学生主动探索知识的欲望,增强学生的自信心,塑造学生的游戏精神。著名数学教育家弗赖登塔尔曾经说过:"数学学习本身是一种活动,这种活动与游泳、骑自行车一样,不经过亲身体验,仅仅看书本、听讲解、观察他人的演示是永远学不会的。"可见,游戏元素的加入,能促进学生多种感官的协同合作,让学生加深对数学知识的理解与记忆。

(3) 数学性。我国小学数学教育专家周玉仁教授曾经指出:"数学学习的本质是学生获取数学知识,形成数学技能和能力的一种思维活动。"数学游戏绘本的表现形式是绘本,其本质仍然是数学。它借助生动形象的故事,促进学生的数学认知和情感发展。在数学游戏绘本的教学中,故事情节是数学知识的载体,教师借助数学游戏绘本,挖掘出有价值的数学信息,用数学思想引领课堂,鼓励学生积极动手操作,培养学生的数学参与意识,积累数学学习经验。

原创数学绘本把学生带入一个扣人心弦的故事背景,通过前置性的导入环节、过程中的渗透环节、故事结束后的升华环节,融入游戏教学(见图4-2),为学生带来别样的体验。根据实践探索,下面以新授课和练习课两种不同课型来呈现我们的课例实现路径。

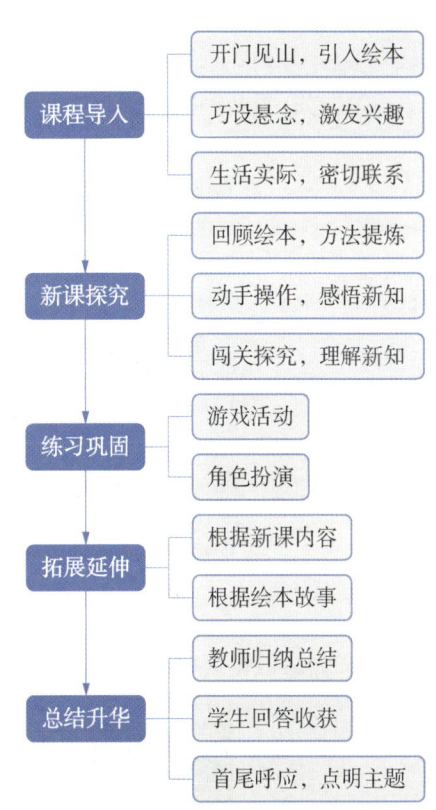

图4-2 原创数学绘本游戏课程结构

二、课例导读

课例1:《探索规则星球》(授课教师:深圳市下沙小学尹俊)

《探索规则星球》——"重复"的奥秘这节课以学生喜爱的绘本形式呈现。学生的数学学习应当是一个生动活泼的、主动的、富有个性的过程,因此运用绘本教学能很大程度地提高教学效率。本节课设计成了帮助恐龙妈妈拯救恐龙宝宝的故事情境,在拯救过程中闯过一个个难关(见图 4-3 至图 4-8),让孩子在零压力的情况下突破一个个知识点,有趣又高效。我们的课堂借助有趣的绘本故事,将枯燥的数学知识生动化,让孩子开心地学数学。

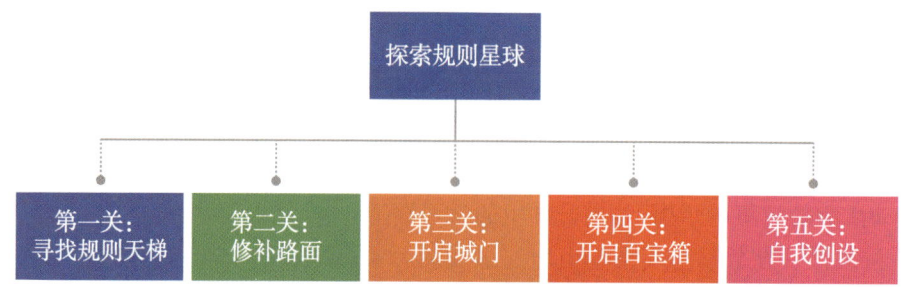

图 4-3 《探索规则星球》各关卡

第一关:判断哪把梯子具有重复的规律。

图 4-4 第一关

第二关:根据规律修补路面。

图 4-5 第二关

第三关:将6只猫和6只狗按照重复的规律排列。

图 4-6　第三关

第四关:运用规律找出第16只是什么颜色的恐龙。

图 4-7　第四关

第五关:创设具有重复规律的图案。

图 4-8　第五关

这节课选自北师大版二年级下册"数学好玩"章节。对低段学生来说,听故事就有着神奇的魔力。主人公的境遇,故事剧情的发展,最后结局是否如愿,每时每刻都在吸引着孩子的注意力,牵动着孩子的心。所以,这堂课尝试用一种沉浸式阅读的方式,来贯穿整个课堂教学,让孩子在阅读与游戏中不知不觉找到重复的奥秘。整堂课的设计做到了以下3点:

(1) 给孩子创设一个好玩的游戏情境,让他们投入其中;

(2) 让他们在小组互动中,学会合作,体验默契;

(3) 最后培养他们利用所学知识去发现,去创造。

(一)情境导入

在宇宙中的规则星球上,快乐地生活着一群可爱的恐龙。一天,恐龙妈妈生下了4个恐龙蛋,她每天期待着恐龙宝宝的出生。但是有一天,恐龙妈妈起床后惊慌地发现她的4个恐龙蛋宝宝不见了,她着急地四处寻找。

原来他们被邪恶的霸王龙关在了规则城堡的宝箱里。恐龙妈妈想去救她的孩子们,你们愿意帮帮她吗?

谁能成功解救出恐龙宝宝呢?开启我们智慧的小脑袋,出发吧!

(二)活动激趣

第一关

规则城堡在悬崖峭壁之上,恐龙妈妈来到了通往规则城堡的梯子下。可是,眼前有两把梯子,哪一把才是"规则天梯"呢?

师:谁愿意帮恐龙妈妈?说说你的理由。

生:选择1号或者2号。

师:为什么?

生:因为它是3种颜色重复出现的。

师:你可真会观察!像梯子这样,蓝色、黄色、红色、蓝色、黄色、红色有规律地重复出现,就叫作重复排列。所以,这里隐藏了重复规律的奥秘。太棒了!你们帮助恐龙妈妈找到了去城堡的梯子。赶紧上去吧!

第二关

城堡就在前方,可是为了阻止恐龙妈妈,通往城堡的路被邪恶的霸王龙破坏了,需要我们按照重复的规律填补好才能通行。请同学们仔细观察,应该怎么填补呢?

师：你为什么这么填补呢？符合规则吗？
生：填补好之后，就有重复的规律了。
师：真棒！刚学会的知识，马上就会运用。恐龙妈妈终于到达了城堡。城堡的门好像锁了，怎样才能打开呢？

第三关

霸王龙：哈哈，只有门前的小动物按照重复的规律排列，城门才会打开。
师：老师也为大家准备了一套卡片，同桌合作，试着在小白板上摆一摆，让小动物图片按照重复的规律排列好。
生：（同桌合作。）
师：谁愿意上来摆一摆？（学生们摆图片，老师请3位学生将他们摆的贴在黑板上。）
生：（展示了3组，一组无规律，一组两个重复，一组多个重复。）
师：刚刚老师请了几位同学将他们摆的贴在了黑板上，你来说说你是几个一组？你的规律是什么？
师：老师看到大家摆出了很多种规律，现在我们把目光集中在第一组上，你能用自己喜欢的方式把它表示出来吗？拿出学习纸，看看你能用多少种方式？
生：（用自己喜欢的方式表示黑板上的规律。）
师：谁来展示一下你的方式？
生：（会用文字、图形、符号、数字等方式表达。）
师：你们的方式真是多种多样啊！老师也想到了一种方式。（拍桌子两下，拍手两下。）
师：真奇妙，原来声音、动作也能表示重复的规律呢！好了，我们成功打开了城门。

第四关

恐龙妈妈进入了城堡，找到了百宝箱。可是百宝箱被智慧锁锁住了，我们来看看怎么打开智慧锁吧！

想打开百宝箱吗？请点击正确颜色的恐龙！

……

按照上面恐龙的重复排列规律，请问第16只是什么颜色的恐龙？
师：同学们迫不及待想试试了！我们先把答案写在学习纸上，并写出你是怎么得出答案的。
师：跟同桌（小组）小伙伴说说你的方法，看看你们的方法和答案是不是一样呢？等会请说一说你们两个的方法。
生：（会用数数、简单方式表示画图、计算等方法。）
师：都同意他的密码吗？好，那我们就把开启百宝箱的重任交给你了！我们一起倒数3开始按好吗？
（点击绿色恐龙，百宝箱开启，出现恐龙蛋，然后恐龙蛋破壳，钻出小恐龙。）

师：在大家的帮助下，恐龙妈妈成功地从"规则城堡"中救出了恐龙宝宝们。感谢我们聪明、勇敢的小朋友，给自己鼓鼓掌吧！

第五关

同学们，今天我们不仅成功解救了恐龙宝宝，而且还在规则城堡中领略了重复的奥秘，真是有趣极了！学会发现重复的规律后，你能自己设计一个具有重复规律的图案吗？想一想，然后画在学习纸上。赶紧试试吧！

（三）总结

其实，除了规则星球，我们生活中也有很多重复现象。我们一起来看看！（播放微课）

（微课内容：小朋友们，今天是星期三，几天后又会是星期三呢？对了，7天后，因为一周有7天，它是7天一组重复出现的。现在是炎热的夏天，夏天过后就是秋天，那夏天会再出现吗？会的，因为每年都有春夏秋冬四季，四季过后又是夏天。那你知道十二生肖吗？今年是狗年，多少年后又是狗年呢？真聪明，十二生肖，我们所有的属相是12年重复一次，12年后又是狗年。认真观察了钟表的小朋友都知道，秒针60秒转一圈，分针60分钟转一圈，时针12小时转一圈，它们一直是一圈一圈重复转动的。除了这些，我们生活中还隐藏着许多其他重复的现象。所以，只要你留心观察，用心体会，一定能发现很多数学的奥秘！赶紧去找找吧！）

【评析】一二年级孩子们的世界是充满童趣的，他们喜欢读一个个新奇的故事，喜欢看一本本趣味横生的绘本。这节课，教师领着孩子们带着探索的欲望和数学的思考读了一本数学绘本，在趣味阅读中思考、探索，学习数学知识。

本节课沉浸在原创绘本故事中，融入游戏，教学遵循基本流程，改变学习路径：开门见山，引入绘本—动手操作，感悟新知—闯关探究，理解新知—游戏活动—绘本故事—微课总结归纳（见图4-9）。

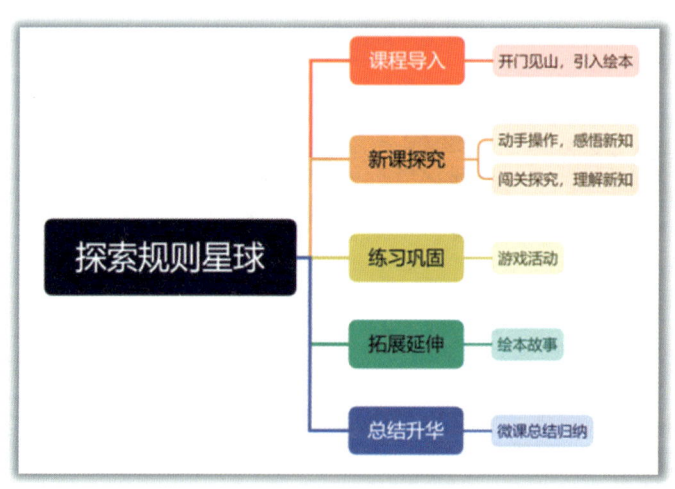

图4-9 《探索规则星球》教学流程与路径

孩子们学得非常开心。他们在选择天梯中感受并认识重复的规律，深刻认识重复规律后修补了路面，自己动手创造重复的规律后打开了城门，应用重复规律打开百宝箱，成功解救出了恐龙宝宝。一步一步,一环一环,在探索中,在解决问题中,在游戏中,将枯燥的数学知识生动化,让孩子们饶有兴致地学数学。

🔍【反思】本节课还可以优化。在课堂上可以看到,孩子们很喜欢动手操作,比如摆猫狗、开城门环节。但在修路环节中,只有几个孩子有机会操作。因此在后期设计中,可以改善这一环节,让更多的孩子能参与,让孩子们的课堂更生动。其次,本节课故事情境比较丰富,但知识性内容比较少,后期巩固知识阶段需要更丰富的内容补充。

学生不喜欢的课程,他如果尽全力认真听,能坚持听多久?因此,沉闷的课堂是低效乏味的。只有生动的、有活力的课堂才是学生喜爱的、高效的、有意义的课堂。例如,计算课内容抽象、枯燥无味,学生难以陷入"火热"的自主思考。绘本游戏尝试融入计算课,能将静态的教材内容动态化、故事化、可视化,让计算课兼具"趣味性"与"思考性"。请看下面课例。

❋ **课例2:《逛超市》**［授课教师:深圳市福田区荔园外国语小学(香蜜湖)林晓敏］

本例选自北师大版一年级下册第六单元第三课时"两位数加两位数的进位加法",是学生在学习20以内的进位加法、100以内不进位加减法以及两位数加一位数的进位加法的基础上进行的下一步的学习,也是后续学习100以内退位减法、连加、连减、加减混合运算的基础。本课创设小猪佩奇逛超市的情境,通过角色、声音、图片、任务等元素提升感官体验,营造沉浸式学习氛围,把枯燥乏味的计算变得具体、形象、有趣,将玩和学融为一体。

(一)课前游戏热身

师:小朋友们好!上课前,我们来玩个小游戏,好不好?请听规则,我指哪个苹果,你们快速说出算式的结果,就可以把它摘下来。明白了吗?开始吧!

师:真厉害!我们班孩子算得又快又好!现在准备好上课了吗?

🔍【评析】课前游戏,快速抓住学生眼球,进入学习状态;口算内容设计,回顾旧知的同时唤醒学生口算方法的记忆。

(二)创设情境,激发兴趣

师:今天呀,我们要跟小猪佩奇一起去逛超市。

让孩子玩好数学——小学数学游戏

师：快来看看，他们在超市里发生了什么事？（播放动画视频对话。）

师：他们遇到什么问题了呢？

师：表扬你，认真听。

师：谁来估一估，这个盒子能装得下吗？

生1：把38看作40，17不变，40+17=57，57<60，装得下。

师：特别棒，表达得很清楚，把38看作最接近的整十数40。

师：还可以怎么估呢？

生2：把17看作20，38不变，20+38=58，58<60，装得下。

师：还有吗？

生3：把17看作20，38估成40，20+40=60，60=60。

师:你们都说得不错!都是往大的估,有的把其中的一个数估成最接近的整十数,另一个数不变。有的把 17 和 38 都估成整十数。你们看,结果比 60 小,或者跟 60 一样大,说明装得下。

(三) 游戏探究,内化算理

1. 提出问题

师:你们有没有想过,关于能不能装得下,除了估,还可以怎么样?

生:计算。

师:算什么呢?

生:一共拿了多少个苹果?

师:真聪明,我们就来解决这个问题:一共拿了多少个苹果?(板书)那算式怎么列呢?

生:38+17=。

师:这个算式还可以列成 17+38。

师:38+17=(板书)。你们想到用什么方法来计算了吗?

生:小棒、计数器、竖式。

师:真不错,想到这么多种方法。那我们一起探究吧!请听同桌合作要求。

第一步:做。独立做一做,可以摆一摆小棒、拨一拨计数器,或者在纸上写一写。

第二步:说。完成后,跟同桌说一说你的方法。

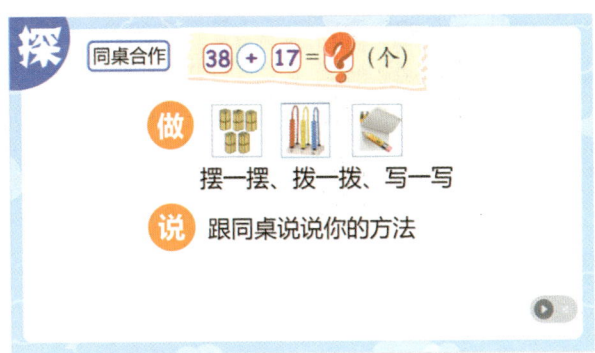

师:请大家拿出学具,计时开始!

(学生合作探究,解决问题。)

2. 解决问题

师：时间到,请把学具收好,坐端正告诉我。都想好,我们来交流一下方法。谁来边摆边说?

(1) 摆小棒

生1：先摆38根小棒,再摆17根小棒,3捆和1捆合起来是4捆。8根和7根合起来是15根,即有5捆5根,所以5捆5根。

(学生说,教师圈。)

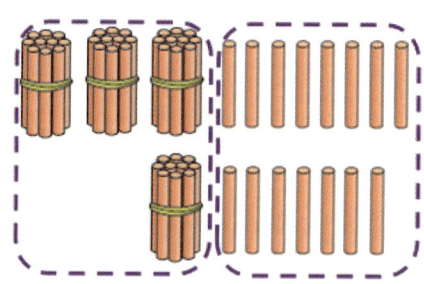

生1：大家有什么问题想问的吗?

生2：3捆和1捆放在一起,8根和7根放在一起?为什么这样摆呢?

生1：几捆和几捆相加,几根和几根相加。这部分算十位,这部分算个位。

师：其他同学有补充吗?

生3：左边这部分算十位,右边这部分算个位。

师：非常棒,大家都听懂了!掌声送给这位小老师!请回。

师：刚才摆小棒的过程,用算式怎么记录呢?

生：$30+10=40$,$8+7=15$,$40+15=55$。

师：说得真好! 你们同意吗?

师：还有不同的摆法吗?

生4：先摆38根小棒,再摆17根小棒,从17根小棒中拿2根小棒放在38根小棒里面,就是4捆,剩下15根,即55根。

(学生一边摆一边说,教师圈。)

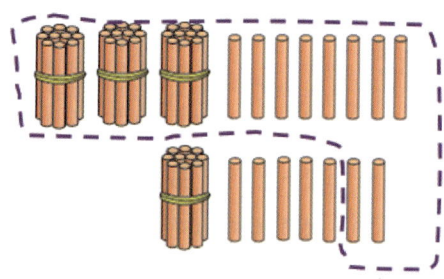

师：听懂了吗?谁再来说一说?

师：表达得真清楚!有什么问题想问我们这位小老师?

生5：为什么从17根中拿2根给了38?

生6：把38凑成整十数40,计算更简便。

生7：也可以把38中的8根和2根凑成10,现在是40根,40根再加上15根是55根。

师：你们同意吗？掌声送给这位小老师！

师：用算式怎么记录？一起说。

生：38＋2＝40,40＋15＝55。

师：你们真了不起！得到两种不同的算法：有的先算整十，再算个位；有的先凑成整十，再去加。这两种方法都是我们掌握口算的方法。

(2) 拨计数器

师：好了，那拨计数器，你会算吗？

生1：先拨出17，然后个位上拨8颗珠子，个位满10颗珠子后换成十位上的1颗珠子。

师：有疑问吗？这里你们看懂了吗？

生：为什么个位上的10颗珠子要拨回去？

生：个位上满10颗珠子，换成十位上的1颗珠子。

师：明白了吗？接着说。

生：在个位上再拨5颗，所以结果是55。

师：表扬你，小老师当得真好！掌声送给她！

师：先拨38，再拨17，这时候怎么办？

生：个位满十，向十位进1。

师：现在十位上有5颗珠子。结果是55。

(3) 竖式计算

师：老师还发现有的同学是这样写的，谁来说？

(生详细说写竖式的过程。)

生1：大家有什么想问的吗？

生2：写竖式需要注意什么？

生3：相同数位对齐，从个位算起，个位满十要记得向前进1。

师：总结得真好。请回！你们会写了吗？一起跟我写一写。

(教师在黑板上示范写竖式的过程。)

$$\begin{array}{r}{\scriptsize{\substack{十\\位}}}\ {\scriptsize{\substack{个\\位}}}\\ 3\ 8\\ +1_1\ 7\\ \hline 5\ 5\end{array}$$

师：写竖式第一步注意相同数位对齐，第二步从个位算起，8＋7等于15,5写在个位上，这10写在哪里呢？

(生上台边指边回答。)

师：对，写在个位和十位中间，写上小小的1。十位上是多少呢？

生：5。

师：说说5怎么来的？

生：十位上的数3＋1,再加上进位1,有5个十，所以等于5。

师：说得好，不要忘加进位1。

师：写对了吗？不对的，订正一下，下次注意检查。

师：所以一共拿了55个苹果。（板书作答。）

3. 沟通算法

师：我们来看看，经过摆、拨、写，计算38+17，结果是55。这些方法之间有没有相同的地方？

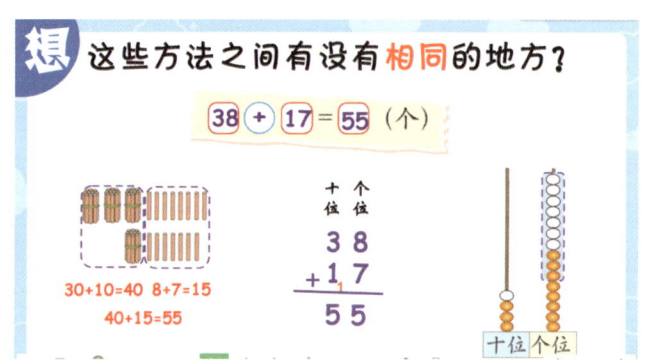

师：同桌讨论一下。

生1：竖式中个位的8和7对齐，就像小棒的单根加单根，也像计数器中的8颗珠子要和个位的7颗珠子加在一起。

生2：我还发现这几种方法都要满十进一。竖式个位上8+7=15满十，要在十位和个位之间写个1；摆小棒时，15根里的10根可以捆成一捆；拨计数器时，个位满十，要把个位的10颗珠子换成十位的1颗珠子。

师：小朋友们都很善于观察和总结。方法不同，但都是个位加个位，十位加十位，满十要进1。好了，通过算一算，得到苹果数量，小于60，装得下。

🔍【评析】引导学生比较算法，寻找算法间的相同结构。当小棒上下摆放的模型、计数器模型与竖式的形式结合起来后，充分体现了数形结合的数学思想，竖式模型的构建水到渠成。当个位满十时，在不同算法中，体会"满十进一"的整数加法模型。通过对不同算法的提炼和对比沟通，除了有助于学生抓住关键和本质外，也有助于学生在探索过程中主动提炼、优化完善自己的算法。

4. 学以致用

师：解决了第一个问题后，我们跟着小猪佩奇来到了文具区。会是什么活动呢？请听。

（请学生一起说出算式：37+24。）

师：赶快在本子上列竖式，一起看，这样写对吗？

（指名学生上台回答。）

师：写对的举手，不对的订正，下次一定要细心检查，老师相信你一定能做对！

（学生再来说出算式：46+54=）

（赶快列竖式。）

师：同学们有这几种写法，你们看看，都写对了吗？

（学生上台辨析。）

师：是的。个位满十向前进1，十位满十也要向前进1。

师：你们写对了吗？不对的订正，想想为什么错了？

师：这个竖式，有什么特别的？

生：十位满十也要向百位进1。

师：竖式计算学得真好！是的，只要满十，就要向前一位进1。

（四）游戏练习，巩固提升

游戏一：幸运大抽奖

师：接下来小猪佩奇到达了抽奖区。快看，你们愿意抽奖吗？

师：请听获奖规则（播放音频：获奖规则。抽到算式结果大于80是一等奖，在70到80之间是二等奖，小于70是三等奖）。老师来抽，谁最快说出几等奖，就能赢得奖励！准备——开始。

师：哇，你最快！你是怎么判断的？我们听听他说得对不对，好吗？

生：40＋40已经是80，45＋47肯定大于80。

师：你们同意吗？真聪明，想到用估一估的方法来判断。掌声祝贺他获得一等奖。

师：请你来抽，其他同学来说。准备——开始！

师：你第一个，说说你是怎么想的？

（指名生回答。）

师：他说得对吗？

师：掌声恭喜你获得二等奖。

师：你来点，开始了哦！

师：你最快说出来，说说你是怎么判断的？

（生回答。）

游戏二：加法擂台赛

师：同学们真厉害！帮助小猪佩奇获得了很多奖品。他还参与了一个小游戏——加法擂台赛。你们想不想一起玩？先看游戏规则！看懂了吗？两张卡牌相加结果要小于多少？

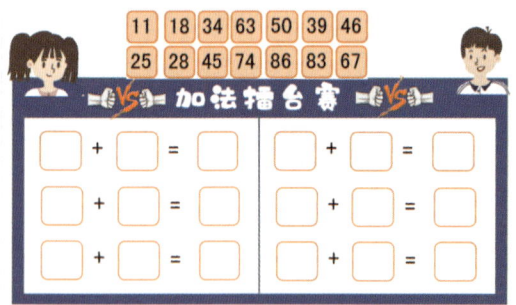
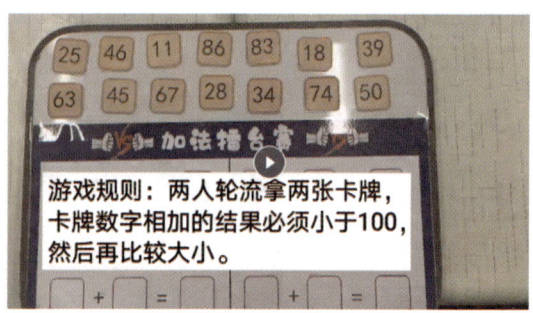

师：第一名胜利者将成为今天本场的游戏擂主。明白了吗？游戏开始！

（学生合作游戏。）

师：游戏结束。请大家把学具板收好，坐端正。我们掌声恭喜这位同学成为本场游戏擂主！

师：老师把他们的比赛结果拍了下来。来采访一下你，你游戏获胜的秘诀是什么呢？

生：我挑接近100的卡牌，尽可能用"剪刀石头布"赢，能选我要的牌。

师：说得真好。想要赢，要有运气，更重要的是要有策略，找两个数相加尽量接近100。

师：还有同学想分享一下你获胜的秘诀吗？

（生回答。）

师：说得好。玩游戏，不仅要会玩，还要有智慧地玩。

还想玩的同学，课后可以再来玩。

（五）游戏结束，总结延伸

师：好，我们今天跟随小猪佩奇一起逛了超市，你们有没有学到什么？谁来说？

（学生发言。）

师：今天我们学的是两位数加两位数的进位加法，今后我们要学习三位数的加法，能不能用今天学的方法来解决呢？大家课后思考一下。

第四章 绘本游戏:在故事情境中体验,营造沉浸式氛围

师: 是的,数学问题来源于生活,希望你们今后用学过的知识来解决生活中更多的问题。今天的课就上到这里。

【评析】本节课将教学内容可视化、游戏化,为学生的数学学习提供了直观的游戏材料。在算法探究的环节,为学生准备了小棒、计数器、作业纸3种材料,供学生动手操作,进行算法探究和算理解释。用小棒探究,清晰地呈现出数与数之间的累加机制。用计数器,呈现出两位数加两位数中蕴含的满十进一的位值思想。作业纸这一教学材料则是引导学生列竖式进行求解,将教学内容进行适当抽象,但又保留了其直观特性。

3种材料,有呈现累加机制的,有渗透位值思想的,也有适当抽象教学内容的,各有优劣,但都呈现了背后的算理。教师在教学过程中特别注重沟通不同方法之间的联系,借助直观模型,揭示不同算法之间的共性、本质,深化学生对算理的理解。

本节课针对不同的教学环节设置不同类型的数学游戏。用摘苹果游戏,以抢答形式,唤醒学生口算方法的经验。用小棒、计数器、作业纸等学习材料,以个人操作形式,引导学生进行算法探究和算理理解。学生置身于文具情境中,以个人参与形式,巩固竖式计算练习。在幸运大抽奖环节,生生PK,游戏的随机性,快节奏的游戏氛围,综合考验学生运用适当的估算方法解决实际问题的能力,进一步强化学生的估算意识。加法擂台赛游戏,融合估和算,生生通过两两PK,在竞争中合作,在合作中竞争,提升了运算能力,发展了数感。整节课的教学流程与路径见图4-10。

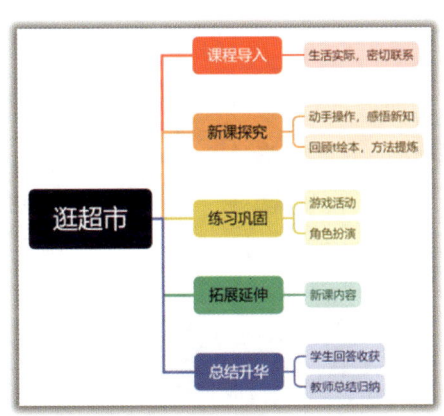

图4-10 《逛超市》教学流程与路径

【反思】比较两条新授课绘本游戏教学实现路径,大体相同,可以根据不同类型的课例进行调整。练习课跟新授课功能不一样,绘本游戏教学实现路径是怎样的呢?请看下面的课例。

课例3:《解决竖式计算的基本方法》[授课教师:深圳市福田区荔园外国语小学(天骄)叶理妹]

本节课在学生学习完100以内加减法竖式计算后,为了让学生巩固竖式计算方法,创编了一个故事情境——寻找生命之泉。在故事情境中,学生化作勇士,选择需要翻越的山峰,根据每一座山峰的信息提示,将需放置的怪兽、数字、符号等卡片摆在计算板的正确位置上。

活动一：绘本导入，创设情境

师：同学们，今天我们将一起继续探索数学的奥秘！现在就让我们带着欢乐的心情一起来寻找生命之泉吧！（开始播放PPT）

活动二：翻山越岭，降妖除魔

师：生命之泉就在青龙山的山顶上，要到达青龙山，我们需要按顺序翻过（学生说）平顶山、万寿山、云台山、蛇盘山、黑风山。

师：传说每一座山都有很多小怪兽（课件出示怪兽），每只怪兽代表一个数字，我们只要找到这些数字，就能打败它们，把它们放进怪兽口袋，就可以顺利过山了！勇士们，你们有信心吗？

生：有！

师：我们一起出发吧！

【平顶山】

师：咱们首先来到的是平顶山。

第四章 绘本游戏:在故事情境中体验,营造沉浸式氛围

$$\begin{array}{r} 5\ 7 \\ +\ \text{🦖}\ 9 \\ \hline 9\ 6 \end{array}$$

师:找到这只怪兽代表的数字,就能打败它!它是几呢?聪明的你想一想吧!
(5秒左右。)
师:请哪位勇士上台分享一下你的想法,说说你是怎么打败怪兽的?
生:这只小怪兽是3,因为个位上7+9=16,满十进一,5+1=6,9-6=3。
师:你们的想法和他的一样吗?
生:一样!
师:我来采访一下这位勇士,你是先从哪下手找到怪兽背后的数字的?
生:个位。
师:红色的小怪兽明明在十位上,你为什么要从个位出发呢?
生:个位上的数字较多,方便计算。
师:这个秘诀很重要,我们要从数字多的数位入手。
师:个位上的数字越加越小,说明了什么呢?
生:有进位!
师:说得真好!我们可以标上进位1。
师:勇士们真善于观察!请这位勇士把卡片翻过来,看看到底是几?
生:3。
师:成功打到一只小怪兽,我们把它放进怪兽口袋里!请大家把掌声给送给自己!

【万寿山】
师:爬过平顶山,咱们向万寿山出发!请看,这是红毛怪,这是灰毛怪!

师:它们分别是几呢?如果你想不出来,可以试着在纸上把它记录下来,怪兽用"〇"代替,开始吧!
(老师边拿着草稿纸边说)打败小怪兽的勇士请举手示意!(坐端正。)
(老师巡视。)
师:哪位勇士愿意上台和我们分享一下打怪兽的秘诀呢?
生:我认为红色的怪兽代表的数字是6,灰色的怪兽是4;我是从个位出发的,因为一个数加9,个位数为5,说明这是有进位的加法竖式计算,所以红色的怪兽是6;十位上3加进位1等于4,8减4等于4,所以灰色的怪兽是4。
师:大家的想法和他的一样吗?
生:一样。
师:老师来采访一下小勇士,你是先打哪只怪兽的呢?

生：红色。

师：这两个数位都出现了两个数,为什么不先打灰色的呢?

生：因为如果从灰色开始的话,要是个位有进位,还要重新擦掉再写,比较麻烦!

师：看来勇士们都有着自己的最优策略! 先看末位。

师：我们来看看这位勇士猜对了没有!(边摆边说)红毛怪是6,灰毛怪是4!

师：掌声送给这位勇士! 请回位。接下来,我们听听女王是怎么打怪兽的。(播放音频。)

师：咱们的秘诀和女王的秘诀是一样的,都先从个位出发! 请把掌声送给自己!

【云台山】

师：接下来,我们向云台山出发。

师：云台山有4只怪兽,红色的、红色的、绿色的、绿色的。

师：请勇士们仔细观察这4只小怪兽,你们有什么发现吗?

生：绿色的长得一样,红色的也长得一样。

师：没错! 他们可都是双胞胎小怪兽哦! 你知道双胞胎小怪兽表示什么意思吗?

生：他们表示相同的数字。

师：勇士们真善于观察,双胞胎怪兽代表着同一个数字!

师：每只怪兽代表的数字是几呢? 请同桌合作,拿出信封A,摆一摆,说一说,在怪兽的背后写上数字。打败怪兽的勇士请举手示意。

师：哪位勇士上台分享一下你打败怪兽的秘诀? 有请这位勇士。

生：我是先打绿毛怪的,因为3+4等于7,所以绿毛怪代表的数字是4,那红毛怪代表的数字就是2了。

师：大家的想法和他的一样吗?

生：一样。

师：绿毛怪代表的数字除了是4,还有可能是几呢?

生：有可能是3!

师：什么情况下,绿毛怪代表的数字是3?

生：个位有进位的时候!

师：说得真好(贴上数字3)。那请问个位上的红毛怪此时是几? 请同桌商量一下……

生：找不到……

师：找不到的原因是什么? 说明这是什么样的加法计算?

生：没有进位的!

师：所以绿毛怪代表的数字应该是?

生：4!

师：请这位勇士翻开看看。

生：绿毛怪是4，红毛怪是2！

师：掌声送给这位勇士！请回位。接下来，我们听听女王是怎么打败怪兽的。（播放音频。）

师：咱们的秘诀和女王的秘诀是一样的！请把掌声送给自己！

【蛇盘山】

师：越过了云台山，接下来我们要穿过蛇盘山了！

$$\begin{array}{r} 9 \\ +5 \\ \hline 2\,8 \end{array}$$

师：蛇盘山里有两只怪兽拦住了去路，这是紫毛怪，这是红毛怪。它们是几呢？请勇士们在草稿纸上记录一下。

师：嗯，大部分勇士们的小手都举起来了！

师：现在哪位勇士上台分享一下你打小怪兽的秘诀？

生：我先打紫毛怪。个位上的紫毛怪是3，十位上的红毛怪是6。个位上哪一个数减5都不可能越减越大，而且5+8=13，所以这里应该是3，跟十位借一当十，所以13-5=8。十位上的数字9变成8，6+2等于8，所以红毛怪是6。

师：大家的想法和他的一样吗？

生：一样。

师：老师有疑惑了，个位上的数减去5，等于8，怎么越减越大了呢？

生：这是退位减法。

师：说得真好，这是有借位的减法竖式计算，我们可以标上退位点。

师：咱们一起翻开看看紫毛怪到底是几？

生：3。

师：红毛怪呢？

生：6。

师：掌声送给这位勇士！请回位。接下来，我们听听女王是怎么打败怪兽的。（播放音频。）

师：咱们的秘诀和女王的秘诀是一样的！请把掌声送给自己！

【黑风山】

师：有了这么多的打败怪兽的宝贵秘诀，相信你们一定会更加地勇往直前！接下来，我们要穿过黑风山。黑风山有5只厉害的怪兽，蓝毛怪三胞胎、黄毛怪、绿毛怪！

$$\begin{array}{r} 8\,1 \\ +5 \\ \hline 9\,4 \end{array}$$

师:它们分别是几呢?请同桌相互摆一摆,说一说,写一写,打败怪兽的勇士请举手示意。

师:哪位勇士愿意上台分享一下你的秘诀呢?

生:我先打蓝毛怪。因为8+5=13,十位上填的是4,说明这是连续进位的竖式计算,个位上1加哪一个数有进位呢?1+9=10,满十进一,所以蓝毛怪是9,黄毛怪是0;因为蓝毛怪是三胞胎怪兽,所以百位上的蓝毛怪也是9,绿毛怪是1,这是因为9+9+1=19,满十进一。

师:大家的想法和他的一样吗?

生:一样。

师:我也同意这位勇士的说法。还有没有其他的秘诀呢?还可以先打哪只怪兽?

(预设1。)

生:绿色的。

师:为什么呢?

生:因为绿毛怪肯定是1,两个数相加,最大的是9+9=18,满十进一。

师:说得真好,两个数相加,每一位最多进1。

师:接下来,请勇士为我们揭晓答案。

生:蓝毛怪是9,黄毛怪是0,绿毛怪是1。

师:掌声送给这位勇士!请回位。接下来,我们听听女王是怎么打败怪兽的。(播放音频。)

师:咱们的秘诀和女王的秘诀是一样的!请把掌声送给自己!

活动三:独立思考,独自挑战

【青龙山】

师:接下来就是最后一座大山了——青龙山!我们听听女王是怎么说的。(播放音频。)

```
    6 6            8 0
  + 4 8          - 2 7
  ─────          ─────
    8 2 4          3 5
```

师:接下来就是你们独立打小怪兽的时间了!有信心吗?

生:有!

师:请小组长们把任务卡交给勇士们;勇士们静静地独立完成,做完的请举手!

(独立思考的时间。)

师:时间到。

师:请5位勇士上台,说说这些怪兽分别是几?(重复3次,回答完后站在边上。)

生:(说出答案。)

师:恭喜你们找到了生命之泉,现在请将它带给你和你的伙伴们!

活动四:揭示生命之泉

师:对于学生来说,学习就是我们每个人的生命之泉!希望你们用勤奋让它生生不息,源源不断!

师:有了生命之泉,小镇又恢复了生机与活力,我们一起去看看吧!

(恢复幸福快乐的小镇,播放音频。)

师:谢谢小勇士们,你们特别勇敢,我们还会一起继续探索数学的奥秘哦!敬请期待!下课!

【评析】

（1）绘本教学童心在。"寻找生命之泉"是教师自创的数学绘本故事,精美的卡通画面,跌宕起伏的音效,时时刻刻牵动着学生的好奇心、求知欲。一个个小小的关卡看起来不那么周密,却在无形中告诉学生学习数学需要有主动研究的精神、严谨的逻辑思维、清晰的推理过程,等等。绘本教学让"高大上"的数学不再拒人于千里之外,它变得活泼、有趣,亲近儿童,让儿童乐于寻找生活中的数学。

（2）游戏贯穿稚颜开。好玩是每一个孩子的天性,为此教师在课堂上运用游戏化的教学方法开展教学活动,让游戏化教学更好地为课堂教学服务。根据学生的心理特征,课堂伊始创设了寻找生命之泉的教学情境,赋予学生"勇士"的荣誉称号进行闯关。关卡梯度由易到难,层层递进,让学生快速地融入课堂教学。学生在游戏化的教学中,既有数学的学习,又有情感的收获,巧妙地解决了绘本故事与数学知识之间的关系。

【反思】练习课改变了以往"做题—讲题—改错"的机械练习模式,创设一个学生喜欢的绘本故事情境,赋予学生角色扮演,通过"显性"的攀越一座座山峰这一任务,挑战绘本游戏中"隐性"的数学知识,在学生获得知识技能的同时,也培养了他们积极向上的情感态度和价值观。

三、进一步思考的问题

（1）如何开发原创数学绘本游戏?有哪些路径呢?

（2）在运用原创绘本游戏教学中,我们应该重点关注什么,才能更好地促进学生思维的发展?

四、资源链接

[1] 谢双双.绘本融入小学第一学段数学教学的策略研究[D].杭州师范大学,2021.

[2] 钟世琴.数学绘本在小学低年级数学教学中的应用研究[J].读写算,2022(10):96-98.

[3] 陈永畅.数学绘本:打开教学创新之"门"[J].辽宁教育,2020(3):56-57.

五、学习分享

数学游戏绘本立足于儿童立场,通过创设生动形象的故事情节,将数学知识巧妙地蕴藏在绘本故事中,通过游戏化的学习方式激发学生主动探索数学知识,提高学生的数学学习兴趣,发展学生的数学思维。数学游戏绘本的创编要从学生的年龄特点和认知规律出发,围绕教学目标,将数与代数、空间与几何、统计与概率等数学知识融入数学活动中,为学生创设一个轻松、愉悦的阅读过程,让学生在润物细无声的方式下学会用数学的眼光、从数学的角度观察、分析生活中的问题，培养他们积极的心理倾向和思维反应，给予他们数学的艺术享受。

数学游戏绘本让数学内容不再如此深不可测，它能给数学课堂增添一抹靓丽的色彩，激发学生的数学学习兴趣。法国教育家卢梭在其教育名著《爱弥儿》中说："什么是最好的教育？最好的教育就是顺其自然的教育，学生看不到教育的发生，却实实在在地影响着他们的心灵，帮助他们发挥了潜能，这才是天底下最好的教育！"数学游戏绘本通过故事情节、数学知识、数学游戏、深刻道理的相互融合，将生活中的数学蕴含在故事情节中，激发学生的内在学习欲望。游戏的形式更符合学生的年龄特点，他们通过游戏的方式理解数学知识，在轻松又有趣的过程中培养了数学应用意识与能力，提高了综合素养，感受到数学原来这么有趣、这么好玩。

第三节　单元整体绘本游戏教学设计

一、理念引领

阅读本节内容之前，请先完成以下热身活动：
(1) 新课标下的单元整体教学的要求是什么？
(2) 怎样实现指向核心素养的单元整体绘本游戏教学路径？

《标准(2022年版)》提出，改变过于注重以课时为单位的教学设计，推进单元整体教学设计，体现数学知识之间的内在逻辑关系，以及学习内容与核心素养表现的关联。由此可见，在素养导向下的教学实践，应重新审视教学内容，挖掘单元与单元、课时与课时之间的内在逻辑与联系，重构单元内容，合理分配课时，进而在单元基础上进行具体课时的动态化教学设计。单元中存在相似教学结构的课时，学生容易对重复出现的知识结构产生倦怠，他们关注"有趣、好玩、新奇"的东西，整体设计应形式多样。而绘本游戏教学具有趣味性、故事性。绘本游戏赋予单元整体教学游戏化大情境，绘本故事情节逐步推进学习任务，游戏化设计使单元知识螺旋上升，促进知识结构化生成。可以筛选与教材密切的绘本改编加工，嵌入适当情节，也可以删掉部分情节，串联起重新整合的课时内容。借助绘本提供情境，在游戏情境中解决问题，让教学变得有趣、生动、好玩。

整个过程用整体的思想思考单元教学，教学从单一"课时"走向"单元"，从"局部"到"整体"，实现教学的整体性和一致性。单元整体绘本游戏教学基于儿童立场，整体分析数学内容本质和学生认知规律，合理整合教学内容，分析绘本游戏"主题—单元—课时"的数学知识和核心素养主要表现，确定单元教学目标，并嵌入游戏，落实到教学活动的各个环节；整体设计，分步实施，促进学生对数学教学内容的整体理解与把握，逐步培养学生的核心素养。

二、课例导读

"乘法口诀"是小学阶段"数与代数"领域乘法计算板块的重要起始内容，是学生初步掌握乘法的意义后紧接着学习的内容，也是学生正确计算的好帮手，具有丰富的教学价值。选择"乘法口诀"作为新授课代表开展研究,是因为"乘法口诀"的教学既可看成概念课,也可归为计算课,同时还是同一主题下跨越不同单元的典型课例,有着较强的可迁移性和生长性。本课例选用北师大版二年级上册"乘法口诀"两个单元的教学内容:二年级上册第五单元"2~5的乘法口诀";二年级上册第八单元"6~9的乘法口诀"。在《标准(2022年版)》指引下,我们对乘法口诀产生新的思考,立足教材编排的整体结构特征及乘法口诀的内涵、本质,跨单元整合乘法口诀的教学内容,从"整合与拓展"教学角度优化课堂教学结构,借助绘本游戏情境串联课堂学习,有趣的故事情节架构起学生理解数学知识的桥梁,发展学生的核心素养。

(一) 单元学习内容

1. 课标分析

《标准(2022年版)》指出,数与代数是义务教育阶段学生数学学习的重要领域,在小学阶段包括"数的运算"与"数量关系"两个主题。二年级乘法口诀的核心内容是编制乘法口诀,理解乘法口诀的意义及乘法口诀排列规律,能熟练运用乘法口诀进行乘法口算和解决简单的实际问题。

2. 教材分析

北师大版教材把"乘法口诀"分成两个单元的教学内容:二年级上册第五单元"2~5的乘法口诀",本单元共7个课时;二年级上册第八单元"6~9的乘法口诀",本单元共4个课时。虽然每个课时教学的是不同的乘法口诀,但在教学流程的编排上都遵循以下思路:①结合具体情境,填写一一对应的表格;②根据表格写乘法算式,编乘法口诀;③把握联系,记忆乘法口诀。各个课时之间的教学内容、呈现形式和编排结构有着相似之处,口诀学习方法和经验具有很强的复制性和迁移性。我们用图谱的形式纵向地表示乘法口诀在整个知识结构中所处的位置以及知识之间的关联。因此,学生完全可以将前面学习乘法口诀的经验自主迁移到后续口诀的学习中,并不断将乘法口诀这一知识系统化、结构化。

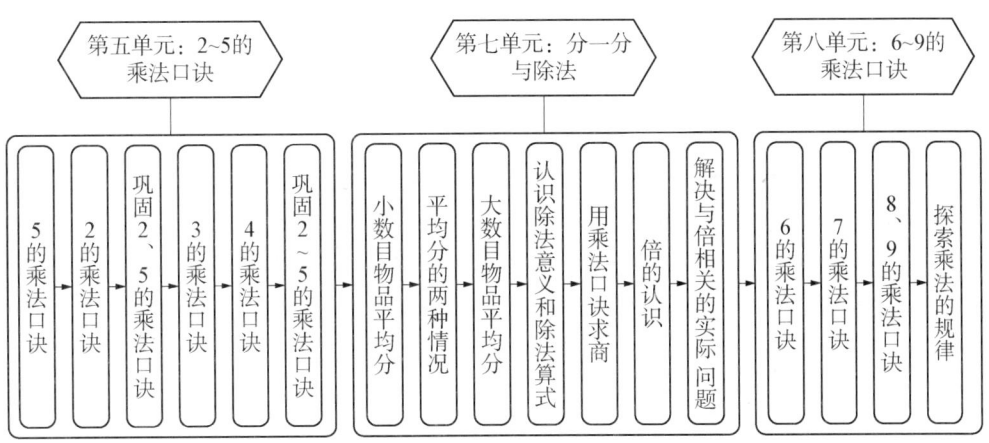

(二) 单元学情分析

九九乘法口诀是中华民族的优秀文化遗产之一,是我国劳动人民智慧的结晶。在孩子的早期教育中,他们受周围环境的影响,或多或少接触过乘法口诀。到了二年级学习乘法口诀时,学生真的会背乘法口诀了吗?学生在学习乘法口诀之前对口诀的理解到底处于什么水平呢？为了更真实、更精准地了解学情，我们对深圳150名二年级学生就乘法口诀乘法这一内容进行了如下学情诊断。

> 1. 你听说过乘法口诀吗？
> 2. 你知道哪些乘法口诀？试着写下来。
> 3. 你知道"三五十五"表示什么意思吗？
> 请你画一画，写一写。
> 4. "三五十五"的前一句是什么？后一句是什么？
> 5. 下图中有多少张小贴纸？请列算式，算一算。

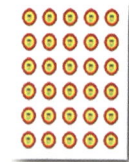

调查结果显示：51%的学生能够熟练背诵乘法口诀，50%的学生能够理解每句口诀的意义，92%的学生能够说明乘法与加法之间的关系。

内 容	程 度		
	非常符合	基本符合	不符合
能熟练背诵口诀	16%	35%	49%
能理解口诀的意义	10%	40%	50%
能说明乘法与加法之间的关系	62%	30%	8%

由此可见，在学习乘法口诀之前，部分学生有较好的基础，但不理解、不知道乘法口诀的学生也不在少数。

在教学过程中如何破解学生基础不同、差异显著这一难题，让学生更好地理解乘法的意义，把握口诀的关键，从而更好地记忆与运用口诀进行计算呢？我们的做法是设计和布置能够加深学生对乘法意义理解、产生编制口诀需要的学习任务，既能让学习基础好的学生通过本单元的学习加深对乘法意义的理解，建立口诀、乘法与加法的联系，也能让学习基础薄弱的学生在理解乘法意义的基础上，通过尝试编制口诀、背诵口诀获得进步。

（三）单元学习目标

教材把乘法口诀内容安排在二年级上册第五单元和第八单元两个单元，重构后我们通过一个单元完成乘法口诀的全部教学。我们以课程总目标为准则，坚持核心素养的导向，根据重构单元内容和学情进行设计和完善，在单元目标指引下细分课时目标，整合课例重在强调知识技能，拓展课例注重强化活动经验的积累。明确单元目标，有效整合和拓展，为选用教学策略、设计活动过程起到纲领性作用。

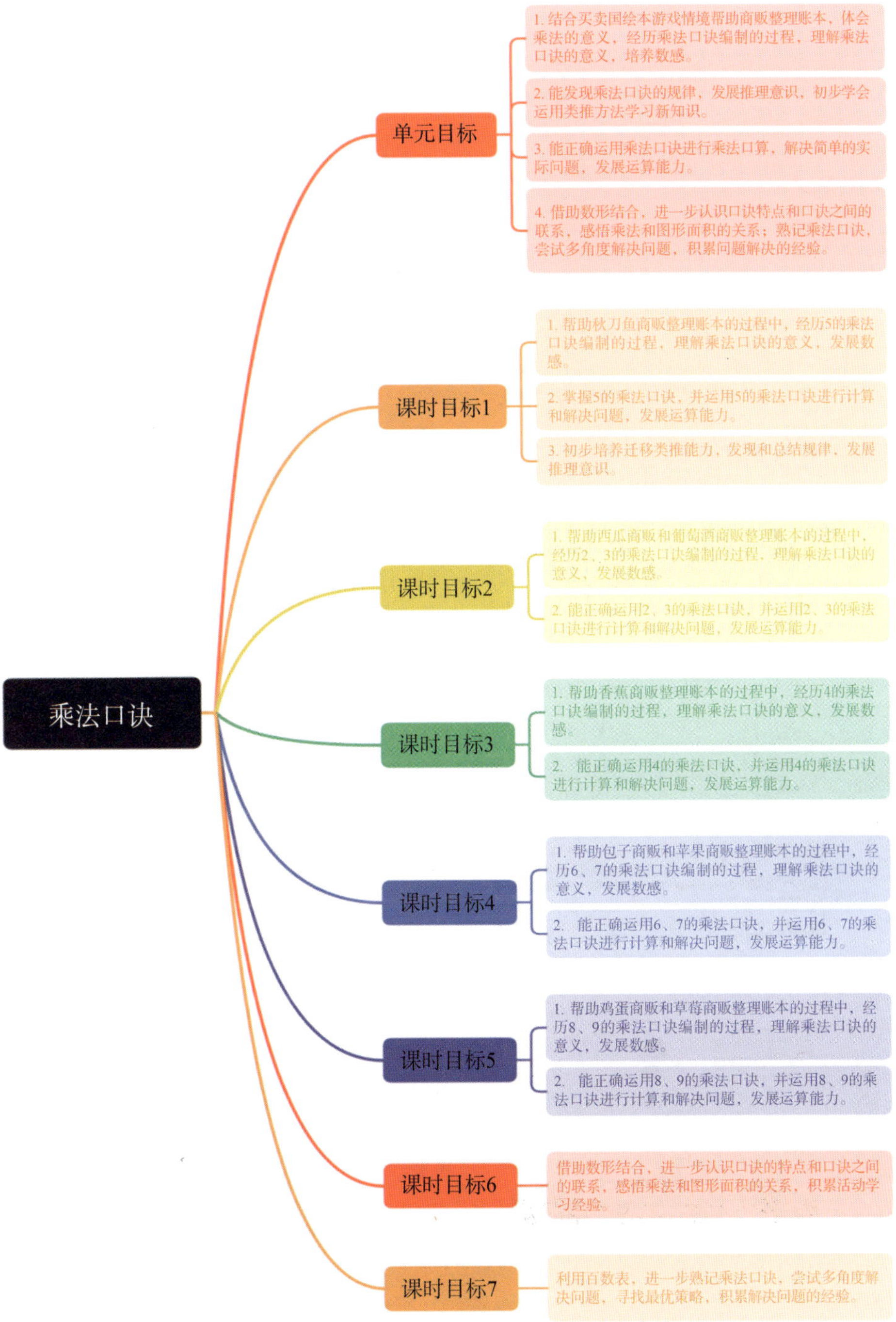

第四章 绘本游戏:在故事情境中体验,营造沉浸式氛围

```
                            ┌─ 单元目标 ─┬─ 1. 结合买卖国绘本游戏情境帮助商贩整理账本,体会乘法的意义,经历乘法口诀编制的过程,理解乘法口诀的意义,培养数感。
                            │            ├─ 2. 能发现乘法口诀的规律,发展推理意识,初步学会运用类推方法学习新知识。
                            │            ├─ 3. 能正确运用乘法口诀进行乘口算,解决简单的实际问题,发展运算能力。
                            │            └─ 4. 借助数形结合,进一步认识口诀特点和口诀之间的联系,感悟乘法和图形面积的关系;熟记乘法口诀,尝试多角度解决问题,积累问题解决的经验。
                            │
                            ├─ 课时目标1 ─┬─ 1. 帮助秋刀鱼商贩整理账本的过程中,经历5的乘法口诀编制的过程,理解乘法口诀的意义,发展数感。
                            │             ├─ 2. 掌握5的乘法口诀,并运用5的乘法口诀进行计算和解决问题,发展运算能力。
                            │             └─ 3. 初步培养迁移类推能力,发现和总结规律,发展推理意识。
                            │
                            ├─ 课时目标2 ─┬─ 1. 帮助西瓜商贩和葡萄酒商贩整理账本的过程中,经历2、3的乘法口诀编制的过程,理解乘法口诀的意义,发展数感。
                            │             └─ 2. 能正确运用2、3的乘法口诀,并运用2、3的乘法口诀进行计算和解决问题,发展运算能力。
   乘法口诀 ─┤
                            ├─ 课时目标3 ─┬─ 1. 帮助香蕉商贩整理账本的过程中,经历4的乘法口诀编制的过程,理解乘法口诀的意义,发展数感。
                            │             └─ 2. 能正确运用4的乘法口诀,并运用4的乘法口诀进行计算和解决问题,发展运算能力。
                            │
                            ├─ 课时目标4 ─┬─ 1. 帮助包子商贩和苹果商贩整理账本的过程中,经历6、7的乘法口诀编制的过程,理解乘法口诀的意义,发展数感。
                            │             └─ 2. 能正确运用6、7的乘法口诀,并运用6、7的乘法口诀进行计算和解决问题,发展运算能力。
                            │
                            ├─ 课时目标5 ─┬─ 1. 帮助鸡蛋商贩和草莓商贩整理账本的过程中,经历8、9的乘法口诀编制的过程,理解乘法口诀的意义,发展数感。
                            │             └─ 2. 能正确运用8、9的乘法口诀,并运用8、9的乘法口诀进行计算和解决问题,发展运算能力。
                            │
                            ├─ 课时目标6 ─── 借助数形结合,进一步认识口诀的特点和口诀之间的联系,感悟乘法和图形面积的关系,积累活动学习经验。
                            │
                            └─ 课时目标7 ─── 利用百数表,进一步熟记乘法口诀,尝试多角度解决问题,寻找最优策略,积累解决问题的经验。
```

(四)单元学习评价

结合此评价框架就可以清晰反馈学生理解乘法口诀意义的情况,并据此指导和改进教学。单元评价既有课时表现性评价,又有单元总结性评价,评价方式多样,有口头测验、书面检测、游戏反馈等。

评价目标	评价任务	评价标准	评价方式	核心素养
熟记乘法口诀，并能进行乘法口算	1.把口诀补充完整。 七七_____　　八八_____　　九九_____ 八九_____　　六九_____　　六七_____ _____七二十八　　_____九四十五　　_____八三十二 2.计算。 2×5=　　4×6=　　5×3=　　8×5= 5+5=　　5×5=　　3×5=　　2×9= 7×4=　　3×6=　　6×5=　　4×1= 4×8=　　7×3=　　4×4=　　4+4=	正确背写乘法口诀，并能正确进行乘法口算	口头测验、师生互评	运算能力
理解乘法口诀的意义	1.用你喜欢的方式表示"三六十八"乘法口诀的意义。 请你画一画，写一写，列一列。 2.根据口诀写乘法算式。 五七三十五　　　七九六十三　　　六八四十八 □×□=□　　　□×□=□　　　□×□=□	能用多种方式表述，并能将这些方式进行联系	书面检测、作业评价	数感、推理意识、运算能力
能灵活运用所学知识解决问题	1.在□中填上合适的数。 □×3=12　　6×□=12　　5×□=40 6×□=18　　4×□=28　　□×2=16 20=4×□　　30=□×6　　14=□×□ 5×9=□　　□×=35　　□×□=25 2.在（　）中填上合适的数。 4×6=（　）　（　）×6=18　　6×（　）=48　1×（　）=6　（　）×9=54 6×（　）=42　（　）×6=36　　3×6=（　）　（　）×4=24　（　）×5=30	能清楚表达计算过程和理由	课堂观察、师生互评	运算能力、应用意识
运用乘法口诀解决简单的实际问题	我们有34人，租4辆车够吗？ 限乘客8人 我们有9辆，每辆坐4个人。 我们每辆车的人数是小轿车的8倍。 我们的辆数是小轿车的4倍。 (1)每辆公共汽车可以坐多少人？ 　　□○□=□（人） (2)消防车有多少辆？ 　　□○□=□（辆）	能准确分析题目并正确解答	小组活动、小组评价	运算能力、应用意识

（五）单元整体实施

我们通过研读教材的编排结构和意图，发现北师大版对 2~9 的乘法口诀的内容编排，基本采用每个乘法口诀单独创设一个问题情境，情境之间较少有关联，如数松果、数筷子、数车轮、数糖葫芦等。而学生在学习的过程中，需要不断地建构不同事实与乘法口诀之间的联系,在直观与抽象之间进行转换。关联的情境可能更利于学生思维的连接。乘法口诀学习过程由于结构相似,学生很难对连续重复的学习内容产生兴趣,因此,我们在单元整体教学设计中,尝试用绘本游戏创设单元整体学习的大情境,将绘本《买卖国的乘法队长》中的故事情节引入教学,将帮助买卖国商贩整理账本的问题情境贯穿乘法口诀学习的始终。学生通过角色扮演、动手操作等游戏方式主动参与学习乘法口诀,以此来解决乘法口诀产生的必要性、乘法意义理解有效性的问题。

由于绘本中的故事新奇,情境内容丰富且连贯,情节冲突能够激发学生学习乘法口诀的积极性,学习任务清楚明确,因此学生在学习的时候兴趣盎然,能积极投身其中。单元整体教学视域下的课堂需要重新定位,根据不同课型在单元整体教学中的地位和功能,我们重新整合课时,分为3种典型的课堂:种子课、迁移课、拓展课。

教材课时编排			整合后的单元序列		
	内容	课时	课型	内容	课时
2~5的乘法口诀	数松果(5的乘法口诀) 做家务(2的乘法口诀) 课间活动(巩固2、5的乘法口诀) 需要几个轮子(3的乘法口诀) 小熊请客(4的乘法口诀) 回家路上(巩固2~5的乘法口诀)	6	种子课	5的乘法口诀(秋刀鱼商铺)	1
			迁移课	2的乘法口诀(西瓜商铺)	2
				3的乘法口诀(葡萄酒商铺)	
				4的乘法口诀(香蕉商铺)	
				6的乘法口诀(包子商铺)	
				7的乘法口诀(苹果商铺)	2
6~9的乘法口诀	有多少张贴画(6的乘法口诀) 一共有多少天(7的乘法口诀) 买球(8、9的乘法口诀) 做个乘法表(探索乘法的规律)	4		8的乘法口诀(鸡蛋商铺)	
				9的乘法口诀(草莓商铺)	
			拓展课	画乘法口诀 口诀消数乐	2

(六) 核心课时设计

5的乘法口诀

1. 学习目标

(1) 在帮助秋刀鱼商贩整理账本的过程中,经历5的乘法口诀编制的过程,理解乘法口诀的意义,发展数感。

(2) 掌握5的乘法口诀,并运用5的乘法口诀进行计算和解决问题,发展运算能力。

(3) 初步培养迁移类推能力,发现和总结规律,发展推理意识。

2. 学习内容分析

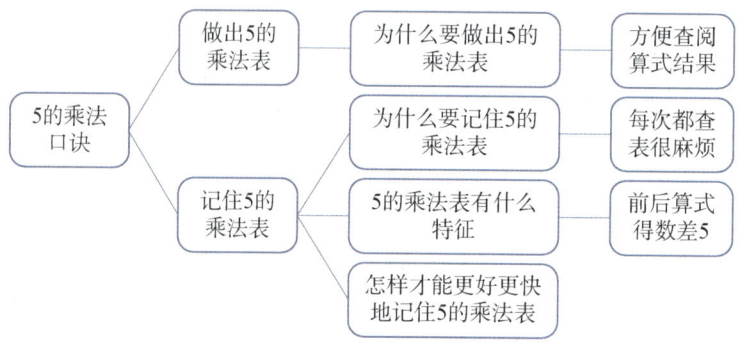

蕴含的数学思想方法:函数的数学思想(两个数相乘,一个乘数为5,另一个乘数增加1,积就相应增加5);数形结合的数学思想(用数与形来表征乘法口诀,建立乘法算式与乘法口诀之间的联系)。

3. 教学过程

(1) 课前展示买卖国绘本(微视频)

在大海的另一边,有一个买卖国。在那里,港口上装载货物的船来来往往,街道里堆满了各种各样的商品,商贩们叫卖的声音此起彼伏。还有一个任你走到哪都能看到的景象,绝对让你大吃一惊。

那就是满大街的人都在数数!只有数数,才能知道买了多少卖了多少,不是吗?可是,每天要数的东西堆得像小山一样高呢!

人们每天都在忙着掰手指数数,从太阳升起数到月亮落下。

不仅仅是买卖国的百姓,皇帝和大臣们也得忙着数数。"要是所有的人整天都在忙着数数的话,早晚会出乱子的。"皇帝琢磨着有没有好的办法。

(2)秋刀鱼商铺导入

师:刚才我们看到,买卖国的人,数东西都是一个一个数的。你有更快、更方便的方法吗?

生:我们可以两个两个地数、五个五个地数、十个十个地数。

师:你们的方法真不错,买卖国的皇帝决定按你们说的做。

皇帝(话外音):"从现在开始,所有的东西不要一个一个卖了。九个鸭蛋放在一盒,两个西瓜装成一袋,五条秋刀鱼穿成一串。"

顾客(话外音):"大叔,给我来点新鲜的秋刀鱼。"

老板(话外音):"秋刀鱼五条一串,您随便挑吧。"

顾客(话外音):"麻烦给我来三串。"

老板(话外音):"好的,给您嘞。一串,两串,三串,今天的秋刀鱼都挺不错哦!"

(3) 整理账本

① 教师示范账本整理

师:这位顾客走了之后,老板准备在账本上记录他卖了几条秋刀鱼。3串秋刀鱼,你会怎么列式记录呢?

(左侧黑板贴图贴问题:卖了几条秋刀鱼?)

(根据学生的回答,板书:$5+5+5=15,3\times5=15,5\times3=15$。)

(追问:) 3×5 中的 3 表示什么?5 表示什么?表示几个几?

师:又来了一位顾客,他买了6串秋刀鱼,你想怎么记呢?

(根据学生的回答,板书:$5+5+5+5+5+5=30,6\times5=30,5\times6=30$。)

师:现在你们怎么不用加法记录呢?

生:加法太麻烦了。

师:6×5,5×6 真的等于 30 吗?我们来数一数。一串是 5 条,两串就是 10 条,15,20,25,30。真的是 30 哎!

② 学生独立完成账本

师:同学们真了不起,帮老板记了两笔账。今天店里还来了很多客人,买的数量都不一样(教师手指屏幕上的学习单),你们能帮老板把账本整理完吗?有几点要求。

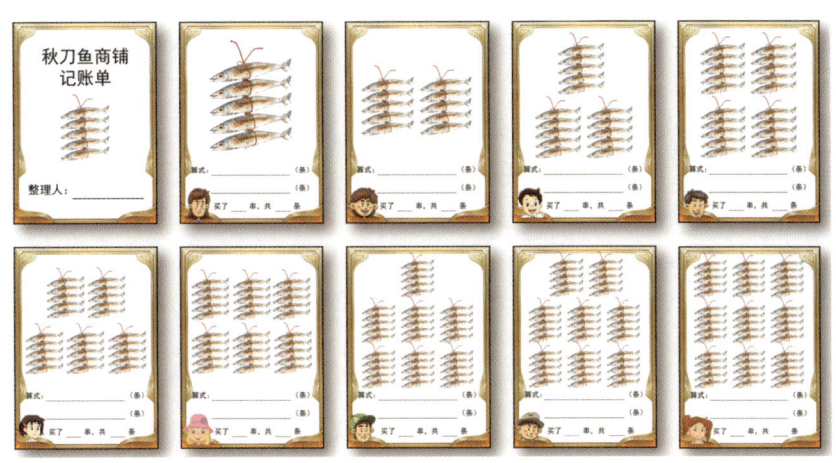

学习指南
(1) 用乘法记录每一笔买卖
(2) 计算出乘法算式的结果
(3) 同桌一起核对一下账本

(学生在记账,教师手拿红笔巡堂批改。)

③ 全班核对账本

[投影学生作品(核对账本的时候就把秋刀鱼图贴在黑板上)。]

师:(准备一份学生错例作品)这是我刚刚巡堂的时候找到的一份记账单,我们一起来核对一下。

师:算式列对了没有?结果对了没有?

追问 1:算式 5×6。

师:5 表示什么?6 表示什么?5×6 表示几个几?你是怎么知道结果是 30 的?

追问 2:算式 5×9。

师:5 表示什么?9 表示什么?5×9 表示几个几?你是怎么知道结果是 45 的?

(教师巡堂的时候,安排间谍。)

师:40 是怎么来的?你能不能带着同学们一起数一数?

师:那我们再一起核对一下其他几笔买卖。(核对一下算式结果。)

(4) 做出 5 的乘法表

师:同学们帮老板把这一天的生意都记录好了。接下来,每天他只需要拿这张表对照着记账就可以了。

师：为了感谢大家，秋刀鱼老板特地把账本做成卡片，藏在了有些同学的抽屉下面。快去找一找。找到的同学拿着卡片贴到黑板上来，注意要把算式和秋刀鱼的卡片对应着贴。

师：我们来读一读这些算式吧，1×5，2×5，3×5，5×4。（第一遍齐读，只读算式，不读结果。）

师：读起来有些不顺，我们再调一调。你们想怎么调？

生：从小到大。

师：我们现在再来读一读这些算式。1×5，2×5，3×5。（第二遍齐读，只读算式，不读结果。）

师：整齐多了，读起来舒服，我们找起来也更方便。

师：这些算式里都有5，那它们的得数有什么规律呢？

生：加5，加5。

师（追问）：为什么得数会一个比一个多5呢？

师：1×5 里面有几个5，2×5 里面又有几个5。2个5比1个5多了1个5。

师：还有什么规律吗？

生：得数的个位都是0和5。

师（追问）：什么时候得数的个位是0？什么时候是5？

(5) 记住5的乘法表

师：秋刀鱼老板每天整理账本的时候都在查表，要是把算式的结果记住的话，记账就更快了。于是，他每天晚上就拿出表来读。

师：我们也一起来读一读这些算式吧。（第三遍齐读，要读算式，也要读结果。）

师：读完之后，你们有什么感受呢？能背下来吗？

生：还是有点麻烦，不好背啊！

师：是啊，这些算式读起来有点长，如果能少一些字可能就更好记了。每一句算式都有"乘"，也都有"等于"，我们只想记住算式的得数，试试把这些字都去掉会不会更好记？

师：我们再读一遍。（第四遍齐读。）

师：这次读起来，你们有什么感受呢？

师：简单了很多，朗朗上口。

师：虽然 1×5 和 5×1 是两个不同的算式，但它们的结果是一样的，为了查表方便，那我们记一句就可以，所以约定把小的乘数写在前面。为了读起来更顺口，我们给前两句加了一个字。

师：我们再来读一遍。（第五遍齐读。学生齐读的时候，一边读，一边贴口诀卡片。）

师：口诀确实比算式更好记，朗朗上口。这就是我们今天学习的5的乘法口诀。

(6) 背诵口诀

① 拍手齐读

师：我们再来一起读一读5的乘法口诀吧，这次我们同桌两个人一起拍手读。

师：老师给大家1分钟时间再读几遍，试试能不能背下来。一会儿我会考考大家哦！

（计时1分钟。）

② 师生互答

教师出示一些有关5的乘法算式或者缺项的乘法口诀,让学生说出对应的完整的乘法口诀。

③ 口诀游戏

在希沃课堂游戏中,设计和5的乘法口诀相关的游戏。主要是设计了正确的5的乘法口诀以及典型的错例,让学生通过对错判断,加深对5的乘法口诀的认识与记忆。

(设计两组游戏,难度小和难度中。)

(7) 课堂小结

师:今天我们在帮助秋刀鱼商贩整理账本的过程中学习了5的乘法口诀,接下来呢,我们会再去其他商铺看一看,学习更多的乘法口诀。

【评析】用绘本游戏构建单元整体教学,在大问题"帮助买卖国商贩记账"的引领下,以买卖国的故事为绘本游戏情境,经历"制作游戏道具(记录账本)—收纳游戏道具(整理账本)—熟记账本(展示游戏成果)",让学生沉浸在故事的情节发展中学习乘法口诀。整个过程,在充分解读课标和教材,进行学情诊断后,确定单元学习目标和单元评价体系,架构起单元整合课时,并从核心课时"5的乘法口诀"出发确定乘法口诀的学习路径:①铺设买卖国情境,激发学生的学习兴趣;②帮助买卖国秋刀鱼商铺老板记录账本,进一步深化加法与乘法之间的关系;③在整理账本的过程中,体会有序的重要价值,做出5的乘法表;④编制一套朗朗上口的口诀,更容易记住5的乘法表;⑤通过多种不同的方式背诵口诀。

【反思】上述课例依托经典绘本,营造大情境。但是现有的绘本跟教材匹配度较低,很难找到合适的内容进行单元整体绘本游戏教学设计。由"乘法口诀"单元的整体绘本游戏设计,不难发现,从每个教学内容育人价值的全面、深度挖掘出发,分析和确立教学目标,依托结构教学的理念和策略,合理建构"类知识结构",并在"类知识的教学过程结构"与"类知识的学习方法结构"引领下,帮助学生形成良好的认知结构、思维结构和能力结构,是数学教学的有效路径。教师也可以创编合适的绘本情境,整合教材内容结构,选择和加工绘本内容,根据上述课例单元学习路径,构建指向核心素养的单元整体绘本游戏教学设计。

三、进一步思考的问题

(1) 单元整体绘本游戏教学设计与独立课时绘本游戏有什么区别和联系?

(2) 如何利用绘本游戏进行单元整体建构?

四、资源链接

[1] 陈国权."表内乘法"单元教学内容重组与实施策略[J].小学数学教育,2020(Z1):61-63.

[2] 杨明岚,张姮宜.单元重构,让学习精准发生——以人教版"表内乘法口诀"教学为例[J].小学数学教师,2020(1):60-64.

[3] 刘艳平,陈晔."买卖国"与"乘法口诀"[J].小学教学(数学版),2016(12):47-49.

五、学习分享

从上面课例可知,利用绘本游戏进行单元整体教学设计,大情境、大问题必不可少,绘本游戏融入教学要考虑怎样做到兼具趣味性和思考性。课程整合是具有挑战性的,教师须从教材和课标出发,立足学生的认知起点,打破教材的原有结构,调整教学内容,构建更有利于学生发展的高效课堂。下面以小学数学五年级"分数除法"为例,想一想,如何构建单元整体绘本游戏教学设计?

【备课建议】

(1) 以"分数除法"为例,如何利用绘本游戏构建单元整体教学?

(2) 根据《标准(2022年版)》要求,你计划如何整合单元课时?

(3)《标准(2022年版)》中提到要帮助学生体会数的运算一致性,发展运算能力和推理意识。在单元整体教学中如何引导学生利用演绎推理的方式自主探究?如何引发学生思考基本事实与算法的关系,体会数的运算一致性?

第五章
具身游戏：在身心交融中感知，建构多元表征

第一节　身体如何影响思维

一、理念引领

阅读本节内容之前，请先完成以下热身活动：
(1) 什么是具身认知理论？
(2) 具身认知理论在数学游戏化教学中有哪些应用？

具身认知理论是 20 世纪 80 年代认知心理学研究的一个新领域，主张人的生理体验和心理状态之间有着强烈的联系。通俗地来讲，就是身体的解剖学结构、活动方式、感觉和运动体验会影响大脑的认知。

随着教育心理学的交互发展，具身认知理论在教育学上的运用也越来越广泛，特别是与游戏化教学的联系更加突出。具身教育强调在教育教学中，学生通过身体、大脑和环境的交互作用产生认知，在体验中建构新知，这与游戏化教学"玩中学"的理念是不谋而合的。具身认知视域下的数学游戏化教学，旨在运用相关理论指导游戏化教学的开展，注重活动化、游戏化、生活化的学习设计，为学生提供沉浸式的学习情境，让身体参与到游戏中，并调用多感官参与增强学习体验感，将抽象的数学符号转化为具体形象的实际问题，让孩子们在真实情境中亲身经历从发现问题、提出问题、分析问题到解决问题的全过程，提升孩子们的抽象概括、审辩推理以及分析综合等数学思维能力。

二、基于具身认知理论设计游戏

具身认知有 3 个基本属性。涉身性：认知是依赖身体物理特征和生理机制的；体验性：认知来源于身体与外界环境的相互作用；嵌入性：认知嵌入大脑、大脑嵌入身体、身体嵌入环境，即认知具有环境嵌入性。基于具身认知理论的 3 个基本属性，我们可以从以下 3 个维度进行教学的游戏化改造，开发具身游戏（见图 5-1）：

第一，调用身体经验，"动"用身体智慧。身体作为一套具有感知力的运动系统，借助肢体语言的参与，能调动学习者运动感知的先天经验，为抽象的文字符号赋予具体的意义。在

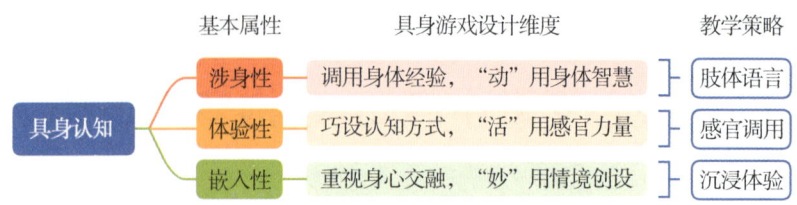

图 5-1 基于具身认知的游戏化教学策略

充分了解概念所对应的运动感知体验后,设计恰当的教师引导动作、学生体验活动,身体能帮助大脑带来抽象概念的"感觉"。

第二,巧设认知方式,"活"用感官力量。身体感官与外界环境的相互作用促成认知加工,外部信息主要通过听觉、视觉、触觉、嗅觉和味觉 5 个感官通道传入大脑。数学学习活动主要依赖于听觉、视觉和触觉,教学过程中,聚焦要点,选择合适的素材,同时调用多感官参与可以打开信息加工的多个通道,使学习素材得到更全面的组织,进而形成内在一致的知识结构。

第三,重视身心交融,"妙"用情境创设。认知心理学主张,学习活动有 3 个关键步骤:信息编码、强化巩固、记忆检索。大脑缔结的知识链和记忆结是否深刻,影响着知识的调用,即有效的检索路径对学习效果是极其重要的。认知的环境嵌入性决定了情境的创设有利于形成更加稳固和持久的认知,身体情绪、情感体验越深刻,大脑存储的信息就越容易被提取出来。所以,创设合适的情境,重视学生的学习体验,有助于创建持久性记忆,强化学习效果。

那么,基于肢体语言、感官调用、沉浸体验等方式设计的具身游戏,如何才能巧妙地嵌入课堂教学中,帮助学生在身心交融中感知、建构多元表征呢?一起来看下面 3 个课例。

(一)课例 1:指向身体经验的"具身性"——肢体语言

"奇妙救援队"一课,选自北师大版一年级上册第五单元位置与顺序"左右"。本单元内容是学生在生活中辨认方向的起点,也是"图形与位置"知识的启蒙。除要求学生能准确地确认物体的位置外,更重要的是在学习过程中发展学生的空间观念,而空间观念的培养需要依靠生活场景中的体验获得。

一年级的孩子处于皮亚杰认知发展阶段的具体运算阶段,主要以具体形象思维为主,集中注意力的时间较短,喜欢模仿别人,善于用身体探究新事物。因此,本节课调用身体经验的"具身性",基于感知和动作,采用多维肢体语言表征的游戏设计,让孩子们在身体参与的过程中实现知识的有效建构。

❀ **课例设计**(授课教师:深圳市福田区南园小学刘玉婷)

1. 感知左右,建立左右标准

师:迷宫通关秘籍藏在第二个宝箱中,你知道是哪一个吗?

生:(上台演示,点开从左往右数的第二个。)
师:怎么会没有呢?
生:应该藏在从右往左数的第二个。(打开宝箱获得秘籍。)

师:我们来看看秘籍到底是什么吧!你们认识这个吗?它是什么意思呢?
生:左箭头、右箭头。
师:你们在生活中见过或用到过左右吗?
生1:安全通道有往左走和往右走。
生2:视力表上用到了左右。
生3:吃饭的时候,右手拿筷子,左手扶碗。
小结:如果你一下子分不清哪个是右,你可以想想你拿筷子或者握笔是哪个手,它就代表着右,另一只手就代表着左,这是对于我们大部分人来说的。还有一小部分人是用左手拿筷子或者拿笔的,我们班有吗?有,那你就要记得你拿筷子的手是左手哦!没有,那他们拿筷子的手就代表着右。
师:你们身上还有像左右手这样一左一右的好朋友吗?
生:左眼和右眼、左耳和右耳、左肩和右肩,等等。
师:现在请你抬起你的右手,看向你的右手,右手指的方向就是右方,也叫右边。请把右手放下,请你抬起你的左手,你左手指的方向就是左方(生答),也叫左边(生答)。

【评析】在感知建立左右标准的环节,教师利用学生熟悉的生活常识和身体习惯建立左右标准,充分调用了学生已有的身体经验。同时,在教学过程中,通过教师肢体语言的示范、学生伸出左右手、指出左右眼等动作的演示,将抽象方位"左""右"的概念与身体一一对标,将抽象概念具象化,在感知中逐步建立左右标准。

2. 肢体表演,巩固左右标准
师:我们一起闯迷宫吧!遇到黄胖胖、蓝蛋蛋、红灿灿就会进入神秘空间,必须完成它们的挑战才能通过!

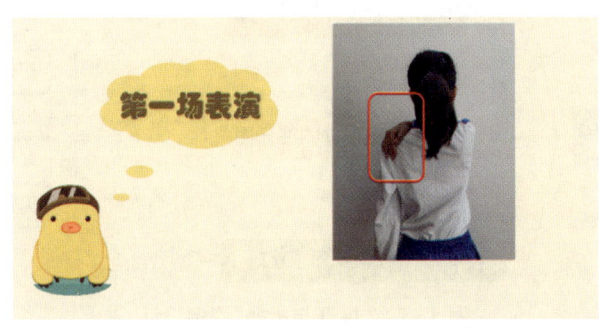

（进入表演空间，全体学生起立，旁白播放动作指引，课件出示准确的动作示范。）

旁白：下面开始第一场表演，请同学们听我的指令做动作。

现在请挥一挥左手，用左手摸左耳，左手摸右耳，左手摸右肩，挥一挥右手，右手摸右耳，右手摸左耳，右手摸左肩，只睁开左眼，睁开你的双眼。

师：恭喜小朋友们完成第一场表演！

🔍【**评析**】意大利的里佐拉蒂教授发现，"镜像神经元"通过反映他人行为，使人们学会从简单的模仿到复杂的模仿，观察者与被观察者会经历同样的神经生理反应，启动一种直接体验的理解方式。课例中表演空间环节的设计，正是通过语音播放、课件示范、教师巡视矫正的多方介入，让孩子们在一次次肢体模仿的过程中再次熟悉左右标准。教师、同伴、课件营造的大型示范场，也有助于个别易混淆的孩子理清认知，透过"镜像"易化对抽象概念的理解。

🔍【**反思**】《标准（2022 年版）》指出，数学课程要充分体现数学学科特征，符合学生认知规律，有助于学生理解、掌握数学基本知识和基本技能，形成数学基本思想，积累数学基本活动经验，发展核心素养。本课例中，教师基于低年级学生的认知发展规律，力求通过调用儿童已有的身体经验，结合教学肢体语言的引导，设计模仿学习活动，帮助学生厘清"左右"概念。但是，认知科学家 Goldin-Meadows 等人的研究也证实了，与语言讲授相匹配的手势可以促进数学理解，与语言讲授不匹配的手势却会降低学生对数学知识的掌握，因此，在教学过程中，教师肢体语言的应用、学生肢体动作的设计切忌过于随意，教学课件、知识内容、表达形式等须统一配合、恰当地使用，才能帮助学生从单纯的机械模仿过渡到复杂的思维训练。

（二）课例 2：指向认知方式的"具身性"——感官调用

"展开与折叠"一课是北师大版五年级下册第二单元"长方体（一）"中第三课时的内容，要求学生经历长方体和正方体的展开与折叠过程，体验长方体、正方体等图形展开与折叠之间的关系，加深对长方体、正方体的认识，为后续长方体表面积的学习做铺垫。我们知道，从平面图形到立体图形的研究，是学生空间观念发展的一次飞跃，而从直观感受到认识图形的结构特点，更是图形几何领域的又一次深入探索。虽然学生在前两课时认识了长方体、正方体的结构特点，但是"展开与折叠"一课要求学生在空间图形与平面图形的相互转化中开展空间想象和推理活动，对学生来说是有困难的。

儿童对抽象概念的理解是建立在具体概念的基础上的。具身认知理论认为，认知的内容、方式和步骤都是由身体决定的，身体的感知和变化影响大脑的信息加工。因此，本节课重视观察与具体操作，在合适学具的支撑下，设计 4 个层次分明的游戏活动（见图 5-2），通

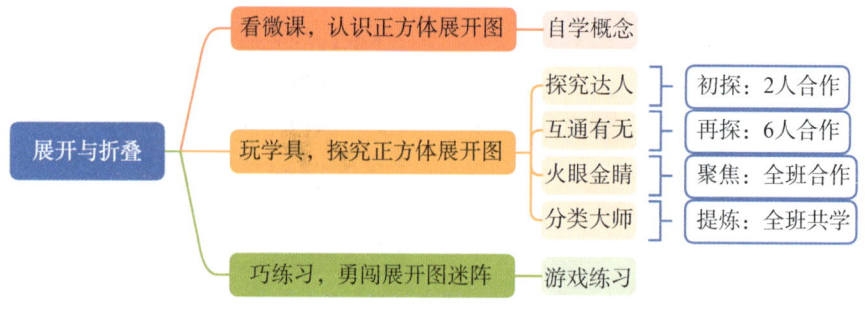

图 5-2 "展开与折叠"课例设计

过调用学生的多感官参与,加强直观体验,打开信息加工的多重通道,有效促进生成认知加工,发展空间想象和空间推理能力。

课例设计(授课教师:深圳市福田区东海实验小学谭春兰)

1. 看微课,认识正方体展开图

微课演示:把正方体沿着棱剪开,得到6个相连的不断开的面,这样的平面图形就是正方体的展开图。

师:你能说出什么是正方体的展开图吗?

生:沿着正方体的棱剪开,得到相连不断开的平面图形就是正方体的展开图。

师:第一关顺利通过,庆祝一下!

2. 玩学具,探究正方体展开图

(1)探究达人

游戏规则:两人合作,一人操作学具,一人在方格纸上画图。比一比,看谁找出来的正方体展开图种类最多。

注意事项:通过翻转或旋转能完全重合的,算同一种。

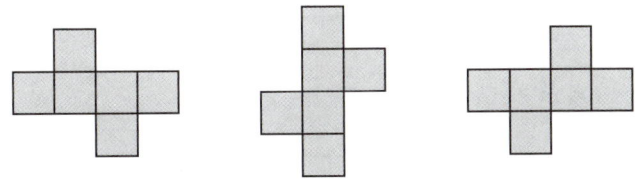

活动开始,学生A操作学具,通过"折"或者"围"的方法探究;学生B将正确的正方体展开图(即能围成正方体的图形)记录下来。若学生B有其他想法,可交换分工。通过合作,找到各种正方体展开图,并把它们画下来。

待两人合作完成,各小组记录一共找到了多少种正方体展开图,教师适时推动,激发学生继续探究"正方体展开图"到底有几种形状。

(2)互通有无

游戏规则:小组合作,互相检查是否有错误、重复、遗漏。

注意事项:6人小组合作,拿出工作纸,互相检查,将错误的(即不能围成正方体的)、重复的划去,发现有遗漏的及时补充。

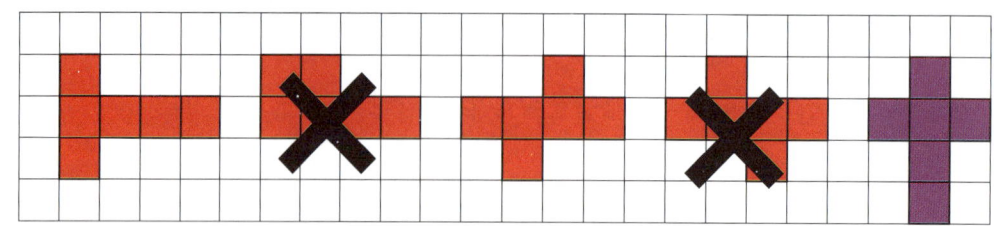

操作建议：小组合作探究时，建议先不急于操作学具验证，而是在脑海中先想一想，再尝试。

小组合作探究正方体展开图的种类，学生的探究形式从纯粹的直观操作进阶到"由形到体"。通过观察他人作品图来判断是否能围成正方体，当出现争议时，又能借助实物验证。两次探究老师均无须介入太多，让孩子们在反复尝试中建构空间观念。

【评析】"探究达人"和"互通有无"两个游戏，学生具有完全的学习自主权，卡扣智慧片学具一拼一画的视触冲击，同桌、小组合作的言语交流，共同推动着探究活动的进行。灵动的双手带领学生尝试各种组合，观察发现新的可能性，在手部、学具、大脑三者间的交互中摆脱旧认知的束缚，促进新认知的形成。"探究达人"游戏的设计可以非常自然地在学习者之间形成一个持续的自我提升的学习循环，小组"互通有无"则满足了探究者对探索结果获得即时反馈的需求，进一步激发学习者探索新技巧、新方法的欲望。

（3）火眼金睛

游戏规则：全班合作，挑选展开图种类最多的一组作品进行展示，全班一起来找"茬"，直到找到11种正方体展开图。

师：刚才最多的一组找到了9种，真了不起！接下来，我们要全班合作啦，一起来看看，有没有遗漏的？

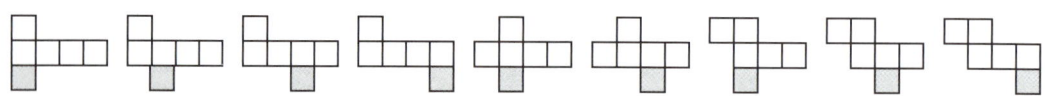

生1：还有一种。（展示3-3型。）

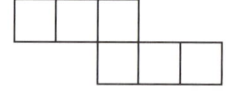

生2：我对这一种有怀疑。

生3：我认为是对的。

师：有争议了，再发挥一下空间想象能力，确认一下，到底是对还是错？

生3：对的！眼见为实、耳听为虚，你看——（展示）可以围起来的！

师：（电脑演示）瞧，果然可以围起来！还有不同意见吗？

生：还有一种漏掉了。（展示2-2-2型。）

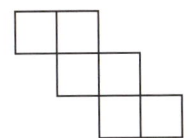

师:想象一下,这种展开图能不能围成正方体?

生:可以。

师:(电脑演示)哇,原来这种真的能够围成正方体!你们真是探究小达人!没有补充了,那正方体的展开图有多少种?

生:11种。

师:对了,正方体展开图一共有11种,探索正方体展开图种类的任务完成了,恭喜你们!

🔍【评析】在学生有了充分的尝试与积累后,他们对抽象的展开图有了相对稳定的认识,此时感知运动赋予的认知与抽象符号之间产生了强大的关联,具象的学具表征在过渡到纸质符号表征的过程中,大脑中的具象化信息并不会丢失,此时,"火眼金睛"——全班一起来找"茬"的游戏设计激起生生辩论,逐渐让学具操作退居幕后,倒逼学生看图判断,在脑海中想一想,有时需要用学具验一验。最后课件统一展示,学生空间想象力的培养水到渠成。

(4)分类大师

游戏规则:将正方体的11种展开图进行分类,并说说分类理由。小组交流,全班汇报。

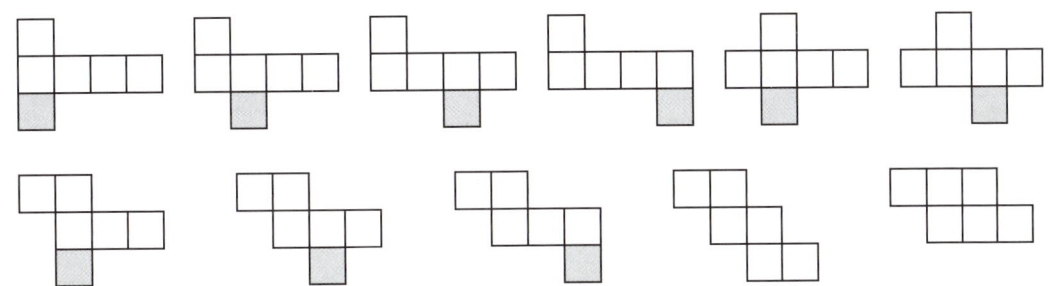

生:(指向1-4-1型展开图)这几个图是有规律的:第一层1个正方形,第二层4个正方形,第三层的1个正方形不断移动。

师:你的观察能力真不错。像这样的正方体展开图,我们给它起个名字,叫1-4-1型正方体展开图。这一类的展开图最多,一共有6种。剩下的还可以分吗?

生:还有2-3-1型。

师:举一反三,真不错,说说你是怎么想的?

生:第一层2个,第二层3个,第三层的1个不断移动。

师:是的,用移动的方法,2-3-1型一下子全齐啦!最后还有2种比较特殊的展开图。

生:可以叫2-2-2型和3-3型。

师:是的,现在,我们探索正方体展开图种类的任务顺利完成,庆祝一下吧!

3.巧练习,勇闯展开图迷阵

(1)精确判断

游戏规则:不借助任何操作,只通过想象,判断图形能否围成正方体!

正确或错误用手势表示,全班集体答题。

(共4题,题型如图所示,每题预留5秒,超时未完成不得分。)

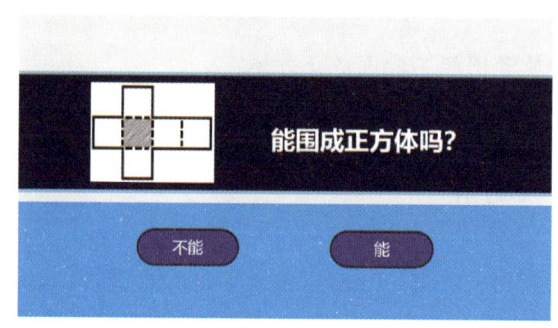

(2) 准确填空

游戏规则:独立思考,将答案记录在工作纸上。

工作纸

一个正方体的平面展开图如图所示,将它围成正方体后:

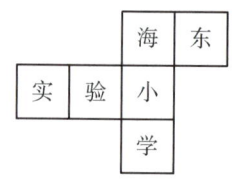

"东"和"(　　)"相对;

"海"和"(　　)"相对;

"实"和"(　　)"相对。

(3) 空间想象力大挑战

 空间想象力大挑战

　　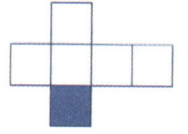

左边的正方体一半涂了蓝色,如右图展开,你能把剩余蓝色块补充完整吗?

【评析】3个游戏练习环节,层层递进。"精确判断"的4道习题都是学生最容易出错的,但是以游戏的形式出现,弱化了学生的畏难情绪,调动了学生的参与积极性。同时,由于在之前的学习中学生通过动手操作积累了大量的直观经验,因此此时仅仅"脑中思"已经可以把直观经验转化为抽象思维。第一个游戏练习用"快"考查学生的敏捷思维,而后两个游戏练习则重视"静",每一位学生都在慢慢地消化本课所学的知识,依靠刚刚建构的空间认知完成练习,巩固和提升自己的空间想象能力。

【反思】儿童手指的触觉、动作、视听觉空间是数学学习能力的重要基础。对于"正方体展开图"这样简单的概念,教师使用微课进行讲解,借助多媒体的视听解说,直观清晰地呈现基本概念,再通过学生的二次转化输出,短平快地实现基本概念的学习。而在探究正方体展开图种类的环节,通过"探究达人""互通有无""火眼金睛""分类大师"4个学具游戏,解放了学生的信息输入的通道,实现多元表征。

从概念的初识到展开图的探索再到展开图类别的归纳,本课例在游戏活动的设计中,打开多感官通道传递身体感知,遵循具身认知发展规律,层层推进,实实在在地将有意义的学习落地。

然而,虽然多感官调用能打开信息获取的多重通道,但是由于大脑在做信息处理时,每次摄入的信息是有限的,因此,在使用"感官调用"策略进行教学设计时,保证学生在恰当开展认知加工的同时,不会造成认知负荷超载,是具身设计最大的挑战。由于数学学科的特性,在探索过程中,学生是需要独立的思考空间的,游戏打开的多信息通道势必会影响学生数学思维的梳理,此时,游戏开展的教学组织形式就显得特别重要。

首先,是游戏参与的人数。"探究达人"须保证每个孩子都参与到学习活动中,安排2人合作,一人摆、一人画,在互补过程中做到动中有静。"互通有无"转为6人小组,旨在打破2人思维的局限性,集思广益、纠错补漏,此时听觉通道才是真正意义上的打开。"火眼金睛"全班互动,作品数量的增多、辩论节奏的加快,倒逼学具操作的触觉体验退出战场。因此,随着游戏参与人数的变化,感知觉器官的启用也在发生变化。

其次,是游戏规则的呈现。活动课最忌"乱",教学节奏的把握、游戏活动的推进需要精心设计,聚焦要义、标记结构,去除无关信息,突出关键要点,尽量用简单的词、图表述要求,善于运用多媒体技术辅助,减轻认知负担。

最后,是游戏道具的选择。教材原有活动的设计是找正方形盒子剪一剪,再把得到的展开图画一画。部分教师在处理教材时改用磁力片,本课例则选择了正方形卡扣智慧片,主要原因在于:智慧片相对纸盒子来说可循环使用且不易毁坏,一套学具即能解决问题;而较之于磁力片,卡扣的设计在折叠验证后依旧能保持展开图的原貌,便于学生记录;同时,颜色的搭配选择也为后续寻找相对面的教学提供了方便,帮助学生扫除了操作的障碍。

(三) 课例3:指向情境交互的"具身性"——沉浸体验

"淘气和笑笑的一天"是北师大版一年级上册第四单元"分类"第一课时"整理房间"的内容。虽然本节课的分类活动很简单,要求学生在经历对房间内物品的整理过程中,初步体会分类的含义与方法,感受分类在生活中的应用,但分类是特别重要的数学思想方法,本节课是学生分类思想启蒙的第一课,在简单的分类活动背后,依旧需要对分类思想的本质进行渗透。

低年级的孩子,以具体形象思维为主,抽象思维刚开始发展,认识、思考和解决问题需要依赖具体的事物和情境。为便于学生交流操作,本节课以"淘气和笑笑的一天"的故事,对教材内容进行统整改编(见图5-3)。用完整的故事线,即淘气参观笑笑房间→回忆自己房间脏乱→学习整理房间→共同整理房间→邀请笑笑游玩(农场、超市、学校)→感叹分类智慧,让学生在真实的生活情境中一步步体会分类的必要性、感受分类的标准、经历分类的过程、应用分类的方法以及感受分类的价值,在已有生活经验的基础上,积累分类是对事物共同属性抽象的感性经验。

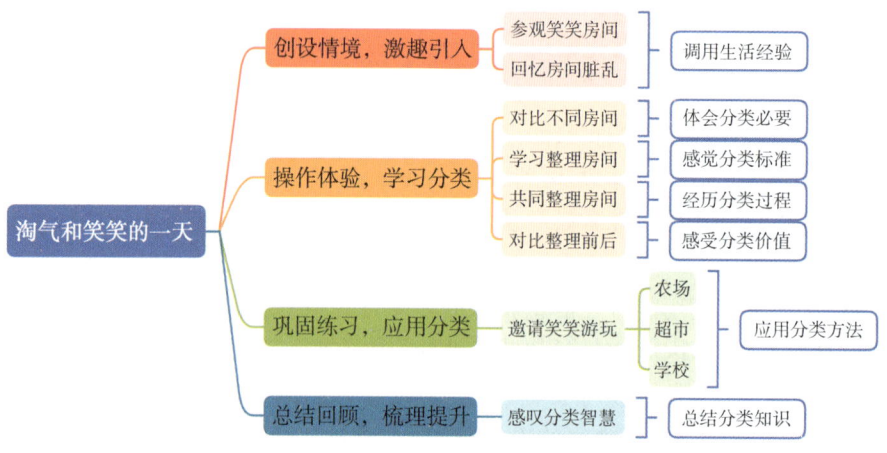

图5-3 "淘气和笑笑的一天"教学设计

❀ **课例设计**(授课教师:深圳市福田区东海实验小学李晓倩)

1. 创设情境,激趣引入

师:同学们,瞧,谁来了?
笑笑:大家好,我是笑笑,欢迎来到我家。
配音:叮咚。
师:门铃响了,又会是谁呢?
淘气:笑笑,快开门!我们一起写作业吧!
师:原来是淘气,笑笑带淘气到房间写作业,淘气一声惊叹。
淘气:哇哦,你的房间真漂亮!
师:可是,淘气想到了自己的房间……真难受。

（课件播放淘气房间图，停顿，让孩子感受。）

2. 操作体验，学习分类

（1）对比不同的房间，体会分类的必要

提问：孩子们，看看笑笑的房间，再看看淘气的房间，你有什么想说的？

过渡：是的，淘气的房间太乱了，他都没有心情做作业了。还是先跟笑笑学习怎样整理房间吧。

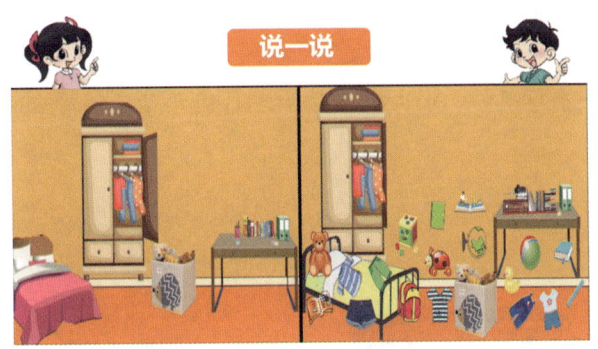

（2）研究整理的秘诀，感受分类的标准

提问：仔细观察，笑笑房间的物品是如何摆放的？

生：衣服放入衣柜中，玩具放在篮子里，书放到书桌上。

小结：刚才你们说得都很好，笑笑房间里的衣服和衣服放一起，学习用品放一起，玩具放一起。这样，把同类物品整理到一起的方法，就是分类。

提问：笑笑把物品分类摆放，有什么好处？

追问：如果笑笑需要一件外套，去哪里找？要看书，就去？

小结：整理后，找起东西来真是太方便了！

（3）整理淘气的房间，经历分类的过程

活动一：说一说

课件出示：淘气房间图片。

问题：怎样帮淘气整理房间？

① 同桌合作，讨论分类的方法

② 汇报交流，明确分类的标准

师:谁可以分享一下你们的想法?

生:有衣服,衣服整理到衣柜中;有玩具,玩具整理到篮子中;有文具,文具整理到桌子上。

师:你们的意思是,把淘气房间的物品,按衣服、学习用品、玩具分成3类,对吗? 真棒,新知识一学就会,下面一起动手整理吧!

活动二:做一做

课件出示:将淘气房间的物品分类整理。

① 同桌合作,完成分类整理

活动要求:两人一套学具,A同学撕物品贴纸,B同学粘贴到对应的收纳位置,合作完成后举手示意。

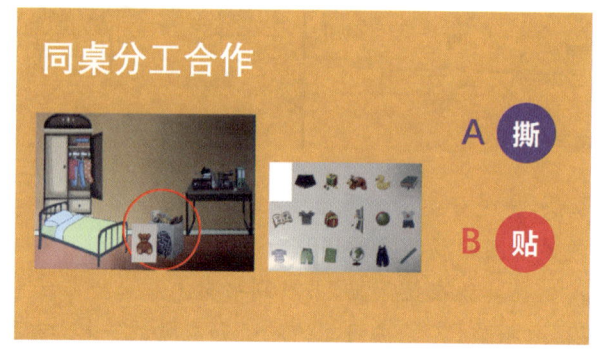

② 交流反馈,巩固分类的概念

师:老师选了一组同学的作品,请他们说说是怎么分类整理的。

生:衣服放到衣柜里,学习用品放到书桌上,玩具放到玩具筐里。

师:是的,像这样把同类物品放一起,在我们数学上叫什么呀?

生:分类。

师:对,我们成功地把淘气房间的物品分类摆放啦!

师:整理房间的秘诀就是……

生:把同类物品放一起。

师:真棒! 在你们的帮助下,淘气的房间整理好了。

(4)对比整理前后的状态,感受分类的价值

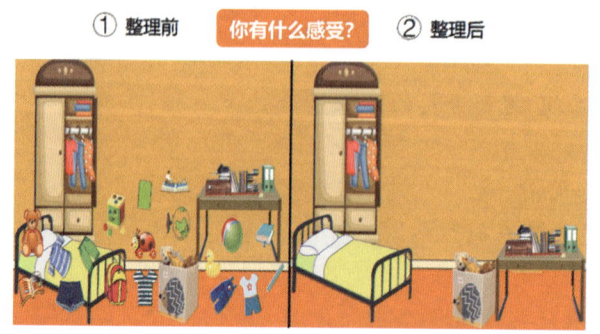

师:看着这两幅图,你有什么感受?
生:整理后淘气的房间干净整洁。
生:找东西更方便了。
师:如果淘气要找数学书,在哪个房间更容易找到?
师:如果淘气妈妈回来,给淘气买了一个变形金刚,你们觉得他应该放在哪?为什么?
师:爸爸回来了,给淘气买了一套百科全书,放哪合适呢?
3. 巩固练习,应用分类
淘气:现在我的房间真干净,谢谢你们!笑笑,我们跟小朋友们一起出去走走吧!
师:淘气会带我们去哪呢?
(1)农场
希沃游戏:蔬菜水果分一分。
要求:想一想、说一说、分一分。

(2)超市
纸笔练习:超市物品分一分。

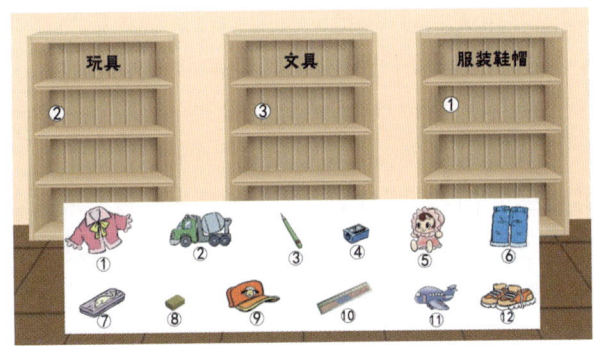

(3)学校
师:走着走着,他们又来到了哪里?
生:东海实验小学。
师:(播放校园各角落剪影视频)你在校园里还见到过物品分类吗?
生:教室(按功能分)。
生:教师(按学科分)。

生：厕所（按男女分）。

生：一年级到六年级（按年龄分）。

……

4. 总结回顾、梳理提升

师：孩子们，在淘气和笑笑的一天中，你有什么收获呢？

生1：在帮淘气整理房间的时候，我知道了把相同的物品放到一起，在数学上叫作分类。

生2：我知道了生活中有很多分类的知识，比如超市里，零食、水果、玩具都是放在不同地方的。

……

【评析】认知科学家乔治·拉考夫和拉斐尔·努涅斯认为，"儿童对于数学概念的理解是通过把词语与相应动作延伸到数学情境来发展的"。学生在认识和学习数学概念时，往往需要依赖实物和情境帮助他们建立表象，在体验、实践中获得直接经验进而内化为知识。对学生来说，由于房间、农场、超市、学校中的物品都是具体直观且日常熟悉的，因此在知识建构的过程中，比较容易调用生活中的已有认知，提出自己的思考，并且在摆放和说理的过程中自然而然地体会到物品的分类是要按照一定的标准的，进而对"分类"的含义与方法有了进一步的理解与掌握。

《标准（2022年版）》提出，要让学生能够在实际情境中发现和提出有意义的数学问题，进行数学探究。受限于教学环境，本课例将学生个人的真实情境虚拟为淘气与笑笑生活的实际情境，借助交互式电子白板嵌入动画和音频的方式给学生营造身临其境的感觉。无论是淘气到笑笑家一起写作业的情节设定，还是动画里淘气和笑笑的互动，都在真切的视听体验中，让学生感受到这就是发生在自己身边的最寻常的人和事，帮助学生完成从"局外人"到"参与者"的身份转变。在对分类整理物品有了初步了解后，同桌合作"做一做"，将贴纸摆放到对应位置的操作体验，也让孩子们在课堂上真实经历了一场分类整理活动。当虚拟学具和待解决问题中的具体内容相关联时，虚拟学具对学习是有积极的辅助作用的。

课例中，学习任务在故事的串联中推进，在课堂最后回顾总结时，学生也能依据故事情节，有针对性地分享自己的学习收获。这正是有效的学习情境对缔造知识链、记忆结所起的正向作用。

【反思】指向情境交互的"具身性"对学习最大的作用是通过增强学习者的具身体验，为知识的存储和检索缔结记忆结，方便知识的二次调用，增强学习效果。但是，在对学习的素材进行整合设计时，加入情境要素，势必会增加学生的认知信息量。教学的目的在于指导学生的认知加工并促成学生的知识建构，而在学习过程中，学生往往会遇到3种不同的认知加工要求：无关认知、基础认知、生成认知。不恰当的教学设计和学习策略会占用宝贵的认知容量，导致学生产生无关认知加工，增大认知负荷。因此，情境的创设不能独立于知识的学习，无论是生活中真实的情境还是串联课堂的虚拟情境，都应该与知识学习紧密联系，否则，伪情境的出现，既浪费教学时间，又会增加学生的学习负担。

本课例虽然重新创设了新的教学情境，却是基于教材的核心环节进行改编的，在知识重难点突破和有效建构环节，遵从学生的生活经验，选用熟悉的生活素材，结合学具、学习单的设计,让学生充分经历分类的全过程,同时借助多媒体设备,营造沉浸式的故事体验,帮助孩子们从生活数学逐渐过渡到抽象数学。这样的情境,才能对知识的巩固记忆发挥作用。当然,课堂上的分类体验毕竟还是虚拟的,课后仍然有必要让学生将所学的知识运用到生活中去,真正参与到房间分类整理、书包分类整理、书柜分类整理等实践中去,在真实情境中强化知识链,巩固记忆结。

三、进一步思考的问题

(1) 基于具身认知的视角,你会选择哪些游戏化教学策略应用于你的课堂?
(2) 对照上述 3 个案例,你觉得哪些课型更适合使用具身游戏化教学?

四、资源链接

[1] 殷明,刘电芝. 身心融合学习:具身认知及其教育意蕴[J]. 课程·教材·教法,2015,35(7):57-61.

[2] 王锃,张盼,岳晓东. 儿童认知发展与具身教育[M]. 北京:清华大学出版社,2022:1-10.

[3] Goldin-Meadows, Kim S, Singer M, et al. What the teacher's hands tell the student's mind about math [J]. J. Educ. Psychol, 1999(91):720-730.

[4] 西恩·贝洛克. 具身认知:身体如何影响思维和行为[M]. 李盼,译. 北京:机械工业出版社,2022:14-29.

五、学习分享

具身游戏对教学有辅助作用,主要的教学策略有肢体参与、感官调用以及情境创设,那么什么情况下可以用呢?

(一) 肢体参与

总的来讲,肢体参与策略比较受教学内容的影响,一般会根据教学内容的需要,在教学中嵌入肢体语言,如方向与顺序、测量、图形的运动以及图形与几何各元素特征等内容,是可以借助肢体的动作帮助学生理清各数学要素之间的差异的。

(二) 感官调用

由于学习是基于感知觉的,因此感官调用策略的应用是相对广泛的,可以不受课型的影响。每一节课,问题的提出、课件的制作、学具的使用,都可以从学习科学信息加工的角度出发,借鉴感官调用策略,选择最适合学生的学习方式组织教学。

(三) 情境创设

情境创设是小学数学游戏化教学中最常见的教学策略,也是目前游戏化教学策略中泛滥且暴露问题最多的,如情境拖沓、情境脱离、为了故事而情境等。好的情境是嵌入知识的,有效的情境是助力知识建构的,对学生造成认知负担的情境是不可取的。

【备课建议】

(1) 基于实际问题、真实问题创设大情境、提出大问题。

(2) 根据新知设计教师肢体引导语和学生肢体参与动作。
(3) 课件、教具、学具统一,多媒体技术同步辅助教学。
(4) 探究活动的规则要简洁,操作要简单,反馈要及时。

第二节 身体参与帮助理解

一、理念引领

阅读本节内容之前,请先完成以下热身活动:
(1) 身体、大脑和环境三者之间是如何相互作用提升认知能力的?
(2) 基于大脑信息加工原理,具身教学可以从哪些关键节点开展教学活动的介入?
(3) 具身视域下的小学数学游戏化教学如何落地实施?

肢体参与、感官调用、情境创设,是具身游戏最明显的特征,也是具身辅助教学最直接的介入策略。但是,怎样才能恰当使用,真正提高教学质量呢?需要进一步了解,身体参与是如何帮助大脑进行认知加工的。

从图5-4可以看出,认知是身体、大脑与环境相互作用的产物,外部环境的信息通过身体的感知觉系统传入大脑进行认知加工,环境与身体相互作用的产物"认知结果"又作用于外部环境,帮助解决生活中遇到的各项问题。因此,认知能力的提升,与环境的刺激和身体的感知觉能力密切相关。

再关联大脑信息处理模型(见图5-5),我们可以发现,具身教学可以从关注选择性注意、认知同化①和认知顺应②3个关键节点开展教学活动的介入。

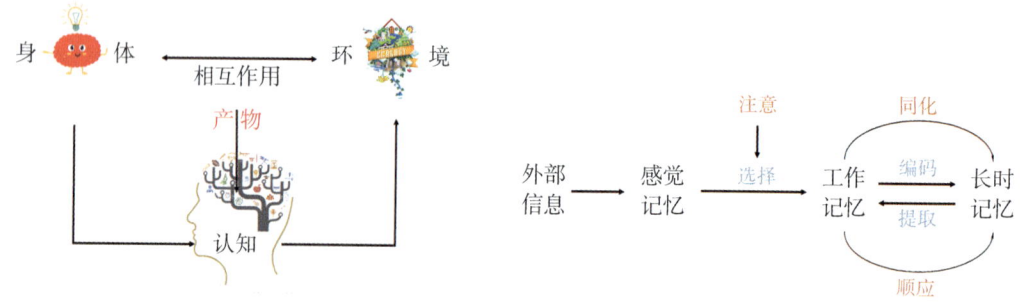

图5-4 具身认知概念结构图　　　　图5-5 大脑信息处理模型

由于工作记忆处理的信息有限,外部的信息必须通过选择性注意的过滤才能从感觉记忆中脱颖而出进入工作记忆中。因此,关注"选择性注意",通过物体的形状、颜色和结构等,将注意力集中于有意义的内容,可以减少认知的负担,促成学习记忆。

---

① 认知同化:将新信息融入到当前想法的过程。
② 认知顺应:改变已有想法,适应新信息的过程。

皮亚杰认为,儿童有意义的学习,是建立在同化和顺应两种认知方式的基础上的,即新旧认知是在周而复始的信息编码和提取中相互融合或打破重构的。因此,认知"同化"和"顺应",是学习极其重要的两个关键节点。

在认知同化的过程中,关注不同年段学生的心理发展特点,对学情进行精准的把握,调用学生已有的认知基础,能有效降低认知门槛,帮助学生将新知识更好地融入已有的知识体系中。

数学学习能力较弱的孩子,常常因为知识的学习缺乏内在的统一性,对概念的理解模棱两可,容易出现认知偏差,所以认知"顺应"的过程对他们来说特别困难。因此,厘清认知障碍,明晰错误根源,制造认知冲突,在设"坑"体验中帮助学生纠正误解,能有效地推翻错误认知。

那么,可以通过哪些教学环节优化环境刺激和感知觉能力,让大脑的认知加工更有针对性,促进具身视域下的小学数学游戏化教学更好地落地呢?借鉴北京师范大学李艳燕教授团队研究的EC-CT教学模型的构建,我们提炼了具身认知视域下的小学数学游戏化教学模型(见图5-6),主要分为输入、游戏圈以及输出3个阶段。下面我们通过课例来看看教学模型的具体实施。

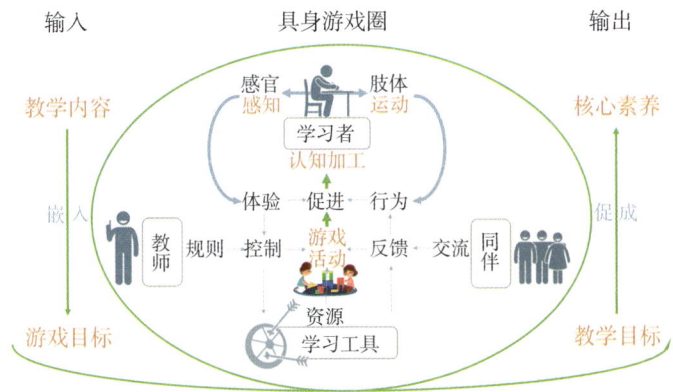

图5-6 具身认知视域下的小学数学游戏化教学模型

二、课例导读

"尺子变身记"一课,选自北师大版二年级上册第六单元"测量"第二课时"厘米"的认识。本节课是在学生学习了"比长短",初步形成了长度概念的基础上,认识长度单位"厘米"。"厘米"作为学生认识测量的第一个度量单位,是理解度量本质(包含度量单位的个数)的启蒙课,同时也是进一步认识"米""分米""毫米"等长度单位的重要基础。要求学生在测量活动中了解测量方法的多样性,经历不同方式测量物体长度的过程,体会建立统一度量单位的必要性,建立1厘米的空间表象,初步学会用刻度尺测量长度,能估测并选择恰当的单位表示物体的长度,发展数感、量感、空间观念。

因此,本节课跳出以往单课时教学重视测量技能的局限,对教学内容进行整体分析,强化对数学概念本质的理解。通过创设帮助刻度尺找回丢失身体的情境,让孩子们经历尺子诞生的全过程,了解长度单位的产生与来源,体会建立统一度量单位的重要性。基于"1厘米"的多维感知体验,引导学生经历用统一长度单位"厘米"测量物体长度的过程。最后,引导学生从不同功能尺的联系出发,在外表发生各种变化的新时代尺子中寻找不变的元素,帮助学生学会用整体的、联系的、发展的眼光看问题,形成科学的思维习惯,发展核心素养。

基于具身游戏化教学模型(图5-6),本节课的设计思路如下。

第一阶段:输入

输入阶段,主要是解读教学内容,设计游戏目标,将教学内容分解后嵌入到一层又一层的游戏目标中去,理清教学层次。这里的游戏目标与教学目标是一一对接的,只不过通过游戏化的外在形式开展学习活动。此环节需要重点关注学生的认知基础和认知障碍。

教学内容嵌入游戏目标时,一般可以选择列表法(见表5-1),通过情境创设提出总的游戏目标,再分游戏环节,制定子目标,而每一个子目标对标教学目标的实现,最终指向核心素养的提升。

表5-1 "尺子变身记"的教学总目标和子目标

尺子变身记		游戏目标	教学目标		素养目标
尺子隐身	总目标	寻找尺子丢失的身体	了解度量知识的产生与来源		数学眼光
尺子诞生		• 重演古人测量石头 • 有效比较测量结果	• 身体尺——建立度量的概念 • 工具尺——统一单位必要性	量感 数感 空间观念	
尺子具身	子目标	• 小棒找一找 • 尺子探一探 • 小棒估一估 • 尺子验一验 • 尺子用一用	• 感知1厘米有多长 • 建立1厘米空间观 • 培养估测能力 • 强化测量本质 • 应用测量技能		数学思维
尺子变身		寻找百变尺子 "变"或"不变"	尺子外表变了 度量本质不变		数学表达

其次,在分析教材编排意图之余,对学习前后的学生开展有针对性的前后测,了解认知同化与顺应过程中学生会遇到的困难,可以帮助我们提出更有针对性的问题、调整指导教学语言以及设计教学介入的手段。

比如,对已经学完本单元知识的学生进行抽样调查,以图5-7的内容进行后测分析,结果见图5-8。

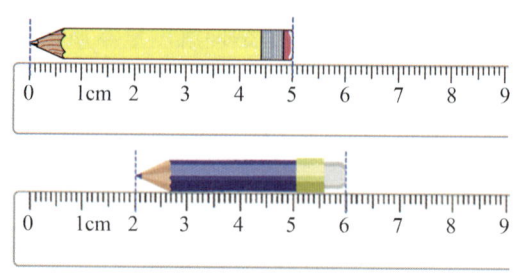

图5-7 后测内容

问题一：准确率 **71.1%**
问题二：准确率 **47.8%**

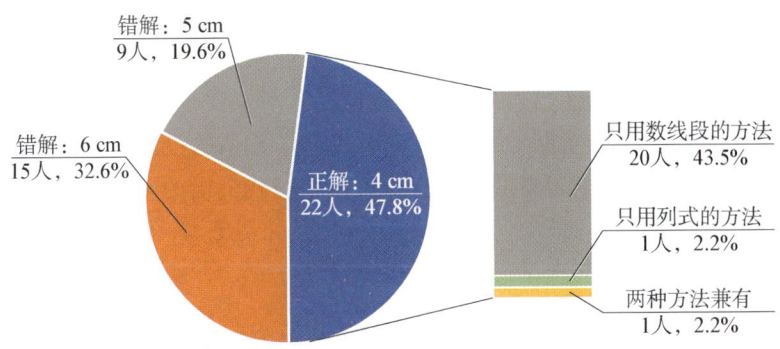

图 5-8 后测分析结果

从图 5-8 可以看出，常规的技能教学后，一半以上的学生对测量的本质概念依旧模糊。在学生眼中，尺子上的数字对测量结果并不具备清晰的指向性。技能的培养，只有建立在对学科概念理解的基础上，才有持续发展的可能，因此在启蒙课中，对长度测量含义（包含长度单位的个数）的建构十分重要。而为了加深对"包含""累积个数"的理解，在教学语言的使用上，可以通过多维的描述，如"里面有……""由……组成"等表达，让孩子们在模仿表达中加深理解。

第二阶段：具身游戏圈

游戏目标的输入启动具身游戏圈的循环，游戏圈的核心在于：学习者通过"感知运动"循环，与教师、同伴以及学习工具发生交互，促成认知加工。

如图 5-9 所示，首先，学习者通过感官体验去感知学习工具提供的信息，并在教师提出的游戏规则中有控制地操作学习工具。同时，学习工具作为一种具象的学习资源，在游戏活动中协助学习者构建解决问题的方案。此时，学习者通过学习工具可感知到信息的反馈，并自发地验证问题解决的方案是否合理。恰当的时候，再组织同伴交流，学习者在收到多方信息反馈后，会进一步操作学习工具，调整学习行为，在一遍又一遍的矫正中循环，直到问题解决，促成认知加工。

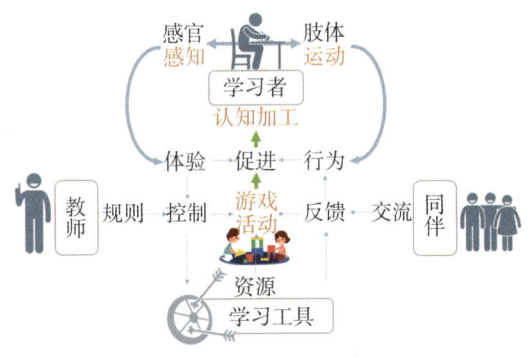

图 5-9 具身游戏圈

在这个循环圈中，教师、学习工具、同伴承担不同的角色任务。

（1）教师：提供任务"脚手架"以及引导学习者解读学习工具反馈的任务。因此，游戏任务的发布、游戏规则的约束、游戏反馈的介入、游戏评价的升级，都应该聚焦在帮助学习者将认知资源集中在解决的问题上面。

（2）学习工具：作为学习资源的载体，是否合理承载教学内容，利于教学问题的解决，便于学习者的操作理解，是学习工具选择的重要标准。

（3）同伴：是游戏社区交互重要的角色，竞争与合作关系的设定、交流形式的呈现、补充发言的价值都会在反馈中对学习者的操作行为产生积极或消极的影响。

那么，在具身游戏圈中，应该如何调用选择性注意，来处理学习者、教师、学习工具、同伴四者之间的关系呢？我们结合教学过程来分析。

课例：《尺子变身记》（授课教师：深圳市福田区东海实验小学李岚岚）

1. 创设情境，尺子"隐身"

师：孩子们，今天我们要走近一位熟悉又陌生的好朋友，他是谁呢？

刻度尺：同学们好，我是你们的好朋友刻度尺，因为贪玩，我把身体搞丢了，大家能跟我回到我诞生的地方，把我找回来吗？

师：可以吗？

生：可以！

【评析】选择卡通拟人刻度尺形象，拉近与学生的距离，简单的刻度线条对标学生对刻度尺模糊的认知，寻找丢失身体游戏目标的提出，直奔主题，明确挑战任务。

2. 操作体验，尺子"诞生"

（1）身体尺——建立度量概念

刻度尺：穿过时空隧道，我们来到古人生活的时代！

微课：父子三人外出打猎，途中看到一块大石头，他们想知道这块石头有多长？

思考:没有尺子、没有工具,可以怎么量?
生:可以用身体,或者我们身体上的一些部位。
生:还可以用他们手上的弓箭摆一摆。
师:你们想到了用身体部位和工具来测量,真棒!能具体说说用身体怎么量吗?
(课件链接出示学生提及的身体部位,邀请学生上台在白板上拖拽测量,演示测量的过程。)
生:(边说边演示)张开双臂,一个挨着一个去量,是两个人张开双臂那么长。
生:还可以从石头的一边走到另一边,算一算一共走了几步。
师:脚步?我试试。(演示一下。)
(课件出示步子大小不一致的测量,学生及时提出,每步应该一样长。)
师:重新开始用一样的步长去量,你们说说,这时石头有多长?
生:7步。
生:7个步长。
师:是呀,我们可以用身体一样长的部位作为标准去量。从石头的一边到另一边,最后用一个数量表示得到的长度。如第一个同学得到的两个人张开的双臂长,还有刚刚一起量出来的7个步长。
刻度尺:哇,我找到自己了!那时候,我存在大家的身体里,我是身体尺。古时候,人们将张开双臂的长度记为一庹,拇指跟食指之间的距离记为一拃,还有步长、脚长等,看!

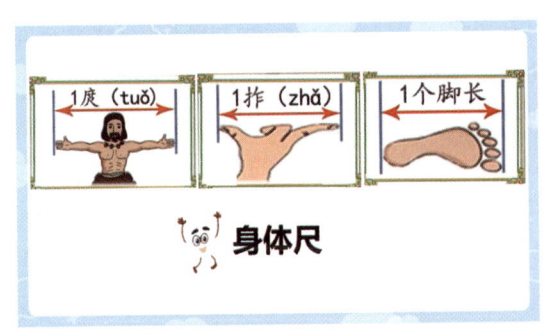

【评析】延续已有的情境故事,聚焦问题思考:没有尺子、没有工具,可以怎么量?在认识身体尺的过程中建立度量的概念。埃默里大学心理学教授劳伦斯·巴尔斯卢证实了,基于已有的认知基础,大脑认知系统对客体或者事件不在当前出现时,依然能构建出对其的具体仿真。所以,基于第一课时学生测量教室的身体参与,本环节仅利用信息辅助教学,让小老师在白板上演示测量过程,也足以调动全班孩子的肢体体验,加深长度测量概念的理解。

(2)工具尺——体会统一单位的必要性
微课:此时,父亲把两臂伸开,他一庹一庹地量,知道了这块石头的长是2庹;大儿子把手张开,他就一拃一拃地量,知道了石头的长是18拃;小儿子说,我可以用脚来量,他就这样量出石头的长是15个脚长。这时父子三人有些糊涂了,量的都是这块大石头的长,为什么量的结果不一样呢?

思考:同样一块大石头,为什么测量的结果不同?

生:他们用的身体部位不一样,长度也不一样。

师:要保证测量的结果可以比较,应该怎么办?

生:用同样的身体部位去量。

生:不对,不对,你的一庹和我的一庹长度也不一样啊!

生:用一样的工具,而且工具的长度也要一样,比如前面说的,都用一样长的弓箭摆一摆,就知道石头有多长了。

师:是的,测量时,物体长度的单位必须统一,不然就没法比较了。

刻度尺:原来,为了便于应用和交流,出现了统一的长度单位。把一个又一个的长度单位首尾相接地累加,再用数字记录累加的个数,标上刻度,我就变成了工具尺。

(微课同步演示刻度尺是由一个又一个统一的长度单位首尾相接拼合而成的,并增加刻度记录累积个数,从无到有生成刻度尺。)

【评析】本环节用微课小结承接上一环节的故事,并提出新的思考问题:同样一块大石头,为什么测量的结果不同?倒逼学生思考如何保证测量结果的可比性,引出工具尺的产生,体会统一单位的必要性。最后,又用微课重现刻度尺从无到有的生成。刻度尺作为故事的叙事者,通过微课工具的讲解、音效、图像,与学生产生交互。认知冲突的产生与解决,都是基于多通道的信息摄入,降低认知同化的门槛,短平快地解决问题,保证了教学节奏。

3. 多维建构,尺子"具身"

(1)小棒找一找——感知1厘米有多长

师:那,用什么统一的长度单位好呢?

生:厘米、分米、米……

师:我们先来认识厘米,1厘米有多长?跟你的同桌比一比。

(学生分别用手势比出长短不一的1厘米。)

师:请观察透明学具袋里的小棒,只取出你认为是1厘米长的那一根。

(学生分别取出自己印象中的1厘米小棒,大部分取出黄色小棒,小部分取出蓝色小棒。)

师:到底谁拿出来的才是1厘米呢?请拿出尺子验证一下,没取对的同学再调整。

(学生拿出尺子比对,拿错的孩子自行矫正对1厘米长度的认知,取出黄色小棒。)

师:将黄色小棒放在拇指和食指之间,再仔细感受一下,1厘米到底有多长。

(2) 尺子探一探——建立1厘米空间表象

① 比一比

师:用小棒比一比,尺子上的1厘米藏在哪?

(先独立找,再全班交流,交流时发言的学生边说边比,教师同屏直播学生的演示。)

生:从0到1,这个长度是1厘米。

生:还有1到2,2到3,9到10,两个数字之间的长度是1厘米。

师:你的意思是,尺子上两个数字之间的长度都是1厘米,这个表述准确吗?

(课件同步批注,圈出数字0和2。)

生:不准确,是尺子上相邻两个数字之间的长度才是1厘米,像0到2,是2厘米。

师:为什么是2厘米呢?

生:因为从0到2,有2个1厘米,就是2厘米。

小结:也就是两个数字之间,包含有几个1厘米,长度就是几厘米!

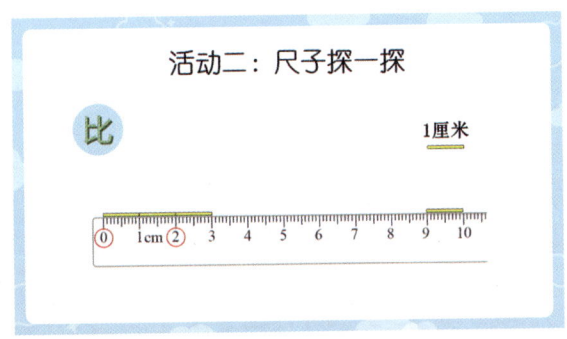

② 说一说

师:从0开始数到最后一个数字,跟你的同桌说一说,你的尺子上包含几个1厘米,总长度是几厘米呢?

(同桌交流后,再聚焦课件上的尺子,全班一起说。)

全班:从0开始数到10,尺子上包含10个1厘米,所以总长度是10厘米。

③ 想一想

师:请再一次举起1厘米的黄色小棒,看一看,记一记1厘米的长度,再把它放进学具袋里。

师:现在,没有具体的小棒拿着比一比,你还能找出生活中大约1厘米的物品吗?在脑海里想一想,再说一说。

(当发言的学生描述过程时,引导其他学生想一想,伸出手比一比。)

生:手指的宽度大约是1厘米。

生:铅笔上橡皮擦那一段,长度大约是1厘米。

生:嘴巴最中间这部分的厚度大约是1厘米。

(3) 小棒估一估

游戏规则:我出牌,你举棒。

师：请拿出学具袋里所有的小棒，准备好的同学用坐姿告诉老师！

（伴随着音效，课件先后出示卡牌，1厘米、2厘米、3厘米、5厘米、8厘米，学生按要求操作，每操作一轮，4人小组互相看一看是否有不同，没有不同则进入下一轮，有不同则小组讨论纠错。）

（4）尺子验一验

师：8厘米，有红色、绿色和白色3种小棒，出现了很多不一样的选择，怎么办？

生：用尺子检查。

师：请拿起尺子，量一量你举起的小棒，是由几个1厘米组成的？

（教师巡视，拍照投屏学生的测量结果。作品展示前，要求学生将小棒和尺子移动到右上角，坐端正。）

作品展示

① 绿色小棒（8厘米）：出示正误2种不同的测量方法，强调对齐0刻度。

② 红色小棒（7厘米）：出示2种不同的测量方法，分析起点不是0，怎么看测量长度。

③ 白色小棒（9厘米）：出示正确的测量方法，总结测量与起点非0判断长度的方法。

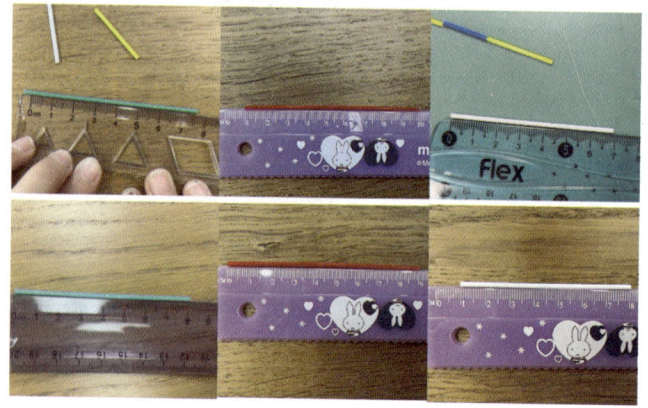

（作品讲评后，邀请一名学生上讲台拖动小棒，展示测量3根小棒的过程，台下学生跟着一同操作检验，强化后收起小棒，交给组长。）

小结：测量时，对齐刻度线，物体长度包含几个1厘米，就是几厘米。

（5）尺子用一用

师：我们会用尺子量了，那试试用尺子画线好吗？

要求一：用普通尺子画一条长4厘米的线。

（教师巡视，拍照投屏学生的测量结果。）

作品展示

① 只画线，没任何标注，发现不好确定长度是几厘米。

② 线由3格组成，标出4个点，强调4厘米由4个1厘米组成，不是标出4个点。

③ 画线，标出起点和终点以及长度4厘米。

④ 画线，按1厘米分成4小格，并标出长度4厘米。

第五章 具身游戏:在身心交融中感知,建构多元表征

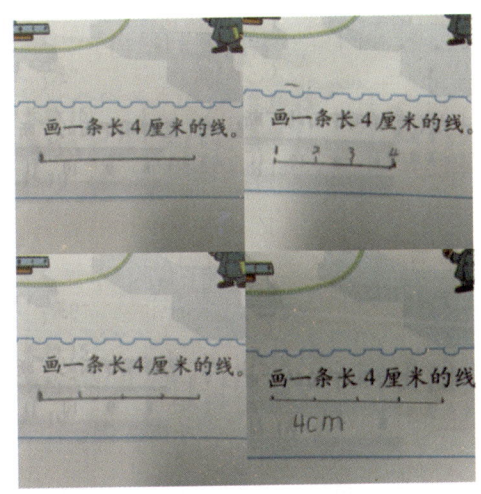

师:比较4幅作品,你更喜欢哪种画法?

生:第③幅和第④幅,因为能清楚看出画出的线的长度。

(作品一张张展示,通过生生思辨不断补充画线的注意点,师生一同小结画线过程,最后组织全班学生在自己原来画法的基础上完善。)

要求二:用断尺画一条长4厘米的线。

师:没有了0刻度,还能用尺子画出一条4厘米的线吗?

(学生小结画几厘米线的方法,借助希沃蒙层擦拭功能,请小老师演示断尺问题:如何在确定起点后,画出4厘米的线。)

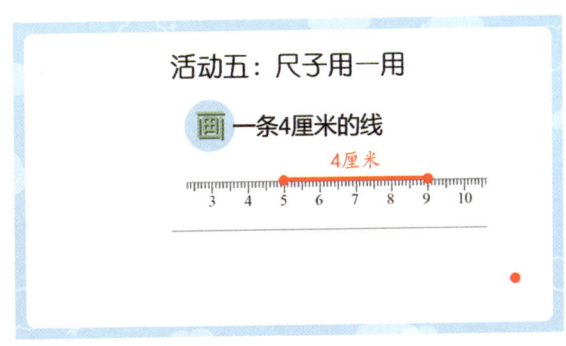

小结:画线时,标起点,画几厘米的线里面就包含几个1厘米,最后标上终点和长度。

【评析】本环节中,尺子的具身建构是多维的,涉及多活动的组织、多学具的操作、多方面的交流,课堂节奏的流畅与教学组织密切相关。

如图5-10所示,从教学过程可以看出,活动主题均以"学具名称+动词"命名,有助于学生各环节学具的切换使用;其次,用一字动词规范游戏规则,能有效降低学生的操作认知负荷;再者,用不同颜色区分不同长度的小棒,在抓住注意力的同时,方便游戏反馈和同伴之间的表达交流。操作过程,独立完成、同桌核对、小组纠错和全班共学多种教学组织形式因需而设;全班共学环节,利用教学平台的交互性,巧用"链接""擦拭""克隆""拖拽"等功能,让

每一次演示都随学生的表达而生成，实现教具、学具一体化。教师适时问题的抛出，学具操作指令的下达，肢体语言的介入，学生生成的梯度展示，指向知识本质的小结，开启了学生"感知—反馈—运动"的认知循环，无形中一步步推动着学生思维的发展，促进生成认知加工。

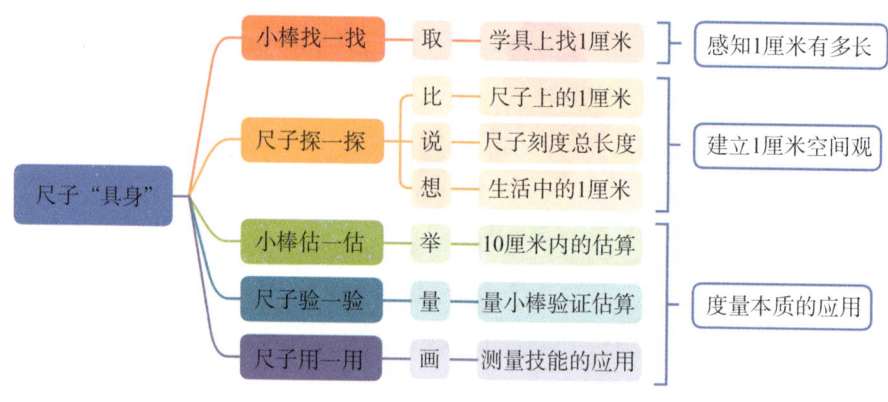

图 5-10 "尺子变身记"的教学过程

4. 升华本质，尺子"变身"

刻度尺：同学们真厉害，把我研究得透透的，那你们知道我还有哪些样子吗？

思考：生活中，你还见过哪些尺子？

生：卷尺、米尺、软尺、游标卡尺……

师：是啊，随着生活的各种需要，尺子有了各种各样的样子。随着科技的发展，尺子甚至没有了它本来的样子。你相信吗，老师的手机也是一把尺子，看！

（同屏演示用手机测距 App，以厘米为单位测量教室黑板长度的过程，学生哇声一片。）

生：老师，我还知道有一种红外测距仪，那也是尺子。

（课件播放红外测距仪测量视频。）

师：孩子们，随着时代的发展，尺子不断地在变化着样子。但是不管尺子怎么变，都有着核心不变的地方，你们知道是什么吗？

（提问时，教师肢体有意地指向板书，引导学生思考测量最本质的特点，对本节课的学习进行回顾总结。）

生：用统一的标准、固定的长度单位去量。

生：1厘米的长度不变。

生：量的时候都是对齐起点，看到终点中间包含几个1厘米。

师：是啊，无论是你手中的直尺，还是我的米尺，甚至手机上的测距仪，1厘米的长度都是一样的，是全世界共同约定的。

师：只有用统一的长度单位作为测量标准，才能保证测量结果统一，方便交流。

生：那米就是用来测量更长的东西，大家统一约定的长度单位咯。

师：是啊，米是比厘米更大的长度单位，我们下节课会继续探究……

【评析】经过尺子"诞生"和"具身"两个环节的学习，关于具象尺子的研究已然落幕。只是，学习之路是无止境的，知识在迭代的过程中，也影响着工具的变化。本节课最终给学生留下的,应该是除去技能之外最本质的解决问题的方法。本环节,正是借助多种形态的尺子外衣,特别是新时代测量技术带来的视觉冲击,引起学生深思:不管尺子的样子怎么变,不变的是度量的基本方法,是统一的长度单位,是度量的核心本质,为后续度量相关知识的学习奠基。

第三阶段:输出

无论是输入的设计还是游戏圈的循环,游戏目标的实现都是与教学目标一一对接的。此阶段,在教学目标基本达成的前提下,需要关注知识的结构化,在最后的梳理总结中帮助学生联结断点、串联散点、续生发点。实际上,游戏圈中学习者一旦进入"感知—反馈—运动"模式,注意力就得以维持,认知的同化顺应也不断重构,4维交互促就能动学习,数学眼光、数学思维、数学语言得到全面的开发,教学目标的实现自然促成核心素养的提升。

基于具身认知视域下的小学数学游戏化教学模型(图5-6),我们设计并打磨了"尺子变身记"这节课。从"输入"阶段的教材内容解读和学情解读,一一对标了游戏目标、教学目标和素养目标(表5-1),再通过教学环节的详细解读,阐述了"具身游戏圈"中学习者、教师、学习工具(课件与学具)以及同伴之间的交互,尽可能发挥具身感官和具身动觉感受,调用身体和认知加工经验,最终实现教学目标,促成核心素养的"输出"。

教学设计上,重视知识体系的结构化,分明暗两条线开展教学。明线利用指向情境交互的"具身性"营造沉浸体验,设计尺子"隐身""诞生""具身""变身"的故事线;暗线则由度量核心知识组成,从"度量概念"的建立到理解"统一单位的必要性",再到"1厘米空间观"的建构,最后到"度量本质的升华",表面看似研究尺子的发展历史,却暗含对度量知识的探索。只是,教学过程即便尽力做到了科学设计,但是对教材的理解、整合改编以及教学目标的落地,肯定无法做到尽善尽美。同时,1厘米空间观的建立,核心素养的培养,并不是一节课就能达成的。因此,对比不同教学设计学生的后测情况,思考本节课的学习为后续课时带来哪些效应,调整后续课时编排设计也是有必要的。单元整体教学也应该是能动的教学。

三、进一步思考的问题

(1) 结合"具身游戏圈",谈谈在教学过程中,学习者、教师、同伴和学习工具之间的交互还有哪些一般的方法?

(2) 围绕新课标提出"量感"的3个核心内涵(直观感知、单位选择、大小估计),借鉴课例1中具身游戏圈的设计,试试设计二年级下册"寻找身体的数学秘密"这节课。

四、资源链接

[1] 叶浩生.具身认知:认知心理学的新取向[J].心理科学进展,2010(5):705.

[2] 理查德·E.梅耶.应用学习科学——心理学大师给教师的建议[M].盛立群,丁旭,钟丽佳,译.北京:中国轻工业出版社,2022:34-37.

[3] 丹尼尔·L.施瓦茨,杰西卡·M.曾,克里斯滕·P.布莱尔.科学学习:斯坦福黄金学习法则[M].郭曼文,译.北京:机械工业出版社,2021:110.

[4] 李艳燕,胡婉青,黄睿妍,等.具身认知视角下面向幼儿的计算思维游戏化教学模型构建与应用[J].现代教育技术,2022,32(12):109-117.

[5] 中华人民共和国教育部.义务教育数学课程标准(2022年版)[S].北京:北京师范

大学出版社,2022:89-92.

[6] 王铿,张盼,岳晓东. 儿童认知发展与具身教育[M]. 北京:清华大学出版社,2022:102-103.

五、学习分享

在"具身游戏圈"中,学习者、教师、同伴和学习工具之间有很多交互活动,有经验的老师也有很多优质的教学策略可以梳理分享,这里以学习工具和学习者之间交互抛砖引玉,简要分享。

基于"具身游戏圈",学习工具和学习者之间存在"资源→活动→促进"3个方面的链接,在设计过程中可以参考以下的一般原则。

(1) 资源方面:利用学习工具(教学平台、教具、学具等),创设有效学习环境,帮助学习者通过物理或者心理的感知,启动"感知—运动"循环,在交互过程中进一步开启"感知—反馈—运动"模式,进而更有针对性地操作学习工具,帮助学习者实现更高级的学习活动,达成学习目标。

(2) 活动方面:一般遵循规则易理解、学具易操作、感官多参与、交流渠道多、难度梯度增等原则。

(3) 促进方面:制定目标清晰的"脚手架",通过活动指令的发布、个人(小组)学习单的介入、分享交流平台的搭建,有层级地促进数学思维的多维建构。

第三节　具身设计辅助教学

一、理念引领

阅读本节内容之前,请先完成以下热身活动:
(1) 具身游戏设计受哪些因素的影响?
(2) 不同的影响因素怎样使用才能促进具身游戏课堂的实施?

具身课堂游戏,学生是在具身游戏圈(见图 5-9)的一次次"感知—反馈—运动"循环中形成知识的建构,其中,对学生学习效果影响最大的是与学生形成交互的教师、学习工具和同伴。因此,具身游戏的设计,需要考虑教师、学习工具以及同伴如何促进学习者的学习。又因为具身感官和动觉体验都会影响学习者的心理模拟动机和效果,所以,感官和动觉体验是影响具身游戏有效性最大的因素。基于此,围绕数学游戏进课堂设计的六大基本要素,我们提出具身课堂游戏设计的基本模型(见图 5-11)。

在这六大要素中,前三个要素,即游戏目标、游戏情境和游戏名称是教师教学设计的主要抓手,它们都是教学任务推进过程中为学生搭建的"脚手架",是教学内容结构化的主要载体。其中,游戏目标指向具体任务,游戏名称助力知识的记忆编码,游戏情境提供知识检索路径,它们架构起具身游戏学习圈的基本雏形。

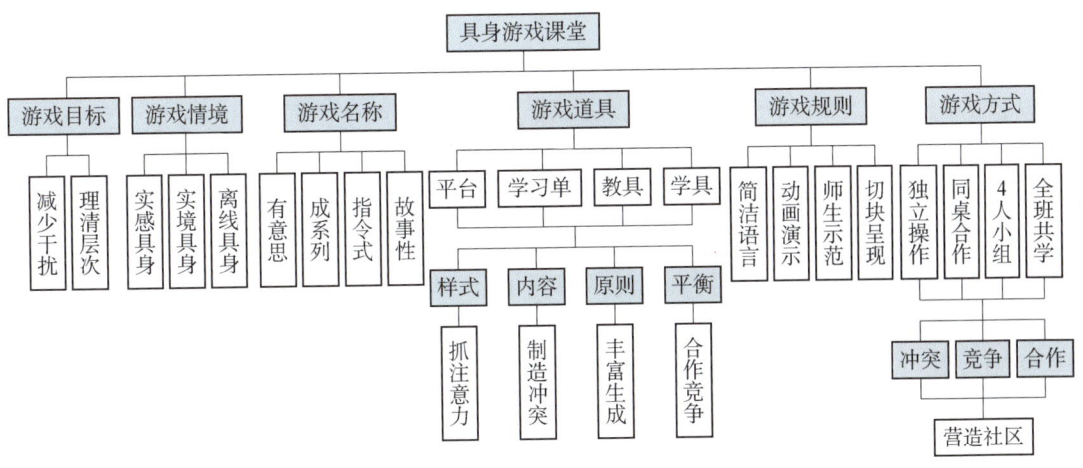

图 5-11 具身课堂游戏设计模型

游戏道具和游戏规则,指向的是学习工具的设计、选择和使用。其中,游戏道具的设计,需要紧紧围绕游戏目标的达成而考虑样式、内容和玩法等;游戏规则的组织则涉及语言表达的简洁、规则动画的呈现、师生互动的形式。它们是学生"感知—运动"循环的媒介,是具身游戏学习圈中的通道。

最后,游戏方式指向的是课堂教学过程中的信息交流,是学生"感知—反馈—运动"循环中反馈信息的主要来源。核心在于合理使用独立完成、同桌合作、小组互助、全班共学等交流方式,适时搭建学习社区,在冲突、竞争与合作交织中达成学习目标,是整个游戏循环圈中流动的血液。

只有游戏课堂设计六要素高效协同,才能促成具身游戏循环圈的动态运转,实现认知"输入—加工—输出"一致化的终极目标。

二、具身课堂游戏设计

在具身视域下,这 6 个要素是如何具体落实,高效发挥它们的作用,从而辅助教学的?我们结合案例来谈。

(一)游戏目标

游戏目标是游戏化教学的灵魂。基于学生的认知基础,一一对标教学目标,理清教学的层次,最终促成核心素养的达成,是游戏目标的基本要求。在实际教学中,可以通过模块化的教学设计和列表梳理,制定游戏目标。

例如,北师大版二年级上册第六单元"测量"第二课时"厘米"的认识一课。从表 5-1 可以看出,本节课由课题"尺子变身记"的情境统领,按"尺子隐身""尺子诞生""尺子具身""尺子变身"4 个模块设计教学,每一模块的游戏目标对标着教学目标的实现,而每一教学目标的落实,也直指数学核心素养的达成。在教学过程中,目标的达成是遵循自左向右的逻辑线层层推进的,设计却应反其道而行。在通读教材和教学指导用书后,教师须站在高位,以数学核心素养、数学基本思想的渗透为立足点,去思考本节课的教学目标,在教学目标的指引下梳理教学环节,进而明晰每个环节的游戏目标,最后构建大情境来串联整节课。

（二）游戏情境

学习者所处的情境和场景、感官情绪体验以及参与的身份和角度卷入都会影响其心理模拟的效果和强度，所以，不同的具身认知情境会对学习者产生不同的具身效应。具身认知情境可以是真实存在的，也可以是虚拟创设的，我们可以根据教学内容和不同年段学生的心理发展特点创设合适的教学情境。一般分为实感具身、实境具身和离线具身3种类型。

1. 实感具身

实感具身是指将学习者放到真实的学习背景下，基于现实条件，创设真实的教学情境，让学生在真实的环境中直接接触实物，体验建构知识。如"寻找身体的数学秘密"一课，组织学生"找一找，标一标""量一量，填一填""估一估，算一算""想一想，写一写"，用4个体验活动将整节课串起来，调用具身感官和动觉系统促进认知建构。

2. 实境具身

由于教学空间的限制，实感具身的实现常常存在困难，但是基于人脑的表象能力，在缺乏实物接触的网络情境中，视觉和听觉技术可以激发其他感觉通道的感知，弥补触觉、嗅觉和味觉体验的缺失。因此，可以创设"还原"的情境，让学习者通过接触事先创设的情境还原体验感，使其产生感同身受的具身效应，实现实境具身。如北师大版一年级上册"整理房间"一课，创设的"淘气和笑笑的一天"的故事情境，通过旁白对话、故事动画、虚拟道具、模拟情境，在教室里实现了实境具身。

3. 离线具身

埃默里大学心理学教授劳伦斯·巴尔斯卢证实了大脑的认知系统对不在眼前出现的事物，可以基于原有的认知，构建出事物具体的仿真。因此，不依赖具体的情境营造，基于个体自身的经验，通过语言描述、音乐萦绕、冥思幻想等方式也能唤起学生的心理想象和亲身经历，实现离线的具身效应。

由于高年级的数学课堂思维含量高，探究味道浓，需要留出足够的时间让学生充分经历"观察—发现—分析—归纳—验证"的过程，因此，高年级的游戏课堂一般会弱化游戏情境的营造，选用短平快的离线具身策略，单刀直入地探究内容。例如，北师大版四年级上册"乘法分配律"一课，给出教材的情境图，基于日常生活中接触的贴瓷砖问题，学生自然地能从真情境中发现真问题，开展真探究。

（三）游戏名称

游戏名称是教学结构的统领，好的名称有助于学生理清学习目标，帮助学生对知识进行记忆的编码和检索，在认知的同化和顺应过程中减少认知负荷，为学生知识的建构和梳理打上记忆结，串起知识链。好的游戏名称可以从以下4个维度切入设计。

1. 有意思

广东省姚铁龙名师工作室团队曾围绕游戏名称做过实证研究，证实了同一个内容、不同的游戏名称对学生学习内驱力的影响是不同的，有意思的游戏名称能调动学生的学习兴趣，抓取学生的注意力。例如，关于匹配的练习，取"连连看""对对碰""抓间谍"3个游戏名称，学生对"抓间谍"的好奇与参与欲望是最强的。

2. 同系列

同款系列名称能很好地串联教学结构。例如，胥倩雯老师在执教五年级上册"分数基本性质"一课时,就用3个版本的对对碰游戏串联起了一整节课,每一个阶段的对对碰游戏目标对标教学目标的实现,在知识回顾"聊聊分数"环节,大部分学生可以很清晰地对3个版本对对碰游戏所学的知识进行总结回顾。

分数基本性质	游戏目标	教学目标
对对碰 1.0	分数、小数、除法等数字牌相等的牌碰一起	·联系分数和除法的关系 ·渗透商不变规律的联系 ·找到等值分数并验证
对对碰 2.0	相等分数图形卡牌对碰	·探索揭示分数基本性质
对对碰 3.0	相等分数牌对碰	·应用基本性质解决问题 ·联系小数基本性质、分数基本性质、商不变规律

3. 指令式

游戏活动常常会涉及学具的操作、活动要求的变更,很难要求学生能百分百跟上教学的节奏,每一步都按要求操作。此时,可以设计指令式的游戏名称,它可以快速帮助学生明确操作要求。如在"展开与折叠"一课中,"探究达人""互通有无""火眼金睛""分类大师"4个游戏名称,就可以很清楚地让学生知道每个游戏环节的核心任务是什么。

4. 故事性

游戏化教学中多维教学情境的设置,能激发学习者的探索、求知欲,实现人境交融。用故事线串联起一节课,能促使学生在"真实"的情境中潜移默化地发展,经历知识产生的全过程,达到知情意行的和谐发展。如"尺子变身记"一课,"尺子隐身""尺子诞生""尺子具身""尺子变身"4个环节,很好地概括了尺子产生的全过程,有助于学生对测量本质的理解概括。

(四)游戏道具

在具身游戏圈中,工具是学习活动交互的重要对象,它需要考虑教学内容的契合度,配合教学活动的开展,方便教学的组织,以及推动知识理解的深入,是游戏化教学设计最重要的一环。游戏道具并不仅仅指学生手中操作的学具,在整个游戏教学组织过程中涉及的操作用具,都属于游戏道具,如教学平台、学习单、教具、学具等。虽然它们对教学辅助的作用不一样,但在设计时是有很多共性的。

4项工具都需要重点考虑涵盖的内容、设计的样式、使用的原则和学力的平衡。在内容设计时,需要考虑学生学习的辨析点、疑难点、出错点和生长点,制造认知冲突,为教学的生成提供争辩的话题。而样式设计则需要考虑材料、大小、颜色等,以便提高辨析度,进而有效抓取学习者的注意力。在使用方面,一定是易取易收,同时能协助试错、可重复操作,并且便于分享。最后是学力平衡,鉴于每个孩子的学习能力是有差异的,若游戏的胜负是为学霸量身定做的,势必会降低部分孩子的兴趣。因此,增加游戏胜负的随机性,制造讨论的素材非常有必要。下面来看具体的案例。

1. 教学平台

基于游戏教学组织形式的不同,在全班共学环节,教学平台就是集体共玩的游戏道具。首先,它是情境创设的载体,推动着教学的发展;其次,它是电子游戏必不可少的工具,使用特别方便,像需要短平快处理获得即时反馈的教学环节,教学平台就是最好的工具。借助平台的声像效果、人机交互可以实现感官具身,如课前热身游戏、课中冲突游戏、课后反馈游戏等。

案例1:课前热身游戏

在执教北师大版一年级下册"20以内的加减法"单元内容时,为承接上一节课的学习内容,我在课前设计了"口算炸弹"的游戏。

游戏规则:快速口算出飘过的算式结果,出现炸弹时需要快速抱头趴下,反应慢和答错的淘汰。

北师大版一年级下册"20以内的加减法":口算炸弹

课前热身游戏主要是回顾旧知,调用学生已有认知基础,激发学生学习热情,知识难度偏低。运用教学平台的集体出示,结合动画和音效,带起了游戏节奏;同时,炸弹的随机出现,在紧张的游戏氛围中抓住学生的注意力,实现全班参与巩固练习的效果。

案例2:课中冲突游戏

北师大版四年级上册乘法分配律一课,学生通过充分的探究总结归纳出乘法分配律后,对为什么学习乘法分配律,以及它运算价值的认识并不深刻,因此,设计"男生女生大作战"课中游戏,游戏规定男女生必须按照四则运算顺序计算综合算式,游戏过程男生总是比女生快速得出结果,借助游戏结果的不公平,引发学生思考问题的关键点,体会乘法分配律的运算价值。

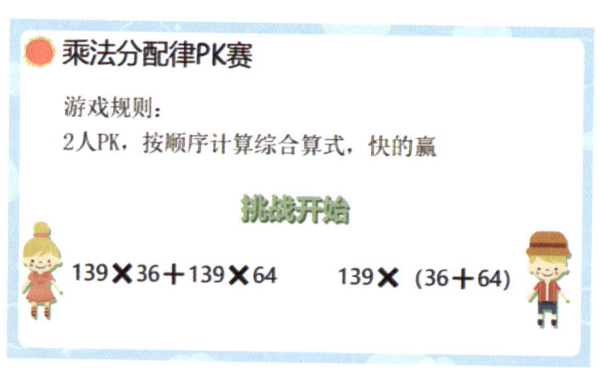

北师大版四年级上册"乘法分配律":男生女生大作战

教学过程中,巧设"认知冲突"是为了引出教学讨论点,人机交互引发的集体学习,才能诱导更多的孩子发出"为什么",进而得到"原来是这样"的结论,也只有这样,学习才能真正发生。

案例 3：课后反馈游戏

北师大版四年级下册"观察物体看一看"一课，在经历了直观摆方块、电脑呈现翻转面、脑海空间想象、你搭我画等环节后，学生基本建立了 4 个方块搭建图三视图的空间表象，因此，在课末设计"方块变变变"的 PK 游戏，可以快速筛选出学生依旧存在困难的搭建图，并通过游戏策略的分享再一次巩固辨析。

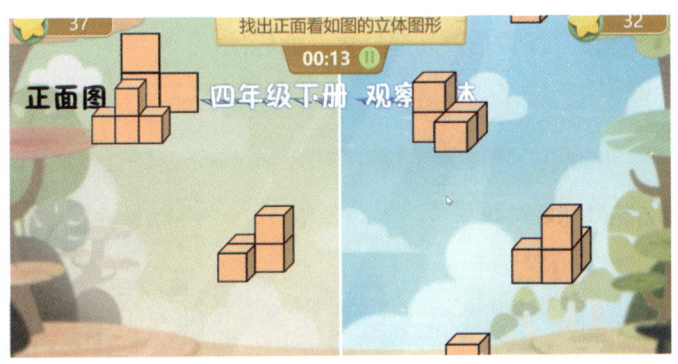

北师大版四年级下册"观察物体看一看"：方块变变变

无论是课前、课中还是课末，在需要全班共学的环节，教学平台都可以作为电子游戏的载体，调整教学节奏，实现即时反馈。

2. 学习单

数学是一门需要严谨思考的学科，在课堂上用写一写、画一画的方式呈现学习成果，让思维可视化，是必不可少的环节。因此，学习单是具身游戏圈中学习工具与学习者交互结果记录的重要载体。

案例 1：小组学习单

在北师大版五年级下册"分数基本性质"一课，探究分数基本性质"对对碰 2.0"游戏环节，需要小组合作完成对对碰游戏，并从卡牌中找出 4 组相等的分数记录在学习单上。学习单是根据学生的座位进行设计的，便于 4 人小组同时记录与分享，并且用色块区分红、蓝两种颜色的卡牌分数，引导孩子们将红色卡牌对应的最简分数写在第一格，便于后续的交流分享。

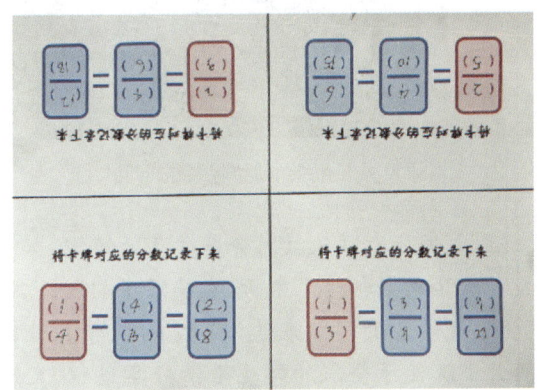

北师大版五年级下册"分数基本性质"

无论是学习单的内容,还是排版设计,每一个细节都影响着学生的思考、填写习惯,以及沟通交流。

3. 教具

数学游戏课,游戏是为教学服务的,游戏活动触发的数学思考是教学的重点。不同的孩子在学习进程中往往会呈现出差异,而教具就是统领学生探究过程方法多样性的有效工具。在展示环节,怎样准确把握住学生的差异,有智慧地将其转化为推动课堂教学的正能量,让师生、生生之间产生有效的对话,是教具选择重要的标准。

案例1:教学具的统一

北师大版三年级上册"搭配的学问"

教学课件的配图、学生实物操作的学具以及上台演示的教具,无论是颜色还是样式,都是统一的,能有效提高学生思维表达的精确性。

案例2:优劣教具的对比

北师大版五年级下册"包装的学问"

包装的学问来源于生活,大部分老师执教时会基于生活情境,如用牛奶的包装问题引入本节课的探究,因此,学具和教具也会取材于生活,直接用牛奶瓶。实际上,花花绿绿的包装瓶并不利于数学探究,也会干扰学生的思维表达,因此,对教学具进行数学加工是很有必要的。上述案例中的教具的大小既便于全班的学生看清分享过程,又通过颜色的区分助力学生关于重叠面的精确表达,真正实现教具的价值。

4. 学具

学具是最终落在学生指尖上的工具,也是游戏道具中具身性最强的一类。每个学生都能拿起来看一看、摸一摸和玩一玩,看似随性的"看""摸""玩",却承担着诱发认知冲突、开辟学习路径、探索解决问题方法以及反馈探索结果的任务,是打开数学思维最直接的工具。学具的使用,是多感官组合调用策略最核心的一环。

案例1:学具内容

北师大版五年级下册"分数基本性质"

"对对碰2.0"的游戏卡,分数的选择和设计极具迷惑性,搭配组合的多种可能,为学习分数基本性质的讨论提供了丰富的内容和素材。

案例2:学具样式

北师大版四年级下册"观察物体"

学具的样式多种多样,如木头方块、塑料方块和磁性方块等,不同样式各有优劣。而"观察物体"这一单元,学生需要重点研究方块搭建立体图形的三视图,因此选择3面颜色不同且带有磁性的方块更为合适,既能用颜色突出3个不同的观察面,磁力又能保证搭建图不容易散架掉落,方便操作。

案例3:学具使用

"展开与折叠"需要探究正方体所有的展开图类型,卡扣智慧片比卡纸和磁力片更优,除了使用方便外,还便于学生试错和丰富教学生成。

北师大版五年级上册"展开与折叠"

教学平台、学习单、教具和学具在每一个教学环节中都是配合使用的,涉及的内容、字体、图样等都应与情境保持一致,贯穿整节课。只有四位一体,保持一致,才能推动具身游戏圈的顺畅循环。

(五)游戏规则

游戏规则主要指向游戏道具的使用。对于规则比较简单的游戏,能用简洁的字词描述的,可以直接在教学课件中用简短的语言呈现;而相对复杂,有小组竞争与合作的规则,可以借助微课动画呈现;对于全班一同参与挑战的活动,可以安排师生现身示范,避免踩坑之余还能活跃气氛。另外,还可以将终极游戏规则拆解成几个游戏环节,在低阶游戏挑战中深化对游戏规则的理解。

(六)游戏方式

游戏方式主要指向课堂的组织,即如何合理使用独立完成、同桌合作、小组互助、全班共学等方式搭建学习社区,在营造冲突以及同伴之间竞争与合作的交往中达成学习目标。每种游戏方式具体怎么用,适合在哪些环节用,可以参考第一节课例2"展开与折叠",这里不再赘述。

具身课堂的游戏设计,需要考虑以上6个要素,而在教学设计时,课堂内容与组织的多样化也是非常重要的。但是在设计数学游戏时,不是给到学生的要素信息越多教学的效果就越好,因为过多的元素会分散学生的注意力,使其脱离数学学习本身,对学生知识的摄入造成干扰。因此,根据教学内容的不同需求选择不同的游戏设计元素,从听觉、视觉、触觉等多个角度有针对性地选择游戏设计元素,丰富数学课堂,充分调用具身感官与动觉系统,才能达到更好的教学效果。

三、进一步思考的问题

(1)具身设计辅助教学要避免踩哪些坑?还有哪些发散设计思路的基本方法?

(2)从具身认知理论出发,借助游戏化教学策略,优化一节以往的公开课吧!

四、资源链接

[1] 艾兴,李苇.基于具身认知的沉浸式教学:理论架构、本质特征与应用探索[J].远程教育杂志.2021(5):55-65.

[2] 王瑞明,莫雷.知觉符号理论刍议[J].华东师范大学学报(教育科学版),2020(1):

36-41.

五、学习分享

在设计教育游戏时,常常会出现教学情境与教学内容脱节、游戏元素滥用、游戏组织混乱、游戏活动无效等情况,那么怎么才能避免踩坑呢?最直接的方法就是,每设计一个教育游戏,多问几遍为什么。例如,游戏情境是否推动教学内容的深入?游戏元素的使用是否影响了教学节奏?游戏的组织形式是否合理?游戏的活动是否促进数学思考?要站在学生的视角优化六要素的设计,在第一稿教学设计后回看教学录像、回收学习单、设计后测和访谈活动等,了解学生的学习效果,进一步优化课堂教学设计。

好的具身游戏能让学习者在不知不觉中完成设计者的任务。那么,还有哪些发散具身游戏设计思路的基本方法呢?

第一,类比法:借鉴已有的成熟游戏模型进行类比改编。

第二,替代法:寻找相同属性的游戏工具,微调基本要素,进行替换。

第三,重构法:打破原有的游戏元素,对其进行拆解、列举、组合、优化、调换,或用相反的思路试试等。

第四,预见法:预见学习者将有哪些行为,逆向设计游戏指令,诱导学习者的行为。

第五,抓心理:利用学习者的挑战、奖励、期待、不协调和自我认可等心理,设计游戏活动。

第六章
编程游戏：在技术融合中应用，增强创新意识

第一节 编程游戏促进学生的思维发展

一、理念引领

阅读本节内容之前，请先完成以下热身活动：
什么是编程游戏？它在小学数学课堂教学中如何促进学生的思维发展？

编程是计算机领域的一个专业术语。它是指为了解决某个问题，使用某种程序设计语言编写程序代码，由计算机运行并最终得到相应结果的过程。随着科学技术的发展，编程不再是程序员的唯一专属。它逐步走进了人们的生活，走进了学校的教育教学。

在小学数学游戏化教学中，编程游戏是一个重要的组成部分。它可不是游戏编程。在这里，它主要是指教师将编程作为游戏设计的工具，使编程的游戏作品与数学课堂融合。这是融合了信息编程技术且以教学目标为主的一种数学游戏化教学。

编程游戏对小学数学教师信息技术的要求比较高。Scratch 和 AISpark 是两款广泛应用在小学数学教学中的编程软件。它们编程图形化，让教师容易理解。它们操作简单化，让教师易于掌握且能完成高效的程序设计。它们功能多样化，能满足教师课堂教学的大部分需求。

图 6-1 Scratch 编程工具

如图 6-1 所示，Scratch 是美国麻省理工学院媒体实验室专为少年儿童编程学习所开发设计的一款图形化简易编程工具。Scratch 的入门门槛非常低，组成程序的命令及数据全部借助积木形状的模块来实现，而且它的下载和使用是免费的，使用起来非常方便简单。

如图 6-2 所示，AISpark 是一款积木式编程工具。它用不同的积木模块代替繁杂的编程代码。软件中的编程积木模块有智能语音、人脸识别、智能翻译、KNN（K近邻算法）、AI 实验室、控制、运动、外观、声音、事件、侦测、运算、变量和自制积木。AISpark 丰富的内部资源为交互式的设计如动画、故事片、游戏等提供了丰富的素材。

图 6-2 AISpark 人工智能实验平台

二、课例导读

（一）丰富生活经验，提高学生的空间思维能力

众所周知，数学知识具有一定的抽象性。对小学生而言，数学学科的学习是有一定困难的。尤其是很多复杂、抽象程度高的图形和概念，学生更是难以理解。教师可以将编程游戏融入课堂教学的过程中，让学生在编程游戏活动中积累相对应的生活经验，建立抽象数学与生活数学之间的联系。这样不仅能促进学生的数学学习兴趣，同时也有助于培养他们的空间思维能力。

❀ **课例1：《平移和旋转》**（授课教师：深圳市福田区福强小学王丹）

教学片段

1. 搭建机器人小车

师：刚刚有同学说汽车在路上行驶也是平移运动。今天啊，我们就要来感受一下小汽车是如何平移的。

师：看，老师手上的是什么？

生：小汽车。

师：它是老师亲手制作的机器人小车，它叫"小艾"。今天啊，我们也要来搭建一辆这样的机器人小车，并学习机器人的语言，让我们的小车动起来。

师：首先搭建小车，请一个同学来读一读我们的活动要求。

生：两人合作，共同搭建一辆小车；如果找不到零件可以向其他小组借，或者请老师帮助；搭建完毕后举手请老师检查。

师：听明白了吗？这是搭建指引，有正反两面的哦。

（学生开始动手搭建小车，教师巡堂。）

2. 学习编程，让机器人小车动起来

师：同学们都搭建好了小车。现在我们要学习一下机器人的语言，这样它才能根据我们的指令进行平移哦。待会儿老师会给每个小组发一部平板电脑，同学们要找到这个软件"WEDO 2.0"，点击就可以进入这个界面了。我们先点"+"新建一个编程的页面，在这个页面中我们先来认识几个非常关键的按钮。首先是"开启键"，还有"停止键"。接下来我们认识几个这节课需要用到的按钮：第一个像仪表盘一样的是"动力按钮"。第二个标着漏斗的代表什么呢？第三个画着"×"的也是"停止按钮"。第四个和第五个都标着箭头的表示"方向"。

师：大家看看老师拖动了"动力按钮"上去，这两个图有什么区别？

生：数字不一样，一个写着"1"，一个写着"20"。

师：你们猜猜运行哪个数字小车跑得快？

生：20。

师：没错，我们的数字越大，小车就越有动力，跑得也就越快。我们可以自己修改上面的数字哦。接下来看看这两个方向按钮，你觉得有什么区别？

生：一个表示向前，一个表示向后。

师：是的，它们表示前后两个方向，大家一会儿可以自己去试试。最后我们还可以拉动一个"时间按钮"，上面的数字表示小车平移的时间。编程好了以后，我们就可以按一下小车上的绿色按钮，连接这个蓝牙，找到我们的小车，然后就可以了。大家听明白了吗？

生：听明白了。

师：待会儿成功让小车平移的小组可以举手告诉老师，过关的可以领取本节课的终极挑战卡哦。那么，现在请每个小组派一位同学上来领取平板电脑。

（学生编程，老师巡堂。）

🔍**【评析】**"平移和旋转"是北师大版小学数学三年级下册第二单元"图形与几何"的内容。平移和旋转是常见的物体运动现象，也是学生日常生活中经常看到的现象。本节课中，王丹老师引导在学生学习"平移"这一知识点的基础上，通过动手编程让机器人小车动起来，实现了将数学知识运用到模拟的生活世界中。整节课课堂气氛比较活跃,学生积极地参与到活动中。

【反思】 数学来源于生活而服务于生活。本节课中,教师通过创设条件,设计了一个与学生日常生活紧密联系的编程游戏活动——"让小车动起来"。教师借助乐高编程游戏,把几何中的"平移"这一知识和生活中的"汽车平移"运动现象相结合,引导学生把所学的知识运用于实践中。通过与生活的联系,能激发学生的学习兴趣,让学生在掌握知识的同时提高实践能力。学生小组合作,根据搭建指引,将零碎的乐高搭建成一辆立体能动小车,这个过程发展了学生的几何空间思维。

(二)提供学习支架,培养学生的计算思维能力

计算是小学生在数学学习过程中绕不开的一个话题。计算本质上的抽象,以及练习过程的枯燥,深深地困扰着广大一线的教师。编程游戏给教师解决这一困境提供了帮助。一方面,编程软件具有动画、游戏和建模等功能,能使抽象的问题可视化,促进学生思维方式的发展,有助于计算思维的提升;另一方面,简易操作的编程软件可以让教师在设计教学活动时将游戏与数学知识相结合,极大地激发了学生的学习兴趣,学生一边游戏一边解决数学问题,不仅提高了学习的积极性,也增强了学习效果。

❀ **课例2:《异分母分数大小比较》**(授课教师:深圳市福田区华富小学薛芸)

教学片段

1. 人机互动,增加课堂趣味性

师:同学们,今天老师给大家带来了一个快问快答的游戏。想不想玩一玩?

生:想。

师:好,那请看好大屏幕。

(游戏互动:屏幕上出示两个同分母分数,全班同学判断大小。若回答正确,则屏幕显示"恭喜你,回答正确",并在分数栏增加1分;若回答错误,则屏幕回应"对不起,回答错误"。在进行5次比较同分母分数大小的游戏后,第6次屏幕出示两个分母互质的分数:$\frac{2}{7}$与$\frac{1}{6}$,此时学生出现不一致的答案。)

师:这次同学们的答案好像不大统一。到底谁的对呢?

生1:$\frac{2}{7}$大于$\frac{1}{6}$,因为2比1大。

生2:不对不对。应该是$\frac{1}{6}$大。

师:看来同学们都有自己的想法了,那请同学们拿出学习单,用自己喜欢的方法比较这两个分数的大小。

(学生汇报自己的比较方法。有的是用画图的方式,有的是将两个分数化作分母为42的分数再比较其大小。)

师:通过同学们的讨论分享,我们发现,原来呀,在对这种异分母的分数进行大小比较的时候,要把分母都变成一样的。这个过程也叫作通分。

师：大家知道了异分母分数的大小比较秘诀，想不想再来挑战快问快答的游戏？

生：想。

（教师再次利用快问快答程序游戏出示类似分母互质的分数，并让学生单独回答。本次游戏进行了5轮，当学生遇到矛盾点时，教师适时停下来，给学生思考、探索的时间与空间。）

2. 学生参与游戏设计，增强学习成就感

师：同学们太厉害了，游戏没有难倒大家。同学们想不想自己设计挑战的题目来挑战全班同学？

生：想。

师：请同学们在学习单上设计5道比较异分母大小的题目。

（学生设计题目，教师有选择性地挑选分母有共同因数的异分母分数大小比较的作品，并根据学生的作品当场修改程序，制作成新的游戏。）

师：好，我们一起来看大屏幕。看看谁抢答最快最准。

（屏幕出现分数：$\frac{5}{12}$ 大于 $\frac{7}{16}$。）

🔍【评析】"异分母分数大小比较"是北师大版小学数学五年级上册第五单元"数与代数"的内容。本节课中，薛老师利用游戏设计了两个学习支架。第一个是人机互动游戏，可以很自然地引发学生的认知冲突，迫使学生主动思考比较异分母分数大小的方法，并将方法落实在纸笔上。同时，有了比较同分母分数大小的知识铺垫，学生能较容易地想到将异分母分数转化为同分母分数再进行比较。第二个是学生由游戏玩家转变为游戏设计者。学生通过纸笔将游戏设计的想法表达出来，因此学生的学习积极性被极大地调动了起来。

🔍【反思】学习任何知识的最佳途径都是由自己去发现的，因为这种发现理解最深，也最容易掌握其中的规律、性质和联系。所以，如何给学生搭建合适的"脚手架"，很考验教师的教学经验和能力。在学习本节课之前，学生已经对分数有初步认识且学过同分母分数大小比较的知识。本节课的教学重点是引导学生在探索异分母分数大小比较的方法中理解通分。在教材中，学生的探索是由易到难的，探索的思维也是发散的。如教材先引导用画图或通分等方法探索分母互质的分数大小比较，再探索分母有共同因数的分数大小比较。基于对相关内容的分析，薛老师在本节课的设计上，将快问快答的编程游戏融入课堂教学。特别是给学生的学习设计了两个学习支架。在第二个学习支架中，我们不难发现，简易操作的编程软件让薛老师的课堂实施变得得心应手。在课堂教学过程中，学生自主出题、教师筛选题目、现场重构游戏的这种互动方式极大地激发了学生的学习热情。而让学生由游戏玩家切换为游戏设计者的学习方式，激发了学生深入探究异分母分数大小比较的原理的积极性，培养了学生的计算思维能力。

（三）促进动手操作，增强学生的创新思维能力

小学生对数学知识的学习，有很大一部分是在动手操作的实践中构建形成的。这可能是源于儿童爱玩的天性。我们发现，小学生的动手意愿非常强烈。他们会在动手操作的过程中展开积极的思考与探索，并形成一定的思维能力。教师利用编程游戏引导学生开展多

样化的动手实践活动,能有效培养学生的创新思维。

❀ 课例3:《铅笔有多长》(授课教师:深圳市福田区福强小学王丹)

教学片段

1. 认识长度单位厘米

师:同学们,想玩猜谜游戏吗?

师:根据老师的动作,猜猜老师在做什么?

师:(用手指丈量黑板的长度。)

生:测量黑板的长度。

师:答对了。那现在呢?(用课本丈量黑板的长度。)

生:也是在测量黑板的长度。

师:真聪明。现在我请一位同学分别用手和课本来量一量黑板。老师把两次量的结果记录下来。观察两次所测量的结果,你们发现了什么?

生:两次量的结果不一样。

师:哎,同样是这块黑板,为什么会量得不一样的结果呢?

生:因为测量用的工具不一样。

师:观察得很认真。第一次是用手指量的,第二次用的是课本。两次用的工具不一样,就会有不同的结果。如果我想要准确地知道黑板的长度,应该怎么做?

生1:用同一个工具。

生2:用尺子。

师:用尺子、用同一个工具,也就是要用同一个标准,我们就会得到一个相同的答案。那今天我们就来学习其中的一个测量标准,也就是长度单位厘米,它还可以用英文字母cm表示。你们认识厘米吗?

生:认识。

师:那1 cm大约有多长呢?

师:1 cm大约就是我们的大拇指的指甲那么长。来,一起来比画一下我们的拇指的指甲的长度,1 cm大约就是这个长度(比画1 cm的长度)。

生:(用手指比画1 cm的长度。)

师:现在你知道1厘米有多长了,生活中还有什么东西的长度大约是1厘米的吗?

2. 认识尺子

师:你们知道的可真多。其实我们尺子上0到1的这段距离就是标准的1厘米长,所以当我们要准确测量一个物体的长度时,多是用尺子来测量。你们用过尺子吗?

师:观察尺子,你发现它上面都有什么?

生1:有数字1、2、3、4、5。

生2:有小细线。

师:观察得真仔细。其中这些线,我们称为刻度线。这个0所表示的就是0刻度。在测量物体的时候,我们都是从0刻度开始量。水平地测量物体的长度,物体的末端指着数字几,它就有几厘米长。你们同意吗?

生： 同意。

师： 但是有3位同学有不一样的意见。你们怎么看？

生： 量错了。

师： 说说看哪里错了？

生1： 没从0刻度开始量。

生2： 没有水平量。

生3： 末端指着的应该是……

3. 搭建青蛙

师： 真是火眼金睛。看来一般的题目还难不倒你们。老师这里有个竞赛，和测量有关。你们敢接受挑战吗？

活动要求：

四人为一小组，根据指引，两人搭建A组，两人搭建B组，最后把A、B两组组合起来；如果找不到零件可以向其他小组借，或者请老师帮忙。

零件掉地上了，要及时捡起来装好；

青蛙搭建完毕后举手请老师检查。

师： 真有信心。来，这是老师用乐高积木搭出来的青蛙，等下你们就要用面前的乐高积木搭建一只青蛙。通过编程让它跳起来，然后用尺子测量青蛙跳一次的距离，最后我们比一比谁的青蛙跳得最远。

师： 做好准备了吗？那就根据搭建指引开始动手吧。

（学生开始动手搭建青蛙，教师巡堂。）

4. 学习编程，让小青蛙动起来

师： 同学们都搭建好了小青蛙。现在我们要学习一下机器人的语言，通过编程让小青蛙跳起来，并用尺子准确测量青蛙跳一步有多远。首先，每个小组的组长找到USB线，连接小青蛙和电脑，然后统一由组长操作面前的电脑。同学们要找到这个软件"SPIKE"，点击就可以进入这个界面了。我们先点"＋"新建一个编程的页面，在这个页面中我们先来认识几个非常关键的按钮。首先是"开启键"，还有"停止键"。接下来我们认识几个这节课需要用到的按钮：第一个像仪表盘一样的是"动力按钮"，第二个是"运动方向按钮"。

师： 要让青蛙跳起来，我们首先用鼠标拖动左上角的"动力按钮"，在上面设置一个你们喜欢的速度，一般我们会从50~80之间选一个值，然后再拖动"运动方向按钮"，最后点击"启动按钮"，青蛙就可以向前跳跃了。

师： 你们觉得应该怎么测量青蛙跳了多远呢？

师： 想法真不错。我们正确的做法应该是：在青蛙还没跳之前，先在后脚这里点一个点，在青蛙跳完后，再在青蛙的后脚点一个点，这两点之间的距离就是青蛙跳一下的距离了。现在请开始测量吧！

师:现在都来说说,你们量得的距离是多少?速度又是多少呢?

师:观察速度和距离,你们发现了什么?

生:速度越大,距离越长。

师:真不错。当我们的速度设置越大时,它就会跳得越远。

【评析】"铅笔有多长"是北师大版小学数学二年级下册第四单元"数与代数"的内容。在知识应用的环节中,王老师利用编程软件带领学生制作机器小青蛙。在探究速度和距离的活动过程中,不仅让学生学会了用尺子进行测量,还培养了学生动手制作的创新思维和解决问题的实践能力等综合素养。

【反思】小学生创新思维能力的培养是小学数学教学的一项重要任务。作为一线的教师,在教会学生解决问题的同时,提高学生发现问题的能力,这就是对学生创新思维和意识的培养。本节课中,王老师借助编程软件带领学生制作机器小青蛙,并探究速度和距离的活动。在课堂的教学过程中,学生合作动手搭建了青蛙,并顺利让青蛙动起来。在设定不同的速度、测量青蛙跳远距离的活动中,学生学会了用尺子进行测量,同时还发现了速度和距离的蕴藏关系。这个环节培养了学生解决问题的实践能力,提升了学生的综合素养。

三、进一步思考的问题

结合《标准(2022年版)》,谈谈你对小学数学教学课堂融入编程游戏的思考。

四、资源链接

[1] 蔡惠贻.基于游戏化教学的背景,探索编程游戏与数学课堂的融合[J].小学教学研究,2022(20):34-35,38.

[2] 姚铁龙,蔡惠贻.Scratch编程让游戏化教学更精彩——以北师大版教材五年级上册"确定位置"一课为例[J].小学教学(数学版),2019(12):53-54.

[3] 吴怿.Scratch与学生数学素养的培养[J].中小学信息技术教育,2013(9):53-54.

五、学习分享

小学数学教学最大的困境就在于,数学知识具有较强的逻辑性和抽象性,而小学生的知识储备和生活经验积累较少。广大的一线数学教师都深知,数学的教学是要为培养学生的数学思维能力奠定基础的。因此,研究适应时代变革的小学数学教育教学策略和方式是必须的。在人工智能的大环境下,要巧妙地将信息技术与小学数学教学有机融合。编程软件界面简洁易操作,具有动画、游戏、仿真和建模等功能,能使抽象的问题可视化,极大地激发学生的学习兴趣,促进学生思维方式的发展,有助于创新思维和计算思维的提升。编程游戏与数学相结合,它是一种跨学科融合的教学模式。

第二节 编程游戏让数学课堂更精彩

一、理念引领

阅读本节内容之前,请先完成以下热身活动:
编程游戏应用于数学课堂教学的意义有哪些?

众所周知,数学是一门研究数量关系和空间形式的科学。它具有概念的抽象性、逻辑的严谨性和应用的广泛性三大特征。在小学阶段,数学是一门重要的基础学科,是学生智力发展、思维发展的源泉。然而,小学生学习数学知识是有一定困难的,尤其是很多复杂的图形和概念,他们更是难以理解。基于小学数学学科的特点以及小学生学习数学的困境,编程游戏在小学数学课堂中应用的意义主要体现在以下 3 点:

(1) 应用编程游戏化复杂为简单。如何形象直观地将抽象的数学知识进行呈现,这是广大一线数学教师在教学过程中一直在探求的。编程软件画图、制作动画、设计游戏等功能恰能用丰富的表现形式将数学问题加以转化。教师借助编程游戏可以使新知识的展示更加直观形象、生动有趣,从而降低数学学习的难度。

(2) 应用编程游戏激发学习兴趣。例如,在一年级学习"20 以内的加减法"这一课中,教师使用 Scratch 软件来开展游戏化教学,利用 Scratch 软件创设编程游戏。如图 6-3 所示,学生点击绿色按钮,屏幕产生两个加数(每个都是 10 以下的数)。学生输入得数后,系统会自动分析得数是否正确,进而统计出练习的题数和最后的得分情况。教师还可以将游戏升级改进为闯关游戏,通过设置多个关卡,提高闯关要求,促使学生在游戏过程中提高计算的反应能力和速度,感受到学习的乐趣。

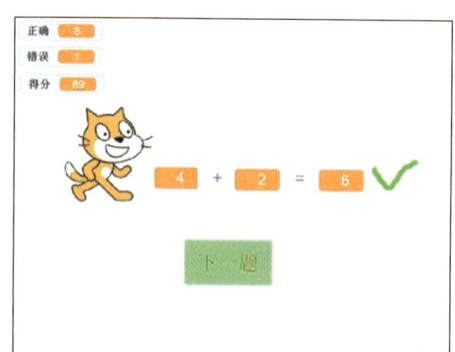
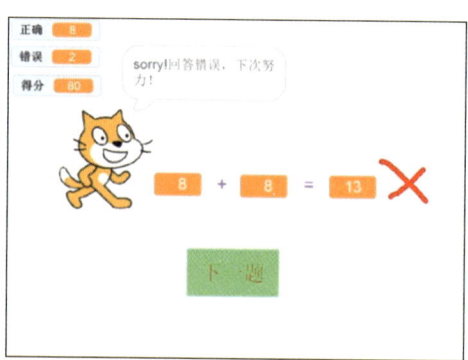

图 6-3 利用 Scratch 软件创设的编程游戏

(3) 应用编程游戏培养创新思维。编程软件不但有游戏,还有视频、图像、声音等各种元素,延伸性和拓展性非常强。学生在编程过程中会构思、选材、设计、计算,进行头脑风暴,从而激发创新思维,这对将来的学习和发展非常有帮助。

二、课例导读

随着人工智能技术的快速发展,以及编程软件的可视化及普适化,编程游戏受到了广大师生的青睐。使用编程游戏开展小学数学教学,能起到寓教于乐的作用,这一点非常符合小学生的天性。下面,我们通过 3 个课例来感受编程游戏是如何让数学课堂教学变得精彩的。

(一)为课堂创设良好的问题情境,激发学生学习的欲望

利用编程软件可以制作出各种各样的动画游戏。教师可以将这些编程游戏嵌入数学的课堂教学当中,创设出趣味十足的问题情境,进而使得数学课堂的氛围更加愉悦、轻松。

❀ **课例 1:《确定位置》**(授课教师:深圳市福田区华富小学蔡惠贻)

教学片段

1. 游戏导入——复习先前知识

师:同学们,喜欢玩游戏吗?

生:喜欢。

师:那我们先来玩一个挖宝游戏。(出示课件游戏界面)老师需要一名游戏玩家和一名小助手,谁愿意?

师:(对小助手)待会儿请你每次翻开一张方向卡展示给全班同学,一共翻 5 次。

师:(对全班)大家根据小助手展示的方向卡大声说出方向,好吗?

师:(对玩家)游戏开始后,你要根据全班同学的提示点击对应方向,才有机会获取钻石哦。

2. 宝箱探秘之寻 1 号宝箱——探索"方向、角度、距离"三要素对确定位置的重要性

(1)明确 1 号宝箱在小岛"东北方"并感受"东北方"为大区域

播放视频:相传在小岛附近的海域上散落着各式各样的宝箱,但是只有一个宝箱里面装有宝藏,那就是 1 号宝箱。寻宝者打算利用藏宝图和位置验证器来寻找这个宝箱。藏宝图能指引方向,而位置验证器能验证宝箱的位置。

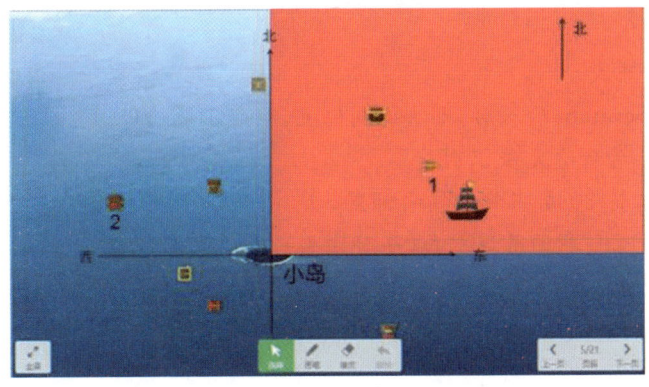

师:现在我要招募一支寻宝小分队。(挑选几名学生)寻宝小分队请告诉我,你们从哪里

出发?

生:小岛。

师:那我们在小岛上建立方向标。怎么到达1号宝箱呢?

生:向东北方前进!

(课件演示,使小船向东偏北的方向前进。)

师:咦,小船确实行驶在东北方向,为什么小船没能行驶到1号宝箱呢?

生:因为东北方向区域太大了,1号宝箱在北偏东一点的位置。

师:是这样吗?

(课件演示小船往偏东方向走。)

生:不是,偏太多了。

师:当我们只说1号宝箱位于东北方向时,为什么小船的前进路线不能确定?

生:因为东北方向是个大区域,不能确定唯一前进路线。

(2)量出角度,尝试规范表达"方向和角度"

学生经历上一环节的认知冲突后便能感受到角度对确定唯一路径的必要性。因此,学生可以通过画角、量角的方式来获取角度信息。然而,在得到"东北方向30°"的信息之后,学生就能确定唯一路径了吗?

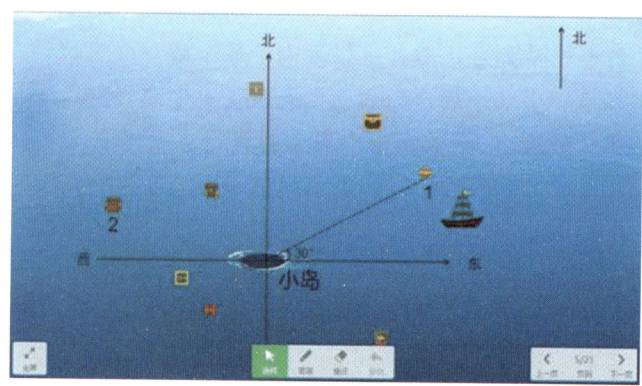

师:有了方向和角度,谁再来说说1号宝箱的位置?

生:东北方向30°。

师:听你的,试一试。

(第一次使用Scratch,输入后,无法识别位置,小船不能前进。)

师:怎么回事?为什么无法识别?

生:因为没说清楚30°是东北方偏向哪里30°。

师:你的意思,30°指的是这个角(手势比画),所以东北方向30°的描述不准确,对吗?

生:是。

师:那该怎样描述呢?

生:东北方向偏东30°。

师:那我们再来试试。

(第二次使用Scratch,输入后,无法识别位置,小船不能前进。)

师:为什么还不能识别?你说的东北方向偏东是什么意思?请你上来比画比画。其他同学同意吗?

生:不同意,因为东北方向很大,不知道是从哪里偏向哪里。

师:看样子东北方向偏东30°的表述会产生歧义,那怎么表述才合适呢?

生:东偏北30°。

师:好的,那我们来第三次验证。

(第三次使用Scratch,输入后,小船向东偏北30°方向前进,但并未到达1号宝箱。)

师:虽然仍未到达,但是小船已经往正确的方向前进了,所以我们可以说1号宝箱在小岛东偏北30°方向上。

(3)感受"距离"因素的必要性,测量距离,尝试规范表达三要素

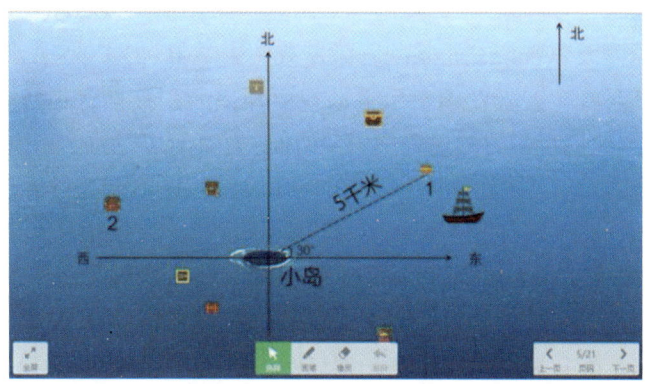

3. 宝箱探秘之寻2号宝箱——及时巩固新知识

在本环节中,学生需要运用方向、角度和距离去确定2号宝箱的位置,从而起到巩固新知的作用。2号宝箱位于西北方向的区域,但是角度和距离是需要学生测量的,同时提供比例尺的信息,"纸上1厘米=实际1千米"。同时,学生通过测量角度和距离的操作,初步理解比例尺。在用不同方式表述2号宝箱位置时,学生能再次回顾"角度不同则表述不同"的知识难点。

4. 宝箱探秘之寻3号宝箱——理解观测点对确定位置的重要性

小组活动:学生找到2号宝箱,打开后即可获得信息提示"3号宝箱在我的南偏东45°距离4.5千米处"。学习单上标有小岛及多个不同形状的宝箱,学生根据信息提示独立思考找出3号宝箱,并在组内交流,最后小组汇报,全班交流。

(投屏错例:以小岛为观测点。)

师:你同意他的方法吗?

(投屏正例:以2号宝箱为观测点。)

师:这两种方法有什么不同点?

5. 双人对决游戏练习

本环节是利用希沃白板制作的课堂小游戏。游戏规则:两人比赛,判断题目的对错并点击"√"或"×",得分高者获胜。

在后半节课,学生的专注力有所降低,通过游戏的方式可以提高学生的兴趣,还能有效

巩固知识。这个希沃森林赛跑的小游戏不仅具有非常强的音效,还能及时反馈小动物赛跑过程中答题的对错,时刻调动着学生的思维与专注度。另外,虽然两人对决的模式存在竞争,但在游戏过后还能相互交流分享。

【评析】"确定位置"是北师大版小学数学五年级下册第六单元"图形与几何"的内容。本节课,蔡惠贻老师将 Scratch 编程与数学教学有机结合,为学生提供自主探索研究的机会。整节课利用 Scratch 编程软件,创设了寻宝的故事情境,激发了学生的学习热情。在此背景下,老师紧扣用"方向、角度、距离"来规范表达位置信息的这一知识点循序渐进地开展教学。借助游戏互动的方式,一步步引导学生达到自主探索的目的。在"感受'距离'因素的必要性,测量距离,尝试规范表达三要素"这一环节,学生根据 Scratch 反馈的信息感受"距离"因素对确定位置的必要性。在"宝箱探秘之寻1号宝箱"的3个环节的学习过程中,学生通过知识迁移的方式便能利用方向、角度、距离三要素轻松表达出1号宝箱的位置信息。

【反思】哲学家鲍波尔曾说:"正是问题激发我们去学习,去实践,去观察。"因此,创设出趣味十足的问题情境,有益于激发小学生主动获取知识的积极性。小学生的天性是活泼好动、好奇心强。但是,他们在学习的过程中,存在注意力时间短、持久性短的特点。如果教师只是进行枯燥、乏味的讲解,则无法激起学生的学习兴趣,更不能充分调动学生的学习积极性和主动性。在本课例中,教师利用编程游戏软件 Scratch 具有形象性、生动性的特点,创设了海上寻宝的故事情境。为了让小船找到宝箱,学生通过尝试在交互平台上输入信息,根据 Scratch 反馈的信息逐步感受和理解"方向、角度、距离"3个因素对确定位置的必要性。图片、声音和动画的交互配合使整个情境真实地反映出来,将数学问题生活化,学生身临其境,产生强烈的学习欲望,逐步独立思考、自主探究,分析和解决问题的能力也于无形中获得提升。

(二)为数学知识提供可视化窗口,让课堂上的学习看得见

数学的知识是抽象的,学生的学习过程是内隐的。这句话在小学数学的学习中得到很深刻的印证。在数学课堂教学中,教师可以利用编程游戏软件的图形、动作、声音和量表等"可视化"技术,让抽象的知识形象化、具象化,让内隐的思维显性化、可视化。

"从画正多边形到画圆"这节课源自郑妙纯老师一次对学校数学教师的访谈。在访谈中,郑老师了解到学生在学习"圆的认识"这一单元时,除了需要掌握圆的基本特征外,还需要理解"正多边形边数越多越趋近圆"这一知识难点。如果不借助合适的教具,那么数学教师无法直观地为学生展示这种动态变化过程,学生则难以凭空想象正多边形边数由少到多的形状变化。如何解决数学教师的这一教学困境呢?考虑到 Scratch 里有"画笔"和"控制"类模块,将它们结合可以画出正多边形,于是郑老师设计了"从画正多边形到画圆"一课,在编程社团课上初次尝试。一节课的时间,学生从惊讶"怎么信息技术老师也懂数学知识"到惊叹"原来 Scratch 还能这样玩"。

课例2:《从画正多边形到画圆》(授课教师:深圳市福田区东海实验小学郑妙纯)

教学片段

师:你们知道吗,所有多边形的外角和都等于360°。这个知识点要在初中才能学到,但

在本课是要首先知道的前概念。

（老师在黑板上边画边说明。）

师：如果要画一个八边形，那么每画完一条边就要转 $\frac{360°}{8}$ 才能画下一条边。如何在 Scratch 里面画八边形呢？

（学生陷入了思考。有抓耳挠腮的，有跟同学讨论的，有直接打开 Scratch 尝试的。）

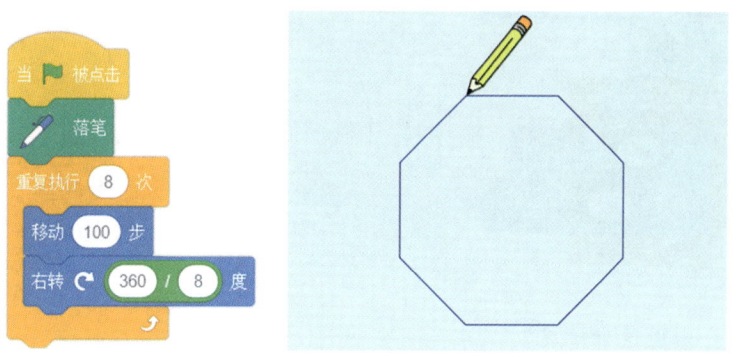

师：如果要画二十边形呢？

（学生把重复执行次数改为 20 后，发现原来的八边形还在原地，而且二十边形因为太大被"挤扁"了。在老师的启发下，学生们添加了"全部擦除"模块，设置了角色的初始位置和造型中心，修改了重复执行的次数以及移动步数和旋转角度。点击绿旗，画了一个在舞台中间的二十边形。）

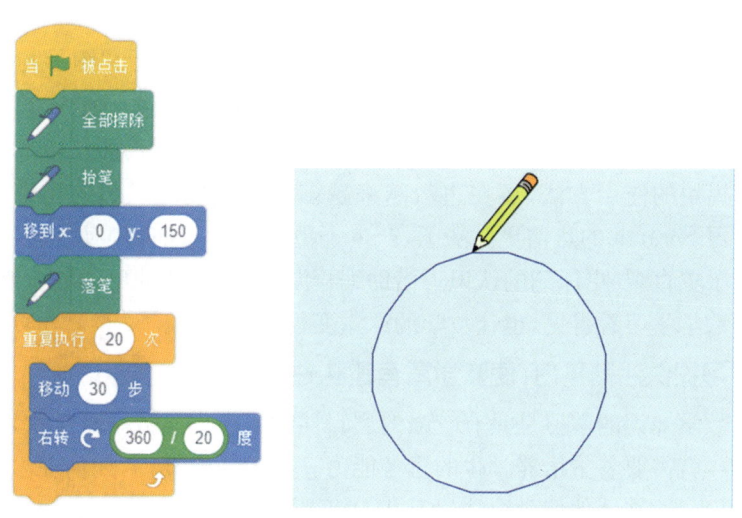

师：如果让玩家来输入边数，会不会使这个小游戏更好玩呢？

（老师在大屏幕上示范了该模块的用法后，学生迫不及待地修改自己的程序。为了使图形不溢出舞台，有的学生还根据多次运行后总结出来的规律，修改了能根据边数自动调整步数的脚本。在不断调试的过程中，有学生发现，他"一不小心"把多边形画成了圆！）

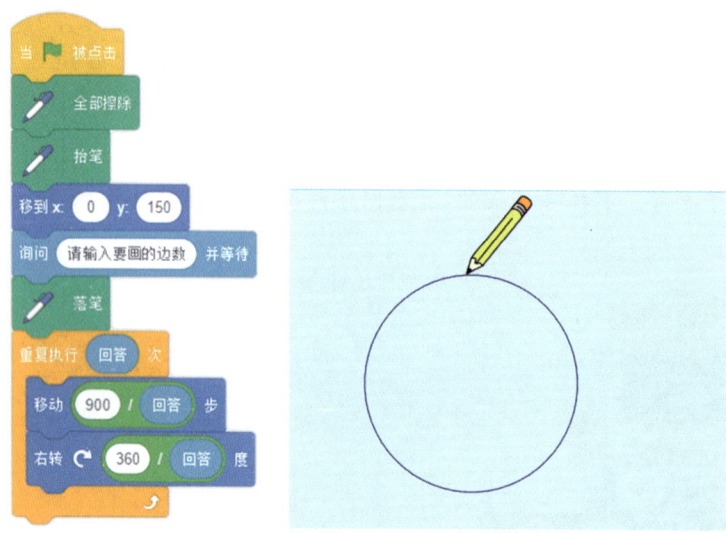

师：为什么会出现这种情况？

生1：哦，我知道了！正多边形边数越多越趋近圆！

生2：阿基米德就是用这种画正多边形的方法计算出圆周率的！

生3：下次我们也用这个办法来算算圆周率，看看是不是等于3.14159……

【评析】数学是我国基础教育中非常重要的学科，但数学教学内容普遍具有鲜明的逻辑性、抽象性特征。对于以形象、直观思维为主的小学生而言，具有一定的学习难度。在Scratch中，"控制"模块类与"数字和逻辑运算"模块类能为数学的逻辑性特征提供有力的支撑，而它本身具有的可视化、交互性、动态性能使数学由抽象变为直观。

【反思】"圆的认识"是北师大版小学数学六年级上册第一单元"图形与几何"的内容。为了能够让学生直观形象地理解"正多边形边数越多越趋近圆"这一知识难点，郑老师设计了本节课。她带领学生们用计算机画多边形，不但掌握了Scratch"重复执行……次"和"询问……并等待"模块的使用方法，还在边数越来越多的时候发现了圆的秘密。在这一过程中，学生们对学习Scratch的热情更高涨了，产生了更多的学习期待，对"正多边形边数越多越趋近圆"也有了更直观、更深刻的认识。借助编程游戏，可以让抽象的数学知识形象化、具象化，让学生的数学学习看得见，也让数学的课堂变得丰富多彩。

（三）为学习提供活动平台，使教学富有趣味性和思考性

众所周知，数学知识的学习是具有较强的逻辑性的。在小学数学教学中，要想提升学生的数学核心素养，就需要着重培养学生的思考能力。作为一线教师，如何在教学中引起学生对新知识的浓厚兴趣，并让他们学会主动从旧知识中发现新知识呢？这是小学数学教师所迫切需要解决的。在数学教学中，教师将编程游戏有机地融入课堂，将学生置于学习的主体地位，以指导的形式让他们去探索，从中得到的信息可以激发他们的内在动机，由消极的学习向主动的学习转化，从而有效地提升学习的效果。

课例3：《轴对称再认识（一）》（授课教师：深圳市福田区福田小学薛芸）

教学片段

1. 激趣导入

师：同学们，在我们广阔无垠的世界里，有许许多多神奇的事物，其中最耐人寻味的，莫过于人类的智慧结晶。大家看，老师这里就有一个神奇的画板，大家先观察老师画的。（使用编程猫设计的神奇画板：画出其中一半，会同时出现轴对称的另一半。）

（老师示范后请一位同学上来画图，引导学生观察，发现无论怎样画，呈现出来的都是轴对称图形。）

师：是的，这节课我们一起继续研究轴对称图形。[板书标题：轴对称再认识（一）]

2. 判断轴对称图形

师：在我们的数学星球里，有一个轴对称王国，相传，只有轴对称图形才能得到国王的允许，成为轴对称王国的合法居民。

师：一些平面图形听了这个消息，跃跃欲试，都想进入轴对称王国，成为轴对称王国的合法居民。让我们看看都来了哪些居民，如果你认识它，就大声地说出它的名字！

（学生说出图形名称，没有说完整的，老师进行提醒补充。）

师：这么多图形，国王可烦恼了，究竟哪些是轴对称图形呢？国王请来了身份判断官。

身份判断官：同学们可以和我一起判断吗？若是轴对称图形，则颁发通行印章；若不是轴对称图形，则禁止通行。

（最后出现平行四边形，学生可能会出现不同的回答，引导学生用"对折"的方式验证平行四边形是不是轴对称图形。）

(学生拿出1号信封里的平行四边形对折验证,请学生代表汇报验证结果和理由。)

师: 老师将同学们刚才的汇报梳理了一下。平行四边形对折,上下对折、左右对折、沿着对角线对折,发现对折后都有露出来的部分,所以我们能得出一个结论:平行四边形——

生: 不是轴对称图形。(盖章,不是合法居民。)

师生小结: 我们在判断一个图形是不是轴对称图形时,可以看这个图形对折后两边是否完全重合。

3. 画对称轴

出示四边形,找出它的对称轴并画一画,数出这个图形的对称轴只有1条。

学生拿出学习单,自己找一找、画一画、数一数轴对称图形的对称轴,完成学习单后小组内互相交流,然后汇报。(限时3分钟。)

4. 巩固应用,内化提升

师:同学们,国王看到你们帮他纳入了这么多新的合法居民,非常高兴。为了感谢大家,他设计了几个游戏,想邀请大家一起玩。大家想玩吗?

(1) 乌龟操

师:国王邀请了一位神秘嘉宾,是谁?

生:乌龟。

师:是的,它是轴对称王国的乌龟大臣。它自创了一套乌龟操,正扬扬得意呢。它想考考你们,它做一个动作,你们判断它是不是轴对称图形。是就起立,不是就坐下。准备好了吗?

师:好,预备:福田小学第十套乌龟操现在开始。头部运动。左摆摆。右摆摆。摆正。尾部运动。手部运动。腿部运动。伸展运动。

(有出现不同观点的就停下,并向学生提问。)

(2) 拼拼秀

师:有趣吗?你们想自己创作轴对称图形吗?

(学生合作拼图,给拼好的小组拍照,请一部分学生上白板创作,并请学生介绍他们的作品。)

(3) 翻翻乐

师:同学们真是心灵手巧。老师也设计了轴对称作品,请大家欣赏一下。大家想不想从中找出轴对称图形呢?请和你的同桌一起找一找吧。

5. 全课总结

通过这节课,你学会了什么?

🔍【评析】"轴对称再认识(一)"是北师大版小学数学四年级上册第二单元"图形与几何"的内容。课堂开始,薛老师以神奇画板引入,利用学生已有的知识储备,感知轴对称图形,为新课的学习做好铺垫。在课堂教学中,为了突破知识重难点,薛老师带领学生开展了游戏化学习活动。首先,她引导学生判断哪些图形是轴对称图形,对不确定的图形进行操作检验,让学生在课堂上乐于学数学、做数学、用数学。随后,她带领学生在动手操作的过程中了解了有的轴对称图形不止有一条对称轴的特点。这个过程充分发挥了学生的主体性,培养了学生的发散思维。最后,她让学生在合作中设计轴对称图形,巩固所学,培养学生的空间观念、想象力和合作能力。

🔍【反思】本节课薛老师转变过去的传统教育教学模式,通过使用编程猫设计的神奇画板,画出其中一半,会同时出现轴对称的另一半。这种多媒体技术不仅能让学生更好地理解轴对称图形,还能激起他们的学习兴趣。在教学的过程中,老师结合知识学习的重难点,利用编程猫软件设计了多种互动游戏,如"轴对称王国"、乌龟操、拼拼秀、翻翻乐。游戏激起学生的学习兴趣,同时将他们带入知识的海洋。

《标准(2022年版)》强调了学生学习数学知识、思想和方法的过程和发展。在课堂上,要运用操作实验,自由探索,大胆猜测,合作交流,积极思考,验证推理,问题解答,让学生积极探究,亲身体验到数学本质的生动性,从而达到"再创造"的目的,体会到其威力。薛老师在本节课的教学过程中也对学生进行了多次的鼓励、夸奖。当学生成功完成一个轴对称图形时,老师会对学生进行及时的肯定和表扬。在整个教学过程中,薛老师都是将学生置于学习的主体地位,以指导的形式让他们去探索、去发现,从中刺激他们的内在学习动机,由消极的学习向主动的学习转化,从而有效地提升学习的效果。

三、进一步思考的问题

(1) 使用 Scratch 时有哪些需要注意的事项?
(2) 尝试将 Scratch 应用在你的数学课堂教学实践中。

四、资源链接

[1] 姚铁龙,蔡惠贻. Scratch 编程让游戏化教学更精彩——以北师大版教材五年级上册"确定位置"一课为例[J]. 小学教学(数学版),2019(12):53-54.

[2] 庄素琼,洪辉煌. Scratch 在小学数学教学中的应用研究[J]. 求知导刊,2021(48):31-33.

[3] 蔡惠贻. 基于游戏化教学的背景,探索编程游戏与数学课堂的融合[J]. 小学教学研究,2022(20):34-35+38.

五、学习分享

Scratch 是一款非常适合游戏化教学的辅助工具。尽管它的实用性强、操作简单,但教师在实际的游戏化课堂教学过程中仍需要把握好使用的度。最好是结合教学目标有针对性地使用,否则会造成适得其反的后果。例如,Scratch 虽然能使复杂的数学问题简单化,但如果过度使用,就会导致学生对其产生依赖,从而导致他们的学习重心从学习数学知识变成了玩游戏,分散了注意力。因此,在将 Scratch 游戏和数学相结合时,教师须制定出科学合理的奖惩制度,让学生以数学学习为主要目标,避免他们沉迷于游戏和玩耍中。此外,教师要创设良好的数学情境,调动学生的学习积极性,进一步改良数学教学模式,使 Scratch 发挥出更好的效果。

第三节　探索编程游戏与数学教学的融合

一、理念引领

阅读本节内容之前,请先完成以下热身活动:
编程游戏与数学教学融合的方式有哪些?

编程游戏与数学教学的融合,其实质是信息技术与数学的学科融合。学科融合是为了解决学科单一化教学所出现的弊端而提出来的一种跨学科教学思想。对于"融合",有 3 种不同方式的理解。一是以数学教学目标为主的融合教学,即教师将编程作为游戏设计的工具,使编程的游戏作品与数学课堂融合。二是以编程教学目标为主的融合教学,即在小学信息技术课中,教师将数学知识渗透在编程设计中,学生可以通过编程设计来理解数学知识。三是以项目式学习的方式进行课堂教学,即教师将数学教学目标和编程教学目标融合于一节课中。这里我们所提及的"融合"的内涵以第一种为主,即以数学教学目标为主的融合教学。

信息技术与数学在核心素养培养方面存在着密切的联系。信息技术核心素养"计算思维"中的"界定问题""抽象特征""建立结构模型""合理组织数据""判断分析数据""运用算法解决问题"和数学核心素养中的"数学抽象""数学建模""数据分析""逻辑推理"有着紧密联系,如图 6-4 所示。因此,编程游戏与数学教学融合就显得很有价值。

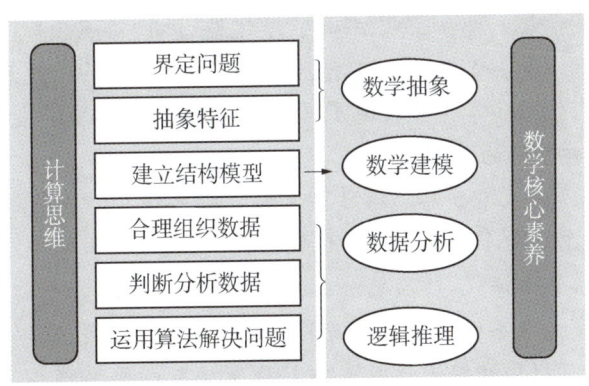

图 6-4　计算思维和数学核心素养的联系

二、课例导读

学科融合是一种新的育人方式,其对提升学生跨学科解决问题能力、培养学生多角度思维能力具有重要的促进作用。在数学教学中有效地融入编程游戏,有利于学生思维转换,激发学生创新意识,促进学生计算思维发展,从而提升学生的综合素养。小学数学教材有"图形与几何""数与代数""统计与概率"三大主要领域。下面,我们通过3个课例来探索编程游戏与数学教学的融合。

(一)编程游戏融入"图形与几何"领域的数学教学

"平移"是北师大版小学数学五年级上册第二单元"图形与几何"的内容。在这节课中,学生不仅需要明确平移的特征,并能说出物体平移的方向和距离,还需要在方格纸中根据物体的平移路径画出平移后的图形。在学习本节课之前,学生在三年级时便学习了物体的简单平移,所以能比较轻松地说出物体平移的方向和距离。但是对于基础较差的学生来说,根据物体平移路径准确画出平移后的物体是有一定难度的。基于教材分析和学情分析,蔡惠贻老师设计了小猫追逐钱袋的两个编程游戏来进行重难点教学。

❀ 课例1:《平移》(授课教师:深圳市福田区华富小学蔡惠贻)

教学片段

1. 编程游戏导入,回顾平移的知识

游戏规则:在小猫追逐钱袋的方格中,钱袋会在3~5秒内自动随机变换位置,玩家需要通过键盘操作上移、下移、左移、右移键使小猫移动去追逐钱袋。当小猫位置与钱袋位置重合时,分数增加1分。游戏限时60秒,两人先后进行游戏,得分高者获胜。

游戏结束后,教师让学生依次思考几个问题:

(1)游戏过程中运用了哪些数学知识?

(2)物体平移有什么特点?

(3)游戏过程中小猫平移的路径是怎样的?

【评析】在设计游戏的过程中,竞争是考虑的关键因素。竞争游戏能极大调动学生的学习积极性,提高学生的学习兴趣。游戏结束后,学生通过回顾游戏的过程来复习平移的相关知识,为本节课的新知识学习做铺垫。这是顺应学生思维认知的。此外,游戏后教师引导学生思考3个问题,能有效减少学生注视电子屏幕的时间,保护学生的视力。

2. 你说我移,突破平移的难点

教师事先准备好方格纸学习单。学习单上的方格只标注小猫的位置,学生根据教师提供的小猫平移路径信息画出平移后小猫的位置。其中,教师提供的平移路径信息由易到难。学生画完后同桌交流,集体评议,最后总结画图的技巧与方法。

随后,教师拿出事先准备好的关于小猫平移路径信息的锦囊,选取两个玩家并分配游戏任务。A玩家根据教师提供的锦囊信息告诉B玩家小猫的平移路径,B玩家则操作电脑键盘使小猫平移到指定位置。当B玩家准确平移小猫到指定位置时,团队获得1分。小猫寻找钱袋的游戏由独立画图变为两人合作,更能激发学生的挑战意识。

🔍 **【评析】** 将平移游戏从电子屏幕操作转移到纸笔操作是有必要的,这也是由具象思维到抽象思维的过渡。本环节的设计目的在于帮助学生总结画平移后图形的技巧与方法。

在合作过程中,本环节能培养学生团结协作的精神,也能培养学生细心倾听、认真思考的品质。更重要的是,在游戏过程中,玩家专注于想象平移后的小猫位置,而其他学生观众则专注于根据想象小猫平移后的位置来判断玩家操作是否正确。因此,全体学生都在这个过程中巩固了新知。

🔍 **【反思】** 小学数学知识具有一定的枯燥性,这使很多学生缺乏学习的积极性。本节课中,蔡老师充分利用编程游戏对教学内容进行导入。简单易操作的游戏吸引了学生,唤醒了学生的数学知识记忆,提高了课堂的效率。在进行编程游戏设计的时候,始终立足于教材的教学目标。在导入环节,蔡老师将竞争作为开展游戏活动的关键因素。正因为争强好胜是学生的天性,所以,导入环节的游戏活动能极大程度调动学生的学习积极性,提高学生的学习兴趣。在突破知识重难点的时候,蔡老师将合作学习作为开展游戏活动的关键因素。通过合作培养学生团结协作的精神。本课例给我们探索编程游戏与数学教学的融合提供了一点启发:在将编程游戏融入数学教学的时候,要结合教学目标有针对性地使用,否则会造成适得其反的后果。

(二) 编程游戏融入"数与代数"领域的数学教学

"混合运算"是北师大版小学数学三年级上册第一单元"数与代数"的内容。很多学生在进行四则运算时容易出错。为了帮助学生更好地理解和掌握四则运算的概念、规律和方法,肖江平老师在本单元最后一节练习课的时候,借助 Scratch 软件设计了一个搭积木的编程游戏。

❋ **课例 2:练习一**(授课教师:深圳市福田区福民小学肖江平)

教学片段

师:同学们,你们能说一说这几道题目的运算顺序吗?

[教师在黑板上出几道题:$8\times(69-60)$,$14+6\times4$,$(90-78)$。]

生 1:第一道题先算括号里面的 $69-60$。算出得数是 9,再算 8×9。最后答案是 72。

生 2:第二道题先算乘法的 6×4。得数是 24,再 $14+24$。最后答案是 38。

……

师:同学们真棒。但是有些时候我们在进行四则运算的时候容易出错,这源于我们对运算规则的记忆不熟悉、不牢固。

师:下面,我们来玩一个搭积木的小游戏。

生:好呀。

师:这可不是我们平时所见到的搭小木块哦。我们要用手头平板电脑里面的 Scratch 软件搭建算式积木,然后让计算机算出结果。想不想玩?

生:想。

师:请听游戏规则。老师抽出一张算式卡片进行操作示范。

[打开 Scratch 软件。Scratch 的运算操作基本上是两个数字的运算,因此四则运算时需

要一层一层运算,并且每一步都是两个数字参与。第一题是"8×(69－60)",首先要计算括号里的内容 69－60,挑出减号,将 69 和 60 填进去;再计算 8 乘括号里的内容,挑出乘号命令,将 8 和刚才算好的括号内容放进去;最后将公式拖到相应的位置。]

师:看懂了吗? 想不想试一试?

生:想。

(学生们在自己的平板电脑上用 Scratch 软件搭建积木,把黑板上的 3 道算式用 Scratch 编译出来。)

🔍【评析】三年级的学生开始学习混合运算,对四则运算规则的建立还处于一个熟悉的过程。本节课中,教师带领学生在 Scratch 平台开展搭积木的编程游戏,通过编程计算数学算式的活动,来突破教学的知识难点。在参与编程游戏活动的过程中,学生进一步加深了对数学四则运算规则的理解,同时也体验了 Scratch 平台图形化编程的学习过程,学生的综合应用能力得到了培养。

🔍【反思】良好的数学分析、运算、抽象思维能力,将有助于学生构建理性、有逻辑的思维模式。本节课中,肖老师充分意识到图形化编程的学习是有利于学生数学思维的发展的,因此,为了更好地帮助学生理解和掌握四则运算,肖老师没有采取传统的枯燥的题海练习方式,而是借助 Scratch 平台让学生开展对数学算式进行搭积木的编程游戏活动。在教学过程中,教师特意进行示范,引导学生从高级运算向低级运算一层一层地拼接,而且每一层运算都从左到右一步一步地拼接。这样的拼接运算方法,有利于培养学生的计算能力和数学素养。本课例给我们探索编程游戏与数学教学的融合提供了一点启发:在将编程游戏融入数学教学的时候,要充分发挥信息技术优势,推进信息技术与数学教学的深度融合。

(三)编程游戏融入"概率与统计"领域的数学教学

"百分数的统计意义"这一课,选自沪教版六年级上册"百分比"这一章节,本章节学生主要学习"百分比的概念""百分比和小数、分数的关系"和"百分数的应用",这里的应用侧重百分比的意义。《标准(2022 年版)》在内容结构上将"百分数"由原来"数与代数"领域"数的认识"调整到了"统计与概率"领域,这是信息时代和大数据时代背景下的必然转变,凸显了百分数的统计意义。

❀ **课例 3:《百分数的统计意义》**(授课教师:上海师范大学数理学院甘芷瑜)

教学片段

1. 导入游戏背景

师:《鲁滨逊漂流记》是 18 世纪英国著名作家笛福的一部冒险小说。故事情节引人入胜,被誉为英国文学史上的第一部长篇小说,成了世界文学宝库中一部不朽的名著。作者笛福因此获得了"英国和欧洲小说之父"的称号。书中塑造了一个勇于面对自然挑战的主人公。大家知道是谁吗?

生:知道! 他是鲁滨逊。

师:鲁滨逊一生志在遨游四海,他一次在去非洲航海的途中遇到风暴,只身漂流到一个无人的荒岛上,开始了一段与世隔绝的生活。他凭着强韧的意志与不懈的努力,在荒岛上顽强地生存下来。在岛上生活了28年2个月零19天后,他最终得以返回故乡。接下来,让我们来到鲁滨逊曾经去过的荒岛,体验一段和鲁滨逊一样的精彩旅程吧!

2. 体验荒岛探险游戏,收集数据

游戏说明:

小探险家,你好啊!这里是鲁滨逊曾经居住的无人岛。为了在这里生存下去,你需要到离居住地有一定距离的地方寻找食物(播放动画,情境体验)。在寻找食物和返程过程中,会有野兽出没,需要用石头击中野兽(假设石头无限供给),避免它吃掉你!逃亡途中,会遇到障碍物,需要躲避它们,直到闯关成功。

游戏画面左上角呈现"生命值",计算规则:起始生命值为100分,被野兽吃掉扣20分,没有躲过障碍物扣10分;若生命值降到0,则闯关失败,游戏结束。

游戏结束后,展示游戏地图,呈现探险家在整个游戏过程中野兽的击中情况,包括野兽击中数和在游戏结束前野兽出现的总数。

3. 合作探究,感受百分数的统计意义

<u>问题1:3轮游戏中,每个人的野兽击中数、野兽总数如何?</u>

师: 我们刚刚经历了一轮探险之旅,同学们手上都有各自的数据。请同学们观察自己和同伴的野兽击中数和野兽总数。如果请你们再玩一轮,你认为在下一轮游戏中你们各自的野兽击中数、野兽总数是否与第一轮的一样?

生: 不确定。有可能相同,有可能更多,也有可能更少。

师: 好,那请同学们再玩两轮游戏,观察一下你们后两轮游戏的结果,看看是否与你们预期的一样。

(全班同学再玩两轮游戏。)

师: 现在大家一共玩了3轮游戏,请同学们将各自的游戏结果记录在任务单上,并比较这3组游戏数据,大家看看有什么发现?

生: 我发现我的3组数据不同,第二次击中的野兽数比第一次多,但第三次击中的野兽数比第一次少。

……

师: 对,我们发现3轮游戏中的野兽总数、击中野兽数有相同、有不同,出现的结果具有不确定性。这是为什么呀?

生: 因为我们击打野兽,有可能击中,也可能击不中。

师: 很好,石头击打野兽是一种随机现象,是否击中具有不确定性,因此在一轮游戏里,击中野兽的数量也是不确定的。例如,下周一是否下雨,从家到学校所需的时间等,这些简单的随机现象在现实世界中是普遍存在的。这些现象对应的结果,也就是随机数据,也具有不确定性。

<u>问题2:本小组中谁是击打野兽水平最高的探险家?</u>

师: 现在我们要举行一场探险游戏大赛,想邀请部分同学参加比赛,最终击打野兽水平最高的探险家将获胜。请同学们前后4人为一组,基于你们3轮的游戏数据,从4人中挑选出本小组的代表来参加这场比赛。你们想想该怎么选,选谁呢?请小组讨论交流,在任务单上撰写讨论过程。

师：我发现有些组通过比较每个人的野兽击中数，选出击中数最多的同学作为参赛代表；有些组通过比较每个人的野兽击中率，选出击中率最高的同学作为参赛代表。大家觉得哪种方式更好呢？

生：要想赢得比赛，就要选出我们各小组击打野兽水平最高的同学。每个人游戏时遇到的野兽总数不一样，只看野兽击中数，不能说明他击打野兽水平最高。因此，选择小组内击中率最高的同学作为参赛代表更好，更有可能赢得比赛。

师：非常好。这说明，击中率可以帮助我们描述某成员的投石水平，预测其赢得比赛的可能性大小，并以此做出"选择谁为参赛代表"的决定。接下来请同学们计算小组成员在3轮游戏中的击中率，填写任务单上的统计表。

师：我将各小组成员的击中率进行了汇总。通过观察各小组3轮游戏中击中率的情况，我发现很多小组成员的3轮击中率都不一样。有小组成员在第一轮游戏中只有40%的击中率，而在第三轮游戏中有90%的击中率，这该怎么办呢？如何选出我们的参赛代表呢？

生：可以多进行几轮游戏，找找随机数据的规律。像抛硬币那样，当多次重复抛掷一枚硬币后，会发现正面朝上和反面朝上的可能性相同。

师：没错，随机数据不仅具有不确定性，也具有规律性。一般情况下，随着一个人多次重复用石头击打野兽，他的击中率会趋于一个稳定值，或者说在一个值附近上下波动，这就是随机数据的规律性。而我们可以用百分数来表示击中率，刻画随机数据的不确定性和规律性。但是，考虑到上课时间有限，我们以3轮游戏的野兽平均击中率作为判断依据。请同学们计算野兽平均击中率，并以此选出你们的参赛代表。

问题3：组间PK，预测谁将是冠军。

师：现在每个小组都已经选出了击打野兽水平最高的探险家，那么接下来我们要进行组间PK。你们预测一下，谁将最有可能成为冠军、亚军、季军？

生：我认为第3组探险家很可能是冠军，因为在前3轮游戏中，平均下来他的野兽击中率最高；第1组探险家很可能是亚军，因为他的野兽击中率排第二；第5组探险家很可能是季军，因为他的野兽击中率排第三。

师：好的，既然同学们都有了自己的答案，那我们就开始组间PK，选出冠军、亚军、季军吧！

师：通过对百分数的运用，同学们预测得很准确！恭喜第3组代表获得冠军！同学们的预测和结果一致，说明了什么呢？

生：野兽击中率这一百分数可以预测比赛结果。

师：所以，我们又发现了百分数的另一个功能，它可以帮助我们对未知事件进行预测，对结果进行判断。

师：那老师还想问一下，亚军和季军我们刚刚没有预测准确，这是为什么呀？

生：击中率高只是说明赢得比赛的可能性大，但因为随机数据具有不确定性，所以单次比赛中的结果会有多种可能。

师：很好！你充分理解了随机数据的特征以及百分数的统计意义。

问题4：如何为班级所有的探险家颁发不同等级的荣誉称号？

师：前面我们评选出了探险比赛中的冠军、亚军和季军。我们都玩了3轮游戏，都小有成就,现在有机会为所有同学都颁发一个荣誉称号。这里有3个等级的荣誉称号:五星探险家(最高)、三星探险家、一星探险家,每位同学的野兽平均击中率也呈现在了大屏幕上。请以小组为单位,思考:基于每位同学的平均击中率,可以制定怎样的标准,从而为每位同学颁发一个恰当的荣誉称号呢?

生:我觉得根据每个人的野兽平均击中率,按照一定的百分比划分3个等级,就可为每位同学颁发一个恰当的荣誉称号。

师:很好,那现在请各小组进行讨论交流,制定出你们的标准,为每一位同学颁发恰当的荣誉称号,并用统计图表达结果。

(大屏幕上的数据是按组进行呈现的,没有顺序,因此学生需将数据从大到小排序,制定划分标准,并绘制统计图,这样既简洁又直观,便于分析来制定标准。)

师:现在我们制定好了标准,以开火车的形式小组简单汇报一下你们的结果吧!

(各小组汇报结果。)

师:每个小组的汇报都很精彩,每个同学都将拥有自己的称号。可是在刚刚的汇报当中,大家觉得是否有小组制定的标准不太合理呢?

生:在第6小组的标准中,五星探险家所占的百分比明显多于三星,三星所占的百分比明显多于一星。

师:这位同学真善于观察! 这说明了什么呢?

生:说明很容易获得五星探险家、三星探险家的称号。如此,同学们可能就不会好好玩探险比赛的游戏,去争取高级的荣誉称号了。

师:很好,所以我们要学会合理利用百分数制定标准,充分发挥评奖评优的激励功能。

4. 课程总结

师:在这节课中,你有什么收获吗?

生1:理解随机数据,认识到它具有不确定性和规律性。

生2:百分数可以描述随机数据,预测随机现象发生的可能性大小,可以帮助我们做出判断与决策。

【评析】对于"百分数的统计意义",教师将数学游戏融入教学,借助线上游戏和线下引导,贯彻心流理论思想,直观清晰地呈现基本概念,再通过学生在学习任务驱动下产生的心流体验和学习沉浸感,帮助学生完善百分数的认识。课程通过游戏,提高了学生的心流状态,多方面给予学生反馈,提升自我效能感。

探险家游戏,通过数字界面设计、元素设计和动画表现设计,在带给学生视听觉冲击的同时,让学生成为学习的主体,给学生带来更深入全面的交互式体验以及沉浸式体验。学生的好奇心驱动着视听觉效果和心流体验交替上升,促进新认知的形成。游戏的设计自然地将命中与逃生问题转换成百分率问题,在对学生先前的游戏学习给予即时反馈的同时,培养学生的问题分析能力和求知欲,视觉感知将抽象的百分数具象表出。

在学生亲身经历数据的收集后,开展课堂的第二部分,将课程从线上带回到线下,学生对课程的参与感提升。前期课程通过线上游戏提高学生心流体验,后期课程通过线下教学的形式,经历提出问题、收集数据、整理数据、分析数据、做出决策的过程,提高学生提出问题、分析问题、解决问题的能力,深入理解百分数的统计意义。

最后，教师通过层层提问来引导学生，帮助学生理解、总结百分数的意义，在提问中渗透了学习百分数的必要性、百分数的统计意义。

从游戏的经历到百分数的认识再到探究百分数的意义，本课例在游戏活动的设计中，将视听觉和心流体验紧紧环扣，遵循具身认知规律，层层递进，感受知识和情感的双重体验，实现了百分数与生活相扣的有意义的游戏化教学。

🔑【反思】本节课在统计视角下继续构建百分数的意义与应用，除了要求学生能体会百分数可以对随机数据、随机现象进行描述，认识现实世界中的随机现象外，更重要的是经历收集数据、整理数据和分析数据的过程，依据百分数判断随机现象发生的可能性，并做出决策，进一步感受百分数的统计意义，培养数据意识、应用意识、反思意识和实践能力，发展提出问题、分析问题、解决问题的能力。

三、进一步思考的问题

（1）编程游戏与数学教学融合有哪些注意事项？
（2）除了前文提到的 Scratch 和 AISpark，还有哪些编程软件可以辅助课堂教学？

四、资源链接

[1] 蔡宝红. 在小学数学课教学中应 Scratch 软件之探索[J]. 学苑教育，2019(16):54.
[2] 陈沁妤，方艳，贾红艳. Scratch 与小学数学教学的整合与应用[J]. 课程教育研究，2020(5):120-121.
[3] 蔡惠贻. 基于游戏化教学的背景，探索编程游戏与数学课堂的融合[J]. 小学教学研究，2022(20):34-35,38.

五、学习分享

在编程游戏与数学教学融合的探索中，我们感受到了编程游戏的强大性，更感受到了编程游戏与数学教学结合的价值。编程游戏与数学教学的融合是为了提高课堂教学的趣味性和有效性，这样的教学模式对教师提出了更高的要求。为了更好地实现编程游戏与数学教学融合，教师在熟练掌握编程技术的同时还要保持游戏精神，时刻学习和更新游戏设计理念。需要特别注意的是，编程游戏是数学课堂教学的辅助工具，不应该占用课堂的大量时间，要留更多的时间给学生进行思维的跃动与提升。

第七章
主题游戏：在实践任务中探索，提升综合素养

第一节　走近主题游戏

一、理念引领

阅读本节内容之前，请先完成以下热身活动：
(1) 什么是主题游戏？
(2) 主题游戏有哪些适用场景？

《标准(2022年版)》确立了核心素养导向的教学目标，"综合与实践"是形成和发展核心素养的重要载体。"综合与实践"主要包括"主题活动"和"项目学习"，第一至第三学段主要采用主题式学习。所谓主题式学习，是指学生围绕一个或多个已经结构化的数学知识主题进行学习。如果这些知识主题本身就是一个游戏(如七巧板、幻方)，或者这些主题活动是以游戏化改造的，那么这样的"主题活动"，就是本章介绍的"主题游戏"。

二、课例导读

作为兼顾趣味性、综合性、实践性和开放性的序列游戏活动，主题游戏有着广泛的应用场景。无论是在课堂实践，还是在游园活动，主题游戏都大有可为。

(一) 课堂实践

在教学实践中，我们发现孩子们在运用益智学具开展游戏的过程中，动手、动脑、主动探索的欲望强烈，相互合作、共同探讨的行为随时发生。孩子们享受这种过程，并乐意共享经验、互相谦让、共同解决问题，这催生了我们将学具以游戏活动的形式引入课堂的想法。

骰子，是孩子们习以为常的游戏道具。在这一方小小的骰子上，藏着许多数学的秘密。徐杰老师以骰子为主题，虚拟了唐僧师徒四人路过"骰子国"的故事，以闯关游戏活动的形式为主线，带领孩子们开启了一段奇妙的闯关之旅。为了顺利得到通关文牒，他们必须通过国师设下的4道关卡(见图7-1)。

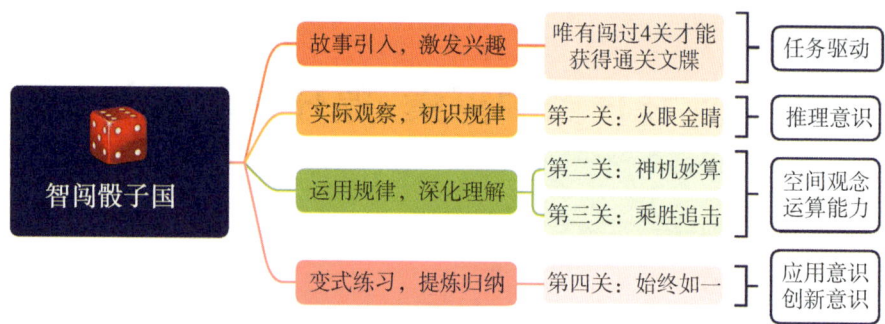

图 7-1 "智闯骰子国"思维导图

课例:《智闯骰子国》(授课教师:深圳市福田区荔园小学徐杰)

第一关:火眼金睛

任务:把一个骰子平放,可以看到 3 个面的点数,分别是点数 6、5 和 4,请问与点数 6 相对面的点数是几?

学生先大胆猜测,再通过自己转骰子,观察每个点数的相对面,进一步总结出这样一条规律——相对面的点数之和是 7,从而推断出 6 对着 1。学生在闯关的同时,发现了骰子的秘密。此时胜利的音效适时出现,强化了孩子们继续下一关的信心。

第二关:神机妙算

任务:把两个骰子纵向叠加(出示图 a),隐藏面点数之和是多少?

学生根据问题要求,提出"什么是隐藏面"。老师抓住时机演示,让学生明白隐藏面的含义。随后,老师组织学生摆一摆、算一算。

生 1:对照图片我重新摆了摆,发现 3 个隐藏面点数是 1、6、1,和是 8。

生 2:可以通过观察底端骰子四周的点数,得出缺少的两个点数就是上下相对面的点数。

生 3:根本不用摆,也不用四周看。顶端骰子下面的点数是 7-6=1,底端骰子的上下两个点数之和一定是 7,所以隐藏面的点数之和是 1+7=8。

图 a

第三关:乘胜追击

任务:请快速算出(如图 b 所示)5 个骰子纵向叠加隐藏面的点数之和是多少。
4 人小组合作,摆一摆、算一算。

图 b

生1：一共隐藏了9个面，顶端骰子的下面的点数是1，再加上4组上下相对面点数之和是7，直接就是1+4×7=29。

师：原来大家都在用"相对面的点数之和是7"这个规律，想不到这个规律还有这么大的用处呀！想一想还有其他办法吗？

生2：7×5-6=29，也就是先求出5组上下相对面点数之和，再减掉最上面的那个点数。

第四关：始终如一

任务：如图c所示，任意抛两个骰子，其中一个骰子上下两个面的点数分别乘以另一个骰子上下两个面的点数，把它们所得的积相加，和是几？多抛几次，你有什么发现？

图 c

生1：我抛了两次，第一次得到的点数是1、6和2、5，计算结果是49，第二次得到的点数是3、4和2、5，计算的结果也是49。但我不明白为什么结果都是49。

生2：我的结果也是49，但是不明白为什么。

师：抛出的点数不一样，为什么结果都一样呢？再仔细观察观察。

生1：我想是7×7=49的缘故吧。可是好几步算式为什么都变成了7×7？

师：是呀，为什么呢？同桌讨论。

生2：我来用乘法分配律解释吧。例如，点数是1、6和3、4。

$$1\times3+1\times4+6\times3+6\times4$$
$$=1\times(3+4)+6\times(3+4)$$
$$=1\times7+6\times7$$
$$=(1+6)\times7$$
$$=49$$

生3: 实际上还是利用骰子相对面点数之和是7的道理,在计算的过程中运用了两次乘法分配律,用字母来概括如下:

$$A\times C+A\times D+B\times C+B\times D \quad (\text{其中}\ A+B=7,C+D=7)$$
$$=A\times(C+D)+B\times(C+D)$$
$$=(A+B)\times(C+D)$$
$$=7\times 7$$
$$=49$$

【评析】 徐老师首先以学生喜闻乐见的西天取经的故事引入,激发学生的兴趣。围绕"骰子上的数学秘密"这一主题,匠心独运地设计了4个关卡,逻辑上环环相扣,难度上层层递进。第一关"火眼金睛"注重观察能力的培养,通过看上面的点数求下面的点数的任务驱动,让学生初步感知规律,即一颗骰子相对面的点数之和是7,这一条规律也是后续几关的认知基础。

在运用规律、理解深化环节,徐老师设置了"神机妙算"和"乘胜追击"两个关卡。先让孩子解决两个骰子纵向叠加,求隐藏面点数之和的问题。这一任务设计着眼逆向思维,让学生进一步判断,初次运用规律解决问题。紧接着挑战升级,还是同样的问题,只是骰子的个数从2个变成了5个。学生很自然地发现,随着叠加骰子数量的增多,隐藏面的数量在增加,它们的点数之和也随之增加。但是,在这些变化的背后,有没有永恒不变的量呢?学生经历了观察、想象、说理的全过程,发现只要牢牢抓住"相对面的点数之和是7"这一规律,类似的问题都能迎刃而解。在这个过程中,学生的思维活动由具体到抽象,空间观念得到发展。

在变式练习、提炼归纳环节,为了避免活动的重复以及思维的惰性,徐老师设计了更有挑战性的游戏。组织学生同时抛两个骰子,并将上下两面分别相乘再相加,学生果然发现并提出了有意义的数学问题"为什么不管怎么抛,结果都一样",并大胆猜测"会不会和相对面之和是7有关"。随后学生有意识地利用数学的原理和方法,即通过归纳、类比,推测出这背后是乘法分配律在起作用,最后用字母表示数来验证,从特殊到一般,最终确定了奥秘所在。可见,在"始终如一"这一关中,学生经历了"确定疑难→提出问题→大胆假设→小心求证"的解决问题的全过程,感悟到现实生活中蕴含的与数量和图形有关的问题,往往能用数学的方法予以解决,并在挑战成功的喜悦中增强了探索开放性的、非常规问题的勇气,有助于形成独立思考、敢于质疑的科学态度和理性精神,发展了应用意识和创新能力。

(二)游园活动

老师们在策划数学活动周时,遇到的情况往往复杂得多,譬如持续时间长、活动场地宽、参与人数多、学生跨年级等,像"估测大师"这样的单一主题统领下的系列游戏活动,难以支撑更为苛刻的实际要求。因此,我们需要开拓多元化的项目。那么,对于多样化的活动,如何主题化呢?下面让我们看看深圳市福田区东海实验小学的"数学嘉年华"是如何在有限的时间和场地内,实现对学生学科素养的评价的。

❀ **案例2:《数学嘉年华》**(策划人:深圳市福田区东海实验小学谭春兰)

"数学嘉年华"是东海实验小学的一个系列游园活动,该活动每学期举行一次,以数学学科为主体,综合其他相关学科,旨在展示学生数学思维和创造才能,是一场智与趣的脑力狂欢。该活动最大的特色是以数学游戏为载体,将学生核心素养评价与综合能力提升融为一体,并以学生喜闻乐见的方式加以呈现,在轻松愉悦的、个性化的自主活动中,完成对学生的学科素养、综合能力的评价。

(1)实施。数学组的老师们对游园活动的游戏做了整体规划,每个年级按班级数量设置游戏数量,根据学生的年龄特点和学业水平开发相应内容。选取数学内涵丰富、综合性强、易于操作的案例进行修改和完善,最后确定项目及规则。

中心主题	项目1	项目2	项目3	项目4	项目5	项目6
一年级	一笔画	过目不忘	巧数积木	投球入桶	明察秋毫	创意七巧板
二年级	过目不忘	估测大师	投球入桶	巧钻山洞	明察秋毫	创意七巧板
三年级	估测大师	过目不忘	明察秋毫	巧算24点	拼图达人	时钟精灵
四年级	估测大师	过目不忘	明察秋毫	构建等式	拼图达人	玩转四连方
五年级	估测大师	过目不忘	明察秋毫	巧算24点	巧数图形	
六年级	估测大师	过目不忘	火柴棒游戏	玩转四连方	巧数图形	

在活动开始前一周,科组老师会张贴海报,让学生有足够的时间了解每个年级有哪些主题游戏,游戏的活动地点分别在哪,游戏规则是什么,有哪些需要注意的地方。在实践中,我们发现有些学生为了顺利通关会提前进行演练,有些学生在练熟本年级的游戏后又跑去玩其他年级的游戏,这也就达到了活动举办的目的之一——激发学生学习数学的兴趣,让学生主动地、愉快地学习。

(2)评价。活动过程中,每一位学生都手持"积点卡",这既是学生闯关的凭证,也是学生的"答题卷"。当游园活动完成后,学生可凭积点数换取对应的礼物和积分,此积分计入期末考试成绩,占总成绩的10%。

【评析】该活动有别于一般的趣味大游园,它尊重孩子好奇、好玩的天性,注重孩子的能力培养,以数学游戏的形式呈现数学知识,让学生感受、操作、体验。那么,这些精彩的游戏都是怎样筛选出来的呢?

活动开始前,数学组向学校的老师和同学征集创意和建议,于是,大量新奇的想法涌入。有的游戏来自生活,如"估测大师"四年级的活动"估一估苹果的质量";有的来自益智游戏,如"创意七巧板""巧算24点""火柴棒游戏";有的游戏是老师自创的,如"构建等式""玩转四连方";还有的来自学生,如"巧数积木"游戏里的图案,都是学生自己拼搭的。内容多样、形式新颖的活动,以学生喜闻乐见的形式展开,让学生感受数学的丰富多彩,体验数学的奇妙乐趣。

不难发现,主题游戏有以下 4 个特点。

1. 系统:以主题统摄知识

譬如,以"巧算 24 点"为主题,考查运算能力。该游戏在三年级、五年级皆有设置,难度也是随着年龄的增长递增的。三年级的孩子,由于掌握了两步混合运算,因此在给定的题目"2、6、8"与"1、3、6"中任选一组,将 3 个数进行四则运算求得 24。面向能力进阶的五年级学生时,闯关要求升级,变成了从一副扑克牌中任意抽出 4 张牌,利用牌的点数进行"算 24"的四则运算。再如数学嘉年华中所述的"估测大师",虽然每个年级度量的对象有差异,但本质都是围绕着估测能力开展的。

2. 真实:以项目承载目标

数学游戏活动不能失去数学本真,要有数学味,应侧重于学生的能力培养。"估测大师"重在对学生估算意识的培养;"构建等式"重在考查运算能力,"过目不忘"考查观察力、专注力、记忆力,"玩转四连方"考查学生的空间想象能力,"数字游戏"锻炼学生的逻辑思维能力……14 个游戏各有侧重,让学生享受动脑过程,享受思维的乐趣,享受解开一个个谜题时的酣畅淋漓。

3. 趣味:以游戏亲近儿童

形式上要有创新,才能激发学生的兴趣。以"投球入桶"游戏为例,游戏规则是学生任意摸出两个球,把球上的两个数相加,根据正确的得数投入相应的桶里。虽然游戏评价的侧重点是学生的口算技能,但加入了"投球"这一环节,比起书面测试的简单口算就更有趣,形式更活泼。投不准和算不对的学生都需要反复参与游戏才能得到相应的积点,这对学生的综合能力也是一个考验。

4. 综合:以过程促进发展

心理场理论表明:当教学内容被多元组合时,其丰富的力量就会显示出来。在整个数学游园活动中,各个主题注重设计具有合适的思考空间的数学游戏和活动,让学生在参与过程中运用数学知识和数学思考方法来解决问题。以"巧钻山洞"游戏为例,游戏准备了长方形、正方形、圆形、平行四边形山洞各一个(各材料经过适当的操作都能和学生肩宽相当),学生 4 人一组,每人选择一个不同形状的"山洞",钻过去则过关。这个活动要求团队合作,4 人必须根据身材特点选取合适的"山洞"。遇到平行四边形"山洞"的学生需要懂得利用平行四边形的不稳定性将"山洞"调节到适合自己的肩宽,而遇到长方形、正方形"山洞"则需要懂得转换"山洞"的方向。这是一个对图形特点深层次认识与灵活运用的综合问题,需要学生认真思考分析,找到解决问题的办法。

三、进一步思考的问题

按游戏和主题的对应关系,主题游戏可分为哪几类?

四、资源链接

(一) 期刊文章

[1] 张光陆. 复杂性课程:特征、实施与展望——美国多尔教授与图伊特教授访谈

[J].全球教育展望,2013(3):3-10.

[2] 崔允漷,夏雪梅."教—学—评一致性":意义与含义[J].中小学管理,2013(1):4-6.

[3] 许卫兵.由"考"及"导":无纸化测评的实践转型[J].教育研究与评论,2022(1):21-26.

[4] 吴鸽.指向学科素养:无纸化测评方案设计与实施[J].教育研究与评论,2022(1):27-30.

[5] 徐杰,姚铁龙.借助游戏化教学培养学生数学素质——"智闯骰子国"教学实录[J].小学教学,2020(6):52-54.

(二) 专著

[1] 张光斌,宋睿玲,王小明.科普游戏导论:游戏赋能科学教育[M].北京:电子工业出版社,2021:168-195.

(三) 课标

[1] 中华人民共和国教育部.义务教育数学课程标准(2022年版)[S].北京:北京师范大学出版社,2022.

五、学习分享

按游戏和主题的对应关系,主题游戏可分为以下3类。

(一) 一游戏一主题

一游戏一主题,指的是整个教学活动都围绕一个游戏运行。如徐杰老师的"智闯骰子国",以"骰子上的数学秘密"为主题,一节课围绕一方小小的骰子做文章。第一关"火眼金睛",学生仔细观察骰子,初识规律——一颗骰子相对面的点数之和是7。随后通过"神机妙算"和"乘胜追击"两个关卡运用规律,深化理解。最后在"始终如一"关卡的变式练习中,发现了"不管怎么抛,结果都是49",探究出奥秘的背后是乘法分配律在起作用。

这样一来,孩子们在有限的时间内,便将所有的认知资源都投注在这一游戏上。在这一主题游戏中,孩子们在有难度、有梯度的4个关卡中,慢慢地摸透骰子,方能玩得过瘾、悟得明白。

(二) 多游戏一主题

多游戏一主题,指的是多个游戏项目由一个主题统摄,这样的游戏往往有结构相似的特点。如东海实验小学的"估测大师"活动,针对不同年级的孩子的学业水平,设计了估数量、估质量、估长度、估面积、估体积等游戏。而这些游戏都以度量为主题,考查学生的估测意识,只是度量对象不同罢了。

(三) 多游戏多主题

多游戏多主题,指的是多个游戏由不同的主题统摄。深圳市福田区荔园小学(荔园集团)就做出了成功的尝试。数学周活动由三大板块组成:画数学、比数学、玩数学(见图7-2)。

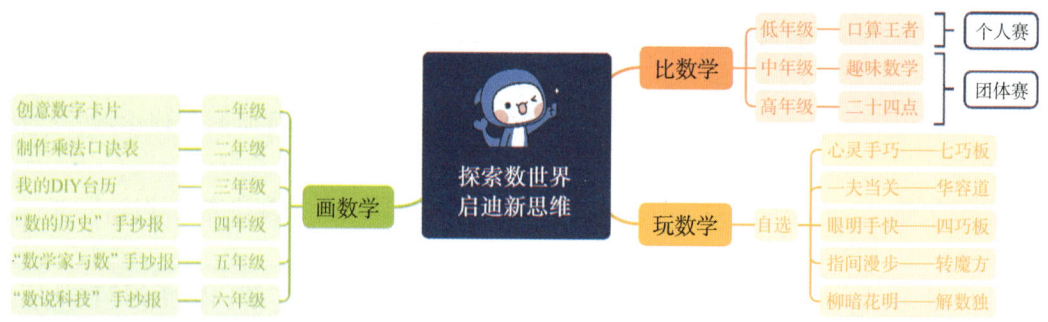

图 7-2 多游戏多主题案例

在"画数学"板块,孩子们通过巧妙设计,让数学化作五彩缤纷的颜色,跃然纸上;经过资料调查,让数学成为令人称奇的故事,妙笔生花。

在"比数学"板块,按照参赛的形式分为"个人赛"和"团体赛"。针对计算这一数学基本功,采取"个人赛"的方式,要求人人参与。对于数学趣味知识的考查和二十四点的比拼,则采用班级选拔的形式,每个班级选拔 5 名学生,代表自己的班级参加年级团体争霸赛。

到了最后的"玩数学"板块,孩子们可以弥补自己没玩够的遗憾,参与到丰富有趣的游戏项目中:可以发挥空间想象,参与到指尖漫步——玩转魔方中;可以梦回三国之争,挑战一夫当关——华容道;还可以看看谁更眼明手快——拼四巧板,或心灵手巧——智力七巧板;抑或是穷尽逻辑推理,参与到柳暗花明——数独中。

我们会发现,"多游戏多主题",就每一个板块而言,还是"多游戏一主题"。后续的章节会详细阐述怎样围绕一个主题开展课堂游戏,以及如何围绕主题设计游戏活动。

第二节 主题游戏的课堂实践

一、理念引领

阅读本节内容之前,请先完成以下热身活动:
(1) 为什么要将主题游戏引入课堂?
(2) 怎样在日常教学中推进主题游戏?

小学生思维发展的特点是以具体形象思维为主要形式,逐步向抽象逻辑思维能力过渡。对于推理意识、空间观念的培养,是小学数学教学中的难点。而许多教师采用的策略依然是单调的讲授和繁复的训练,不仅压抑了学生的主观能动性,对素养的落实更是难以达成。

如何契合小学生好奇、好动的年龄特点,激发他们对数学学习的兴趣呢?益智游戏恰好可以作为一个让孩子们自由发挥、充分想象的载体。正如吴正宪老师所说的,我们需要给孩子看得见、摸得着的东西来帮忙,而益智游戏恰好能让学生在动手、动脑中培养观察、分析、推理等多种能力。在教学实践中,我们会发现,主题游戏的课堂实施非常考验教师的设计能力。怎样才能将学生喜闻乐见的益智游戏,改造成适合学生使用的学习素材,让学生在玩的过程中提升数学核心素养呢?

譬如数独,这是一种很有逻辑性的数字填充游戏。它可以锻炼学生多元化的思维模式,有效提高逻辑思维能力,充分提高学生对事物进行观察、比较、分析、概括、推理的能力,提升学生的专注力、观察力、反应力等综合能力。如果将其作为数学游戏节的一个测评项目,让学生在有限的时间内比拼速度,固然不失为一条考查学生逻辑推理的路径。然而,这样优秀的素材,如果只如昙花一现般出现在游园活动里,未免过于可惜。作为老师,我们应当思考怎样将优秀的游戏引入课堂,挖掘其中的能力点,设计有层次的教学活动,让学生在理解规则的同时,提升数学核心素养。

二、课例导读

与普通游戏不同,益智游戏的设计具有一定的逻辑和原理,可以促使游戏参与者智力的发展,在愉悦身心的同时,更具有启迪智慧的作用。将益智游戏用于课堂时,在理解规则、提炼策略等环节,都需要考虑到儿童的心理特点。那么,怎样对现有的游戏进行调整,使之符合儿童身心发展的客观需要呢?

❀ **课例1:《填数游戏》**(授课老师:深圳市福田区福田小学范翊贝)

"填数游戏"是北师大版一年级下册"数学好玩"中的第二个内容。本节内容是一个实践活动,旨在训练孩子的逻辑思维和观察能力,让孩子不仅能在游戏中领略数学的奥妙,感受数学文化的源远流长,还能在探索、尝试、交流等活动中,积累推理的经验,初步提高分析能力。

不难发现,"填数游戏"的原型是四宫格。由于四宫格的概念较为复杂(有行、列、宫),对填数的要求更高,即要求3个维度(每行、每列、每宫)都要有1、2、3、4这4个数字,对一年级的孩子而言,难度太大,因此,北师大版数学教材将其变成了3×3的数字谜游戏(见图7-3),无论是数字的个数,还是填数的要求,都大大降低了。无疑,这样的改造,能有效帮助孩子消除紧张的情绪,提升他们的自我效能感。

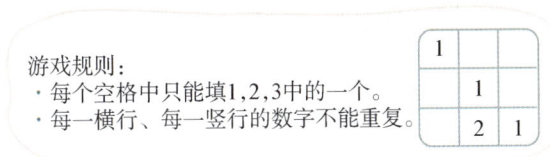

图 7-3 数字谜游戏

范翊贝老师在此基础上,对游戏规则做了进一步的拆解(见图7-4),再次降低了认知门槛,使之更符合初次接触填数游戏的孩子们。下面将结合这一课例,看一下范老师在每一个环节的具体实施。

让孩子玩好数学——小学数学游戏

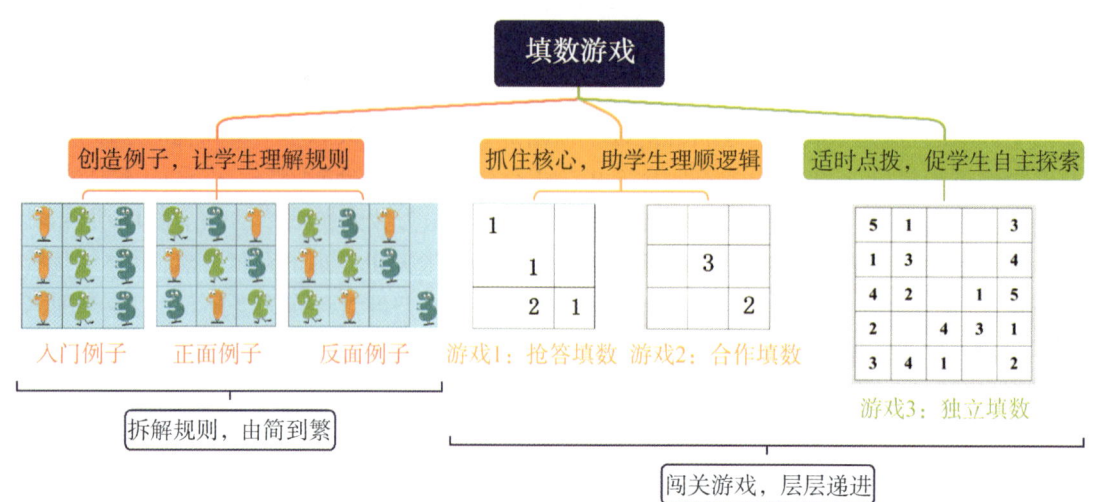

图 7-4 进一步拆解的填数游戏

教学设计

（一）创造例子，让学生理解规则

1. 创设情境，初识排队秘密

师：今天老师和同学们来玩一个有趣的游戏。听说玩游戏呀，数字王国里的数字宝宝也来到了这里，他们在干什么呢？（课件播放图 a）

图 a

生：在排队。

师：他们排得真整齐，你能发现他们排的队伍有什么秘密吗？

生：第一行是 1、2、3，第二行和第三行也是 1、2、3。

生：竖着看，第一列都是 1，第二列都是 2，第三列都是 3。

2. 给出正例，聚焦排队秘密

师：真仔细！瞧，他们要换新排法了。（课件播放图 b）现在你们又发现了什么？

生：第一行是 2、3、1，第二行是 1、2、3，第三行是 3、1、2。

228

图 b

生：每一行、每一列都有数字宝宝1、2、3。

3. 利用反例，引出游戏规则

师：(课件播放图 c。)第三行的数字宝宝想变换一下队形，宝宝1和2先排了进去，轮到数字宝宝3时，它却一直犹犹豫豫，(指右下角格子)为什么它不排到这个格里呢？

图 c

生：排在这里，第三列就有两个3了！

师：出现两次就叫"重复"。那现在每行每列的数字宝宝有重复吗？

生：我发现第一列的2也重复了。

师：同学们，你们真聪明，发现了数字宝宝排队的秘密！今天我们就利用这个秘密一起来玩一个填数游戏。首先我们来听听游戏规则。(播放游戏规则。)

师：听完后你觉得有没有需要提醒大家的？

生：数字不能重复。

生：每个空格中只能填写1、2、3中的一个。

🔍【评析】玩游戏首先要遵循游戏规则，游戏规则怎么引出？是由教师直接出示，还是让学生在观察中明确？范翊贝老师在这里有着别具匠心的巧思。首先，在本节课中，游戏化教学把枯燥无味的数字变成有趣生动的数字宝宝，更贴近低年段孩子们的思维水平。不仅如此,范老师在课前还创设了一个趣味化的游戏情境,围绕着核心问题"数字宝宝排队有什么秘密"设计了3个例子,分别是入门例子、正面例子和反面例子,让学生从不同的角度观察数字的顺序和个数。范老师在组织学生观察的同时,以拟人化的心理活动"轮到数字宝宝3时,它却一直犹犹豫豫,为什么它不排到这个格里呢",进而引发学生思考,找到数字宝宝排队的奥秘:每一横行每一竖行都有1、2、3,并且数字不能重复。课伊始,趣已生!随后,再播放游戏规则,听完规则后询问学生"有没有需要提醒大家的",让学生在抓住重点的过程中再次强化对规则的认识。

(二)抓住核心,助学生理顺逻辑

游戏1:抢答填数(学会表达,理顺逻辑)

师:清楚游戏规则了吗?现在请拿出桌面上的学习纸(一),尝试填一填!

(学生填。)

师:很多同学都做完啦。谁来说说:第一步填哪格?为什么?

生:我第一步填这一格(边说边把五角星放在所填空格上,如图d所示),因为这一行有了1和2,没有3,填3。

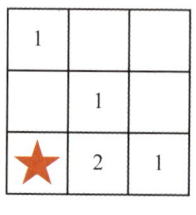

图d

师:哦,原来他是横着看的,这一行有1和2,缺3,所以填3。还有不同的想法吗?第一步填哪个空格?

生:我第一步填了这个格子(指第二列最上方的格子),因为这一列有1、2,所以填3。

师:你从哪个方向看的?

生:竖着看,这一列有了1和2,缺3,所以填3。

师:说得真完整,掌声送给他!

师:除了这两个格子,第一步可以先填其他的格子吗?(生:不可以。)为什么不先填这个格子呢?(把五角星贴到其中一格。)

生:因为这个格子横着看,只有1,缺2和3,不确定填哪个。

师:所以我们第一步该从哪开始填?

生:数字多的地方。

生:只有一个空格的地方。

师:真聪明,你们一下子就抓住了填数的奥秘。填数要善于找到突破口,找到了突破口,就成功了一大半。剩下的空格抢答完成!看看谁反应最快。

🔍【评析】"第一步填哪格?"这是核心问题,也是大问题。教学中,教师紧紧抓住这一核心问题,并将这一核心问题放大、凸显,在PPT上醒目呈现,进而将"填数"的思路和方法深深地烙在学生脑海里。"第一步可以先填其他的格子吗?""为什么不先填这个格子呢?"在正反对比中,学生深刻理解了填"唯一空格"的必要性。

游戏2:合作填数(尝试填数,总结方法)

师:真厉害!还想接着玩填数游戏吗?好,不过现在增加了点难度。对比一下,和刚刚的有什么不一样?(课件播放图 e。)

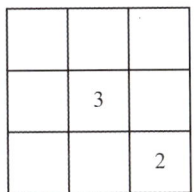

图 e

生1:数字宝宝更少了,格子更多了。

生2:刚才找只有一个空格的方法不能用啦。

师:那第一步怎么填?请小组长拿出一号信封,将学习纸(二)发给组员,先独立思考,然后再组内讨论。

(学生小组讨论,教师巡视,寻找典型填法。)

师:第一步究竟填哪个空格?哪个小组汇报一下?

生:(把五角星贴在3右边的空格里)横着看有了3,所以五角星处不能填3;竖着看有了2,所以五角星处不能填2(课件显示虚线)。1、2、3中不能填2和3,所以只能填1。

师:除了这个格子,谁还能再找一个特别的格子?

生:最下面中间那个格子,横着看不能填2,竖着看不能填3,所以不能填2和3,就只能填1。

师:找到了突破口,现在会填了吗?

(生点头,独立填数后展示学生作品。)

师:哪位小老师来分享你的好办法?

生:我们要横着看看有哪些数,竖着看看有哪些数,思考一下缺哪个数,缺的那个数就填在交叉格里。

师:刚才这位同学说了一个词:交叉格。谁能解释什么是交叉格呢?

生:交叉格就是横着和竖着相交的那个格子。

师:解释得真好!当数字很少时,这个格子就是我们思考的突破口。

🔍**【评析】** 真正重要的是学生怎么学,而不是教师怎样教。"对比一下,和刚刚的有什么不一样?"学生主动辨析,问题不同了,思路也会调整、改变,为方法的"同"中有"异"做铺垫。品味这一段教学,感觉就是"透"。究其原因,就是在变中紧扣"不变":先填哪个空格?并且思考的方法也有相同之处:也是横看竖看,只不过稍加改变的是,原来只看其中一行就够了,现在既要横着看,也要竖着看,同中有异,异中存同!

(三) 适时点拨,促学生自主探索

游戏 3:独立填数(独立练习,积累经验)

师: 还想不想加大一点难度?现在我们又邀请了数字宝宝 4 和 5 一起玩填数游戏。请看大屏幕(课件播放图 f),好像和刚才的游戏规则不太相同,你们能猜一猜现在的游戏规则吗?

5	1			3
1	3			4
4	2		1	5
2		4	3	1
3	4	1		2

图 f

生: 每个空格只能填 1、2、3、4、5 中的一个。每一横行、每一竖行的数字不能重复。

师: 哪些格可以一眼看出来?

师: 你们找到只有一个空格的地方,最容易填。那剩下的 4 格怎么填呢?请组长拿出二号信封,将学习纸(三)发给组员。独立思考,看看谁能最快填好。

师: 同样是两个格中选一格,第一次是选 4 个格中左边的这一格,第二次是选 4 个格中右边的一格。有没有什么奥秘?

生: 我补充一下。以第一行为例,第四格所在的横行、竖行合起来告诉了我们 3 个数字。第三格所在的横行、竖行合起来告诉了我们 1、3、4、5 这 4 个数字,信息更多。所以首先应该填第三格。

(教师板书:横竖一起看,谁告诉的信息多就先填谁。)

🔍 **【评析】** 好的教学是激励、唤醒和鼓舞。5×5 的数字谜对学生来说是个新问题。对这个新问题,教师大胆放手,请学生"猜一猜现在的游戏规则"。这个问题看似有难度,实际在学生的最近发展区,学生跳一跳能摘到果子。关键在"摘果子的过程中"也培养了学生举一反三的能力。在后续解决问题的过程中,教师在关键处适时介入,引导学生将一眼能看出来的空格先填出来,再集中火力聚焦到剩下的 4 个空格,详略得宜,使课堂张弛有度,尽显节奏之美。

🔍 **【反思】** 本节课中的内容,重难点是理顺规则并说清填数的顺序和理由。一年级的学生正处于具体运算阶段初期,思维刚具备一定弹性,但是还没有形成概念,发现问题、分析问题、解决问题都必须与他们熟悉的物体或场景相联系。为了让孩子们读懂规则、明晰策略,范翊贝老师用了这样 3 个方法(见图 7-5)。

1. 故事背景

人脑与叙事结构有天然的亲和力,正因此,选择儿童喜闻乐见的数字宝宝,通过"数字宝宝排队的秘密"这一故事元素,协助大脑对"不重不漏"这一游戏规则高效编码。

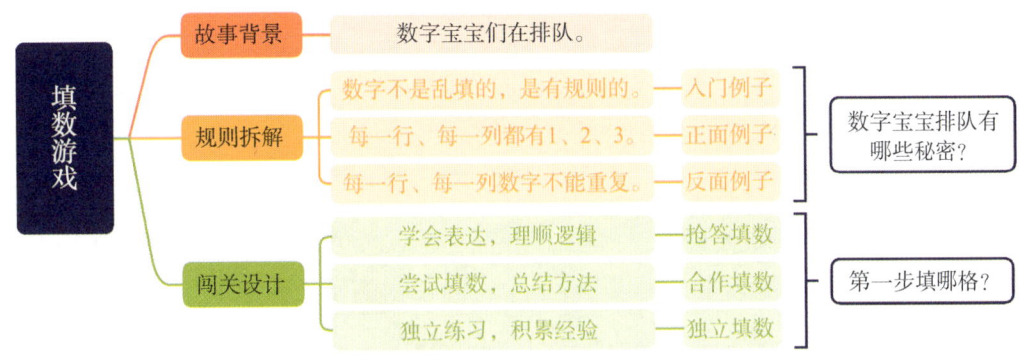

图7-5 填数游戏思维导图

2. 规则拆解

为了保证学生吃透规则,范翊贝老师将规则进行拆解,将对规则的理解转变为对"数字宝宝排队的秘密"的探究。用由简到繁的3个例子,将复杂的规则拆解为这样3条简单的要求:数字不是乱填的,是有规则的→每一行、每一列都有1、2、3→每一行、每一列数字不能重复,让学生拾级而上。

具体而言,范老师先通过入门例子,让学生意识到数字宝宝排队是有序的,每一行都有1、2、3;接下来出示正面例子,即本节课所要研究的填数游戏。这一次数字宝宝排队又有什么秘密呢?有了入门例子的铺垫,学生的思考便有了方向,很快发现每一行、每一列都有1、2、3。此时再给反例,一个踌躇不前的数字宝宝3成功挑起了孩子们的好奇心:为什么他不敢进去呢?原来是因为如果进去了,就会闹出同一列出现重复数字的笑话了。这一小插曲,也强化了对"同一列数字不能重复"这一规则的记忆。

3. 闯关游戏

理解规则后,范老师先易后难,让学生在推理的过程中提炼填数策略。围绕着核心问题"第一步填哪格",学生在任务序列中领悟到要"从多入手,找突破口"。由图7-5可见,范老师将细化后的教学目标转化成不同的游戏任务,再将游戏任务嵌套在难度逐级增大的关卡中。学生每通过一关,对填数逻辑的理解也就越深刻,对策略的应用也越纯熟。随着学习的深入,技能与挑战交互抗衡,这为学生带来良好的控制感,进而激活大脑中的成瘾回路,促成心流的产生。

由此可见,本节课不仅其内容本身就是填数游戏,还将游戏的元素融入教学过程。同样是答题,融入了竞争、音效、反馈等游戏元素,学生更有兴趣沉浸于课堂中,生生对话更能促进思维火花的碰撞,真正做到"玩中学,学中思"。

❀ **课例2:《八面埋伏》**(授课教师:深圳市福田区东海实验小学李晓倩)

《扫雷》是一款益智小游戏,游戏目标是在最短的时间内根据点击格子出现的数字找出所有非雷格子,同时避免踩雷,踩到一个雷则全盘皆输。玩这款游戏,最大的困难就是根据数字推断出地雷的位置。很多小学生玩这款游戏,只是纯粹地娱乐,不知道《扫雷》游戏和数学有着紧密的联系,仅凭侥幸心理在尝试,这就与游戏设计者的初衷背道而驰;即便部分孩子对规则有一定认识,然而,由于可能性太多,孩子们往往千头万绪,难以招架。如何才能让学生学会根据格子中的数字,分析周边格子的地雷情况呢?

下面将结合这一课例,带领大家看看李晓倩老师是如何将这款风靡全球的电子游戏,打造成培养逻辑思维的趣味扫雷课程的(见图7-6)。

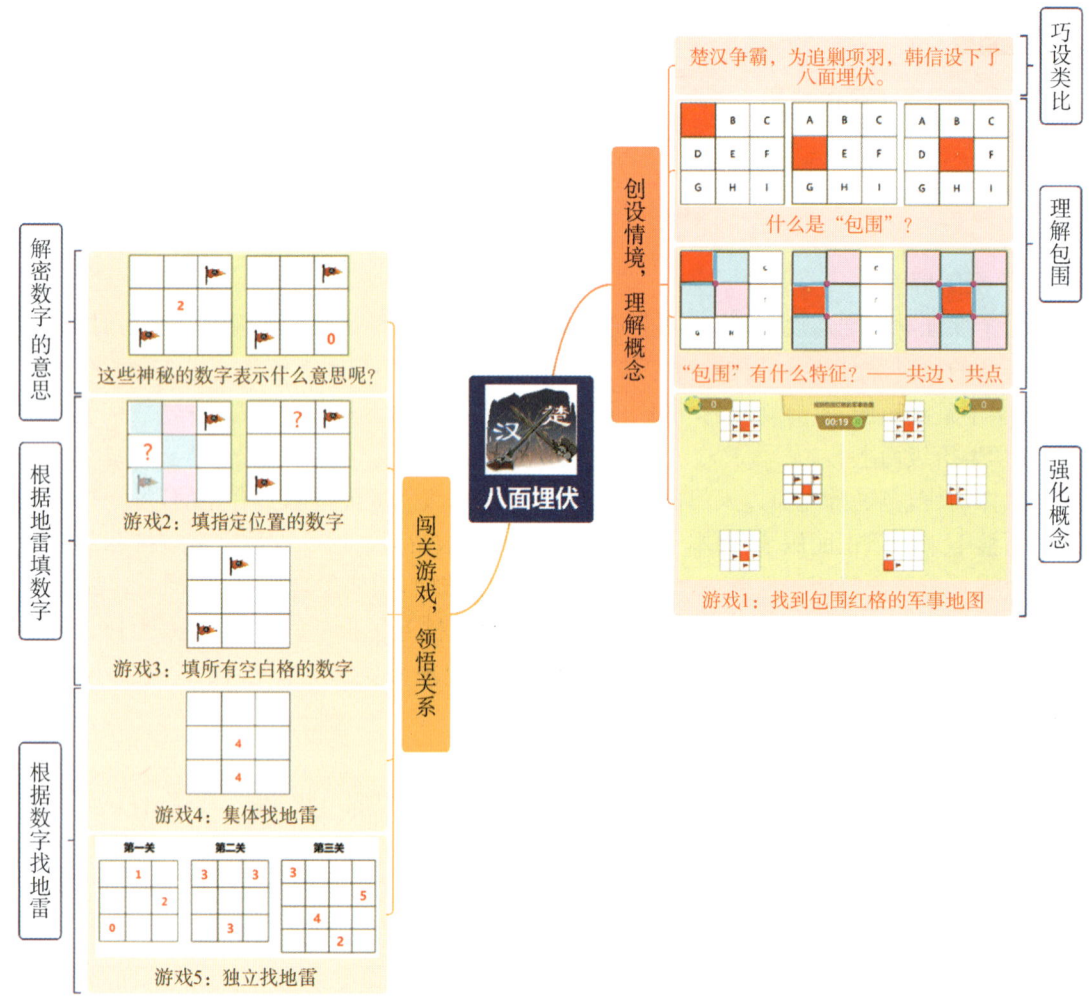

图7-6 "八面埋伏"趣味扫雷课程

教学设计

(一) 创设情境,理解概念

情境: 秦朝末年,楚汉争霸天下。战争持续了多年,楚霸王项羽的领地已经越来越少,汉王刘邦乘胜追击,派韩信挂帅,率70万大军追剿项羽。韩信设下了八面埋伏之计。此时的你将化身为韩信,有信心完成任务吗?

1. 理解"包围"

师: 把军队转化为格子方阵,红色的格子表示楚军所在的位置,汉军要用最少的兵力包围楚军,需要占领哪些格子?

3种军事战略图

生：只要占据了B、D、E，就能包围红格。

师：真是太棒了，这样就是包围。那第二种情形呢？怎么包围？

生：A、B、E、H、G能包围红格。

师：那最后这种情形呢？

生：汉军需要占据所有的白格才能把楚军团团围住。

师：恭喜你们！你们已经掌握了3种军事战略图！

师：总结一下，怎样才算包围红格？

生：紧紧贴在一起，有接触；紧紧包住，全部围起来。

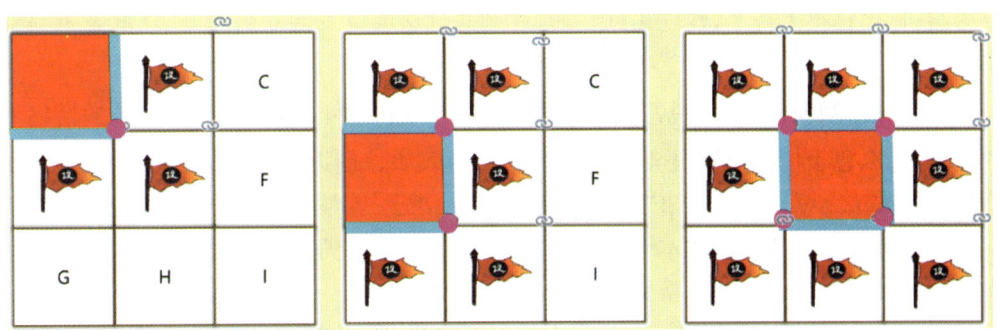

2. 理解"共边""共点"

强化：像这样的两个格子有共同的边，叫作共边。那这两个格子呢？（有共边，共点）原来要想包围红格，就必须占据与红格有共边或有共点的格子。

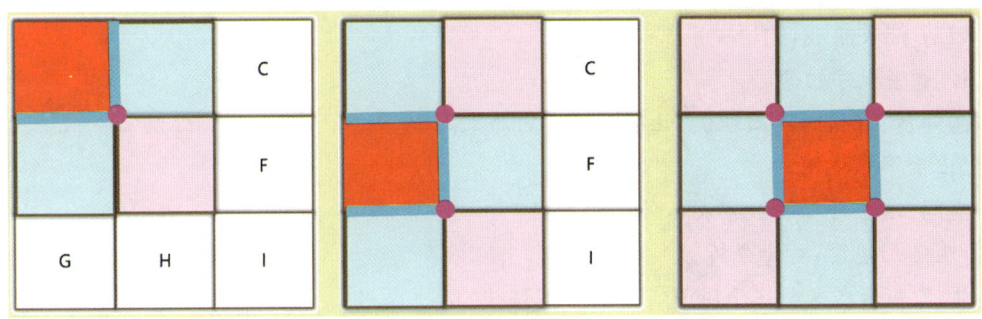

辨析：那如果没有共同的边和点呢？像这个格子还能包围红格吗？（如上方左图的C）

3. 强化概念记忆

游戏1：找到包围红格的军事地图

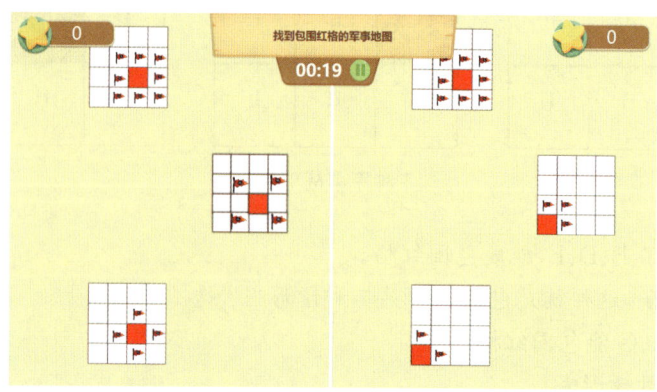

形式：双人PK电子游戏。

关键问题设计：

（1）请读一读游戏规则，说说关键信息是什么？（全部包围）

（2）获胜的秘诀是什么？

总结：你们说得太好了，能包围红格的，就是与红格共边或共点的格子，也就是有接触的格子。

🔍【评析】苏霍姆林斯基曾说："若是教师不采取合理的手段让学生形成高昂的情绪和振奋的状态，那么急于传授知识只会造成适得其反的效果。"创设有趣的故事情境就是让学生情绪高涨的方法之一。历史故事"四面楚歌"的导入，吸引着学生的思维方向，给学生以代入感。汉军包围楚军的情节用在本节课的巧妙之处，在于能让学生很自然地以楚军类比数字所在的位置，以汉军类比地雷，帮助学生更好地理解。

随后，通过让学生观察表格，独立思考要包围红格，需要占领哪些格子，全班交流探索，发现包围红格的方法，从而引出"共边"和"共点"的概念。紧接着，晓倩老师利用这两个概念加强学生对"包围红格"的理解，并提出如果与红格没有共边，也没有共点，是否还算包围红格？最后，教师借助反例进行对照分析，使学生对知识点掌握得更加扎实，深刻理解"包围"的内涵。

（二）闯关游戏，领悟关系

1. 解密数字的意思

画外音：韩信的八面埋伏，让项羽的压力越来越大。

（出示军事地图。）

提问：这些神秘的数字表示什么意思呢？

（生仔细观察，对比分析。）

生：2表示在这个格子周围有2队汉军埋伏。

追问：具体地说，2的周围有几个空格？其中有几队汉军？

生：在2的周围有8个空格，其中有2个格子有汉军。

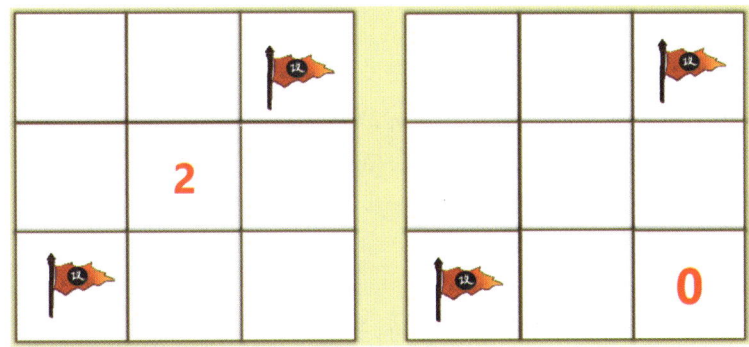

师:在第二张图里,明明有2颗地雷,为什么数字是0?
生:因为包围0的3个格子里没有汉军。
2. 根据"地雷"填数字

游戏2:填指定位置的数字

游戏规则:根据汉军分布,在"?"中填数字。

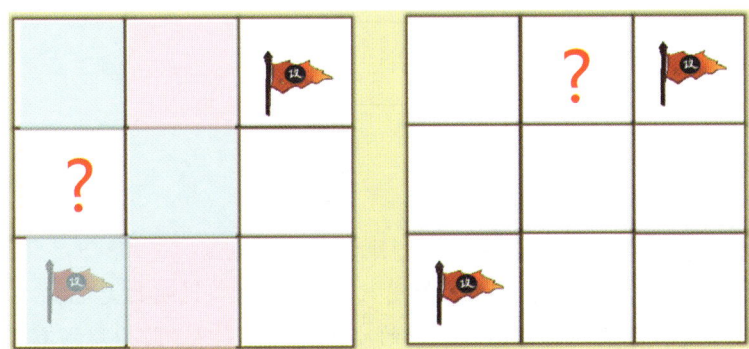

学生上讲台填一填,并说明理由。
提问:说一说他成功的秘诀。
总结:方格中的数代表这个方格周围军队的数量。

游戏3:填所有空白格的数字

游戏规则:根据汉军分布情况,在所有空白格中填合适的数字。(PPT展示下面的左图,学生学习单上呈现下面的右图。)

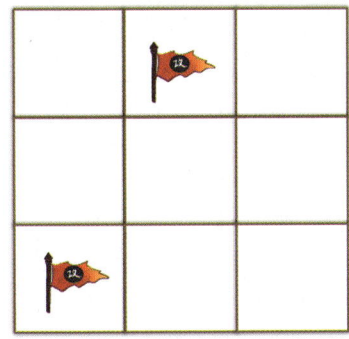 

学生小组讨论,随后上台展示。

【评析】学生通过自主探索总结了扫雷游戏的基本技巧,利用技巧可以独立根据方格中地雷的分布,找出空格中地雷的数量。为了完成这一目标,本环节设计了两个小活动:一是确定指定空白格中的数字;二是确定所有空白格中的数字。通过循序渐进的教学方法,不断深入,有助于学生在掌握学习内容的同时进一步掌握学习方法。

(三)根据格子中的数,找出地雷

游戏4:集体找地雷

过渡:但知道有几颗地雷还不是最厉害的,最牛的是会找地雷!

画外音:下面雷区中,空格中可能有地雷,请根据格子中的数字找出地雷的位置。

形式:集体观察,交流讨论。

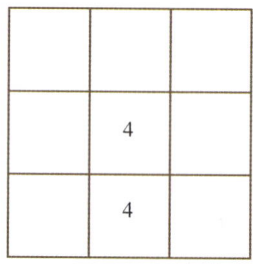

关键问题设计:

(1)怎么确定有没有地雷?(看数字)

(2)数字4表示什么?(它的周围有4颗地雷)

(3)怎么找突破口?(下面的4,因为周围只有4个空格,说明都是地雷)

(4)所以你要先找能确定的信息。上面的4为什么不行?(因为周围有7个空格,不确定地雷在哪里)

小结:看来过关的秘诀就是找突破口,然后找能确定的信息。

游戏5:独立找地雷

游戏规则:下面的雷区中,空格中可能有地雷,请根据格子中的数字找出地雷的位置。用○表示地雷,用×表示安全。

任务要求:独立,限时完成,个人分享。

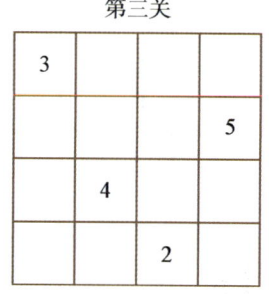

提问：大家成功突破了 3 个关卡，比较一下，你发现了什么？找一找通关秘籍。

小组合作，讨论通关秘籍，记录在通关卡上，分享通关秘籍。

评价：在你们的帮助下，韩信带领的大军不仅打败了楚军，还发现了通关秘籍，最后成功帮助刘邦建立了汉王朝，为你们点赞。

🔍【评析】通过让学生观察雷区，以提问的形式，激发学生的学习兴趣，积极主动地观察思考，自主探索数字与地雷之间的关系，将 3 个典型案例进行比较，独立归纳总结规律——一个格子中的数字表示包围在它周围的地雷的数量。

🔍【反思】千金难买回头看。现在，让我们一起分析，为何学生们能在李晓倩老师的课上将扫雷游戏玩得通透？其实是因为李老师用了以下的秘籍。

1. 故事背景，巧设类比

营造游戏氛围，代入游戏角色，以八面埋伏为故事背景，以韩信为首的汉军攻打楚军，让学生以韩信的身份进入游戏课堂。楚军与汉军的关系，呼应着数字与地雷的关系，正是相似的结构，才让这两对关系得以互文见义，相得益彰，有效助力学生理解数字与地雷的关系。

2. 由易到难，层层深入

直接根据数字推理地雷位置，对孩子而言，无疑是困难的。但是，逆向思考，根据地雷写出周边的数字是容易的。既然要学生明晰数字与地雷之间的关系，不妨让学生先"反其道而思之"。李晓倩老师从简单的情形入手，先让学生通过地雷找数字，在过程中理解数字与地雷之间的关系，在此基础上尝试分析利用数字找地雷位置的方法，从而将问题各个击破。

（1）掌握"包围"的概念

首先，李老师把军队转化为格子方阵，红色的格子代表楚军，通过对 3 种军事战略图的分析，学生独立思考"要包围红格，需要占领哪些格子"。全班交流探索后，发现包围红格不仅需要"与红格共边的格子"，还需要"与红格共点的格子"。随后，借助反例进行对照分析，使学生得以对知识点掌握得更加扎实，从而深刻理解"包围"的内涵，这也为学生了解扫雷游戏的基本规则做了铺垫。

（2）通过地雷找数字

在掌握"包围"概念的基础上，先让学生理解数字与地雷之间的关系。李老师在这里设置了两个关卡，先通过军事战略图中的地雷确定一个格子应填的数字，继而确定多个空白格子中的数字。通过典型素材，从逆向的角度感受分析问题过程，掌握扫雷游戏的一些基本技巧。

（3）通过数字找地雷

在熟练掌握通过地雷找数字的方法后，学生在老师的帮助下，尝试分析通过数字找地雷位置的方法。这一模块的秘诀是先确定突破口，根据能确定的信息和辨别"共享地雷"，确定所有地雷的位置。在分析数字周边格子地雷情况的过程中，学生综合多个条件分析的能力得到培养。与此同时，学生能够清晰表达自己的想法，体验数学分析的作用，获得成功的体验。

课例3：《智闯三角形王国》（授课教师：深圳市荔园外国语学校毛玉怀）

前文介绍的课例1和课例2本身，都改编自独立的游戏，孩子们沉浸在游戏的喜悦中，玩出品质，玩出智慧。这不由得引发我们的思考：主题游戏的效果如此客观，那么在日常教学中，对于单元复习课，能否让学生脱离"听讲、做题、对答案"这一机械化的三部曲，用大主题、大情境串联起单元的多个知识模块呢？答案是肯定的。

毛玉怀老师创设了"智闯三角形王国"这样的主题情境（见图7-7），通过闯关游戏进行四年级下册"三角形"的单元复习。毛老师搭建了4个场景："射击乐园""冒险乐园""魔术乐园"和"棒棒乐园"，分别评价学生对三角形分类的掌握情况、画三角形的能力、对三角形内角和的应用和对三角形三边关系的认识。学生每过一关，就会得到一块勋章拼图。从教学效果上看，这样的形式既能充分调动学生学习的积极性，又能将三角形的各知识点串联起来，增强知识体系的整体性与连贯性。

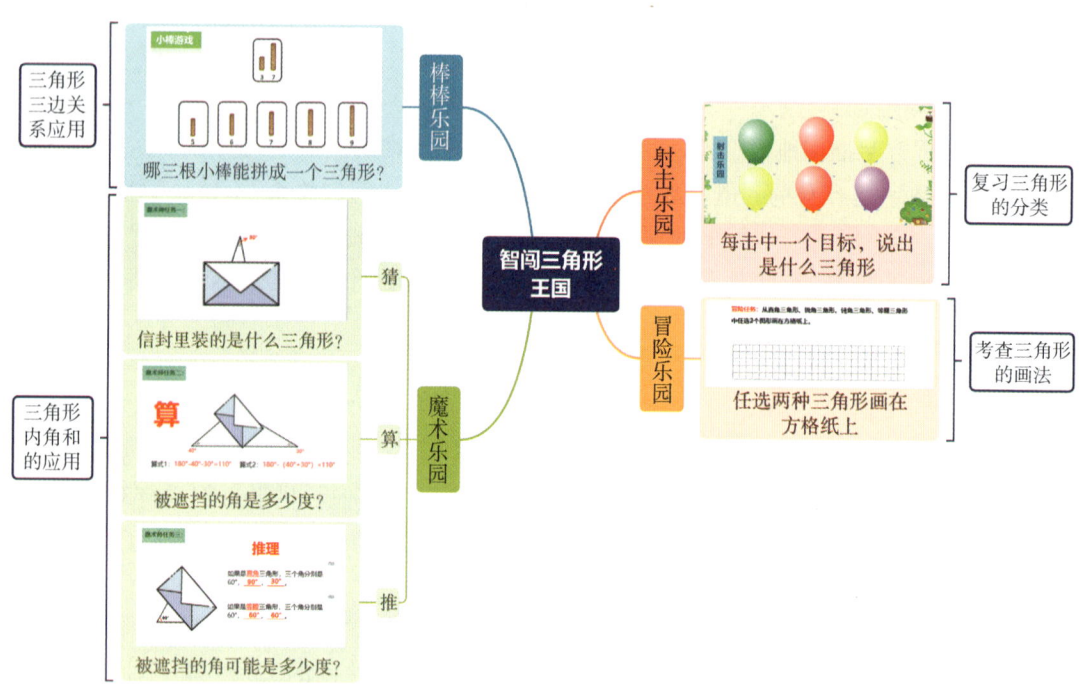

图7-7 "智闯三角形王国"主题情境

教学设计

（一）游戏导入，揭示课题

闯关要求：收集勋章。

导入：三角形王国经过一个冬天的升级改造新装开园啦！现在开启了全新的闯关模式，一共有4关，每过一关，就会得到一块勋章拼图，集齐4块勋章拼图后，将会有神秘嘉宾登场哦！接下来我们一起智闯三角形王国吧！

(二)题组游戏,梳理知识

"智闯三角形王国"的创编情境、游戏规则和评价标准如下:

关卡	情境设计与游戏规则	过关评价与知识提炼	设计意图
射击乐园	第一关来到刺激的射击乐园,每击中一个目标,说出是什么三角形。请学生上来操作,有问题的举手提问。学生击中目标后,气球消失,学生说出气球背后的三角形类型及特征。如:我击中的是等边三角形,它3条边都相等,3个角也相等,它也是锐角三角形。	【过关评价】学生要说对三角形类型,并说明判断依据,6个三角形都说完后,才可获得一枚"分类"勋章拼图。【知识提炼】师:同学们,第一关我们运用了三角形知识的哪条法宝呢?师生共同整理三角形的分类,老师根据学生的回答贴板书。	复习三角形的特征、三角形的分类等知识点,学生能根据三角形的特征快速判断出各个三角形的类型,用气球遮住题组更有神秘感,提高学生的兴趣和参与度。
冒险乐园	在我们的共同努力下,第二关来到惊险的冒险乐园,这个冒险乐园的地上铺满了指压板,指压板上可以画出很多美丽的图案,请从钝角三角形、锐角三角形、直角三角形、等腰三角形中任选两个图形,画在方格纸上。	【过关评价】学生用尺子、铅笔画出符合要求的图形,即可获得"画法"勋章。【知识提炼】师:同学们,第二关我们又运用了三角形知识的哪条法宝呢?生:三角形的画法。	这一环节的目的是考查三角形的画法,同时也需要用到各类三角形的相关特征。如果第一关更多考查的是孩子们的几何直观,那么这一关重点强调动手操作,也是三角形复习课的重点之一。
魔术乐园	同学们真的很厉害,胜利就在眼前哦!第三关来到神秘的魔术乐园,游戏规则是:完成魔术师的任务即可获得一枚勋章拼图。魔术师任务一:猜一猜,信封里装的是什么三角形?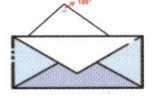魔术师任务二:算一算,被信封遮挡的角是多少度?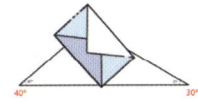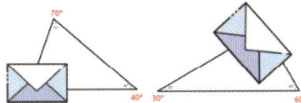	【过关评价】能清晰地表达推理过程,即可获得"内角和"勋章。【知识提炼】师:我们用了三角形的哪个知识来解密这几个魔术的呢?生:三角形的内角和是180°。(贴板书)	"魔术乐园"考查的是三角形的内角和,设计了3个梯度的练习,由易到难,层层递进,也继续采用游戏的形式,先猜,再算,最后到推理,对学生提出了更高的要求。

(续表)

关卡	情境设计与游戏规则	过关评价与知识提炼	设计意图
	魔术师任务三:推理,被信封遮挡的角可能是多少度? 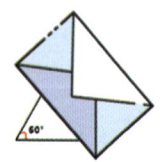 如果是**直角**三角形,三个角分别是 60°、**90°**、**30°**。 如果是**等腰**三角形,三个角分别是 60°、**60°**、**60°**。		
棒棒乐园	离成功就差最后一关啦,让我们一起进入有趣的棒棒乐园。这个乐园最大的特点是所有的东西都是由木棒做成的,看看这个相框,它是由3根木棒围成的三角形。是不是任意的3根木棒都可以围成一个三角形呢? 微课视频介绍游戏规则: (1)发"组合棒"。组长每人发一张"组合棒"卡片。 (2)抽"单人棒"。从盒子中随机抽取一张"单人棒",抽取后"组合棒"和"单人棒"进行组合,如果能组合成三角形,则玩家可留下该"单人棒"。 (3)一轮游戏(3个回合)以后谁留下的"单人棒"多,谁就是赢家。 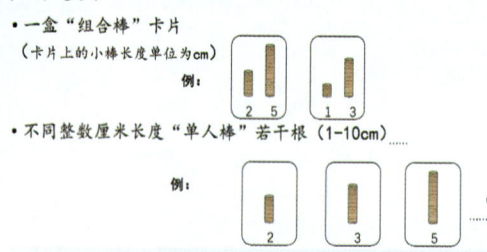 师生分别示范玩一次,学生分小组游戏,交流讨论游戏秘诀。	【过关评价】 获得"三边关系"勋章。 【知识提炼】 老师采访获胜的学生:获胜的秘诀是什么? 生:组长的"组合棒"是3和7,那抽到的小棒长度必须比4大,比10小,也就是抽到5、6、7、8、9才可以获胜。 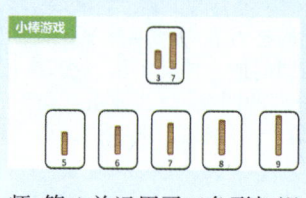 师:第4关运用了三角形知识的哪条法宝呢? 生:任意两边之和大于第三边才能拼成三角形。(贴板书)	"棒棒乐园"考查的是三角形三边的关系,用卡牌游戏的形式,让人人都参与进来,在游戏中总结经验,总结规律,先在小组说出自己的看法,然后再班级交流。

(三) 课堂总结,提炼升华

1. 首尾呼应,情境总结

师: 我们成功收集到了4块勋章拼图,念出咒语,拼图合并,神秘嘉宾登场。

师: 哦,原来是一个大三角形勋章。大三角形勋章由4个分别写有"分类""画法""内角和""三边关系"的三角形组成。

2. 知识架构思维导图完整呈现

师：一起根据板书回顾知识点。

师：三角形王国还有一个非常重要的知识，你知道是什么吗？

生：三角形具有稳定性。（贴板书）

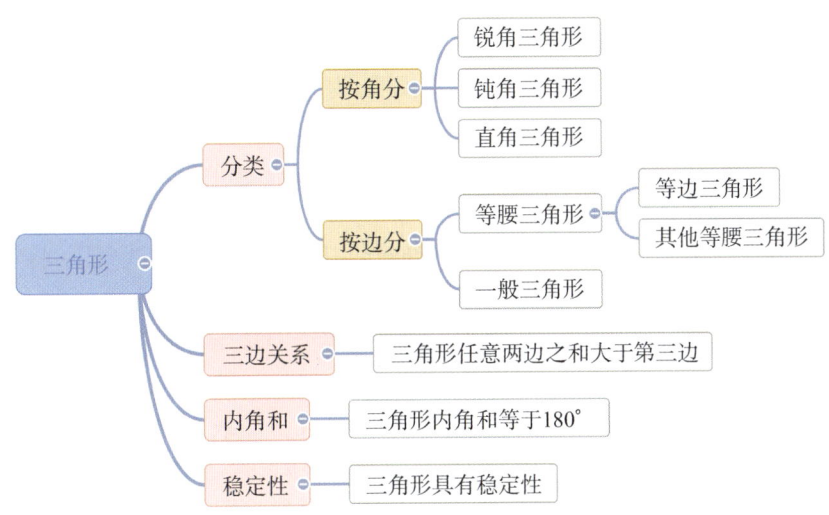

3. 总结收获，知识延伸

对于三角形你还有什么想说的吗？还有什么想问的吗？

🔍【评析】

回顾毛玉怀老师的这节三角形单元复习课，我们会发现，针对每一个知识模块，毛老师都搭建了一个游戏乐园，以期通过玩游戏的方式实现对知识的考查和巩固。本节课围绕三角形单元主题进行了整体设计（见图7-8）。

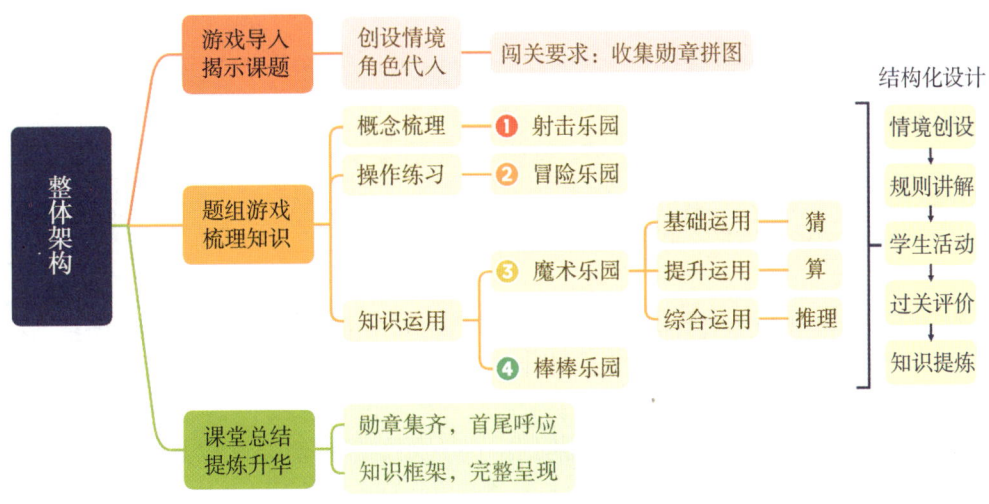

图7-8 "智闯三角形王国"的整体架构

1. 首尾呼应

本节课以收集 4 块勋章拼图为任务驱动,通过游戏闯关,复习三角形的相关知识,明晰各类三角形的特征,能按一定标准对三角形进行分类,能利用三角形的内角和、三角形三边关系解决实际问题。课堂的最后,以成功收集勋章拼图、合并为大三角形勋章收尾,结构上首尾呼应。

大三角形勋章由 4 枚分别写有"分类""画法""内角和""三边关系"的小三角形勋章组成,这样的设计也为学生呈现了本单元的知识模块,为后续构建良好的知识结构做铺垫。

2. 结构化设计

毛老师对 4 个模块的教学过程也进行了结构化设计,每一个模块都包括了情境创设、规则讲解、学生活动、过关评价、知识提炼。

(1) 情境创设。在每一模块开始前,教师通过烘托激烈紧张的游戏氛围,将学生带入引人入胜的三角形王国,让学生获得沉浸式体验。

(2) 规则讲解。通过教师的规则讲解、玩法示范,帮助学生了解该关卡的游戏规则,在教师的引导下,学生掌握基本的游戏方法和策略。

(3) 学生活动。以问题为导向,深入探究,开展自我挑战或与他人互动,在实践中深化学生的概念理解、提高对知识的运用能力,挖掘数理的根源和本质。

(4) 过关评价。通过过程性和表现性评价,反映学生参与学习的水平层次以及收获与成效。学生通关后,一枚小三角形勋章出现,高饱和色彩的视觉冲击给学生以强烈的正反馈,与之相伴的昂扬的音乐带来振奋人心的喜悦。可见,这样的评价发挥了诊断、激励、发展的功能。

(5) 知识提炼。结构化思维还体现在每一模块的知识提炼环节上,毛老师在每一环节的最后都不失时机地提问:我们在这一关用了三角形知识的哪些法宝呢?并根据学生的回答在黑板上搭建该部分知识架构。课程结束呈现三角形单元完整的思维导图,让学生经历整理的过程,沟通知识间的联系,从整体上把握三角形概念的"全貌",发展空间观念。

三、进一步思考的问题

适合嵌入课堂的项目游戏还有哪些呢?选择你喜欢的游戏,改编一下吧。

四、资源链接

(一) 期刊文章

[1] 刘世潎. 小学数学"益智游戏"课程的开发与实施[J]. 上海课程与教学研究,2020(3):16 - 21.

[2] 邹乐陶. 中国传统益智游戏在学校教育中的应用研究[D]. 南京师范大学,2015.

[3] 景立新,孙桂丽. 运用益智游戏提升小学生空间观念的研究[J]. 课程与教学,2018(2):46 - 51.

[4] 范翊贝,刘全祥. 玩得过瘾,悟得明白——"填数游戏"教学片段及评析[J]. 小学教学,2021(12):22 - 25.

(二) 专著

[1] 伊凡·莫斯科维奇. 迷人的数学 2:激发你的创意大脑[M]. 聂涵今、梁桂霞,译. 长

沙：湖南科学技术出版社，2021：507-593.

［2］李茂.游戏艺术：从传统到现代的发展历程［M］.北京：清华大学出版社，2019：32-65.

（三）课标

［1］中华人民共和国教育部.义务教育数学课程标准（2022年版）［S］.北京：北京师范大学出版社，2022.

五、学习分享

正如前文所介绍的，范翊贝老师的"填数游戏"是简化版的"数独"，李晓倩老师的"八面埋伏"也是由电子游戏《扫雷》改造而来的教学设计。可见，"益智游戏"可以作为课堂游戏取材的源头活水。那么，哪些项目适合被开发，最后用于课堂上呢？我们筛选出以下几款耳熟能详的游戏，并根据玩法和结构将其分为4类，分别是棋牌类、解谜类、环锁类和板块类，并标明了对应的素养表现（见图7-9），老师们可以根据希望达成的教学目标进行选择和改造。

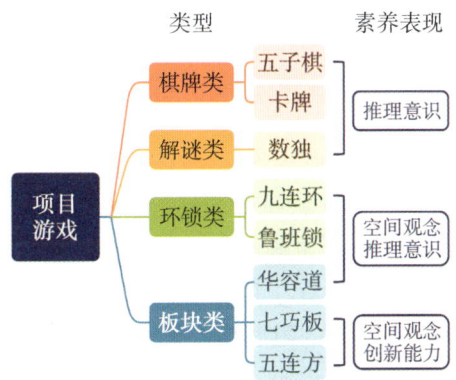

图7-9 适合开发的益智类游戏

在将主题游戏引入课堂之前，我们需要根据学生的接受能力和年龄特点，选择他们感兴趣的游戏，并对游戏加以开发和改造。例如，在小学低年级，就很难将过于复杂的，对逻辑思维要求高的孔明锁、九连环类的游戏带入课堂。因为当游戏难度过高时，挑战性太强，就不会引起学生的兴趣，也超过了他们所能理解的范畴，使得游戏应用完全违背了设计的初衷和目的。因此，要特别注意以学生为本，充分考虑学生的身心特点，控制游戏的挑战性和趣味性，注重对学生反馈信息的收集，适时做出调整。

第三节　围绕主题设计游戏活动

一、理念引领

阅读本节内容之前，请先完成以下热身活动：

(1) 可以围绕哪些主题设置游戏串？

(2) 做好一项主题活动，需要经历哪些步骤？

主题游戏是指围绕一个主题，将要考查的内容有机串联起来的序列游戏活动。它以数学游戏为载体，将学生核心素养评价与综合能力提升融为一体，并以学生喜闻乐见的方式加以呈现，在轻松愉悦的、个性化的自主活动中，实现对学生的学科素养、综合能力的评价。

要想策划好一个主题活动，首先要做的是确定主题。主题有许多种类：

(1) 基于数学学科设定的游戏主题。如图 7-10 所示，设计某一主题游戏展开活动，可以是知识点的串联，也可以是知识点的并联；可以将数与代数、图形与几何、统计与概率等不同领域的知识点串联或并联进行主题游戏设计。

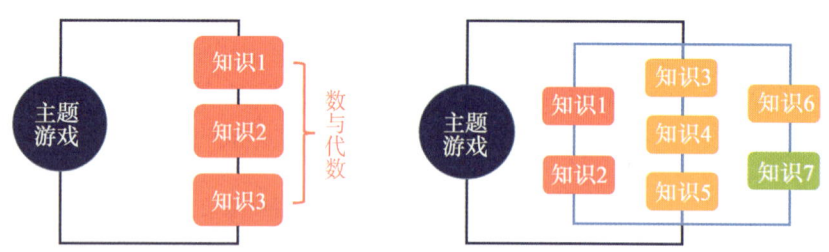

图 7-10 主题游戏知识点的串联与并联

(2) 基于学校文化设定的特色主题。在一二年级期末无纸化测评中，主题闯关是最有效、最吸引学生的方式。以深圳市文天祥小学为例，该校张文强校长推行的正气教育有一定的特色和影响力，于是游考活动中以"正气萌娃奇遇记"为主题，让每位一二年级学生充当"文文"角色。数学学科结合本学期的学习重点，分层次、有针对性地设计了"文文考状元"三部曲活动，将口算类、应用类和操作类的习题依次嵌入"文文考秀才""文文考举人"和"文文考状元"关卡中，每一个游戏情境都蕴含丰富的数学内容，并根据孩子们闯关时的表现给予"超级棒""过关啦""加油哦"的等级评价。别出心裁的游考活动让期末评价不再以一张试卷论英雄，丰富了学校的评价体系，也让孩子们在活动中真正感受到了学习的快乐，做到了"游"出智慧，"考"出素养，寓教于"乐"，乐学乐"考"。

二、案例导读

案例1："指尖上的数学——美丽附小"主题活动周（策划者：陈雪梅老师）

在数学主题的大型游园活动中，福田区的许多学校都已用主题游戏的框架做出了成功的尝试。教科院附小的数学科组玩出新创意，利用一周时间在 1~6 年级开展了"指尖上的数学"系列探究活动，让数学在孩子们灵动的指尖上跳跃。

围绕"美丽附小"这一主题，孩子们在创作中闪耀出数学的智慧之美、思维之美、创新之美。各年级的学生将所学知识用于创意设计，从校园的各个景观入手，呈现出一个让人赞叹的"美丽附小"。

游戏方案

"指尖上的数学——美丽附小"的游戏内容、要求和评分细则如下：

游戏+内容	要求	评分细则
【一年级：美丽附小之校园一角】用学过的平面图形设计校园一角的图案	1. 参观校园、仔细观察 2. 以校园一角为原型，在点子图上创作画作 3. 给作品涂上颜色 4. 给作品起个名字 5. 富有个性和创意	1. 用学过的平面图形描绘校园一角，占60分 2. 给作品命名，占10分 3. 色彩分明，占10分 4. 富有创意，占20分
【二年级：美丽附小之奇妙景观】用七巧板拼一处校园的景观	1. 学生以小组为单位，用一副或者几副七巧板拼出校园的一处景观 2. 给作品起个名字 3. 涂上颜色 4. 要有创意	1. 用七巧板拼出校园的一处景观，占60分 2. 名字，占10分 3. 颜色，占10分 4. 创意，占20分
【三年级：美丽附小之精致平面图】选择喜欢的工具制作学校平面图	1. 作品名 2. 学生准备一套彩色笔、尺子 3. 标出学校景观名，标出在学校全景中的东、西、南、北、东北、西北、东南、西南8个大致方向，不做比例要求，大致准确就可以	1. 方向准确，占60分 2. 名字，占10分 3. 颜色，占10分 4. 图形，占20分
【四年级：美丽附小之导游路线图】设计附小导游路线图	1. 画平面图 2. 画出游览路线 3. 写出导游介绍词：包括从哪里开始、往哪个方向、前进多少米到某个景点，直到游览完所有景点 4. 小组合作完成 5. 前期准备：用一节课实践操作，带孩子们使用长的软米尺测量各景点之间的距离	1. 画平面图，占30分 2. 画出游览路线，占30分 3. 写出导游介绍词，占40分，其中方向表达准确10分，路线合理10分，距离准确10分，表达完整规范10分
【五年级：美丽附小之漂亮后花园】用学过的图形面积知识规划后花园	1. 在格子图指定范围内种植花草 2. 保证种花和种草的面积相等 3. 要有创意 4. 不限形状及大小	1. 用所学知识种植，保证一半种花，一半种草，占60分 2. 花园命名，占10分 3. 美观，占10分 4. 创意，占20分
【六年级：美丽附小之创意雕塑】用学过的立体图形设计一个雕塑	1. 给作品起个名字 2. 涂上颜色 3. 学生准备一套颜色笔、尺子 4. 不限材料、不限方法 5. 要有创意	1. 用学过的立体图形设计成雕塑，占60分 2. 名字，占10分 3. 颜色，占10分 4. 创意，占20分

【评析】

苏霍姆林斯基说过："儿童的智慧在指尖。"手通过触觉和运动，能促进大脑的发育。《标准(2022年版)》强调："数学的知识、思想和方法必须由学生在现有的数学实践活动中理解和发展，而不是单纯依靠教师的讲解去获得。"利用手指来解决数学问题，正是动手操作使数学问题生活化和具体化的过程。

本次主题活动将图形和几何领域的知识点串联进行游戏设计。"图形与几何"领域在小学阶段包含两大主题：一是图形的认识与测量，二是图形的位置与运动。如图7-11所示，在图形的认识与测量主题下，有低年级的"校园一角""奇妙景观"，高年级的"漂亮后花园"和

"创意雕塑"这四大游戏活动;在图形的位置与运动主题下,有中年级的"精致平面图"和"导游路线图"两大游戏活动。正如"指尖上的数学"这6个字所言,这六大活动,都是雀跃在孩子们指尖上的游戏,需要靠他们灵活的双手和灵巧的智慧才能完成。这些活动无论是内容要求、组织形式还是评价方式,都是高度结构化的。

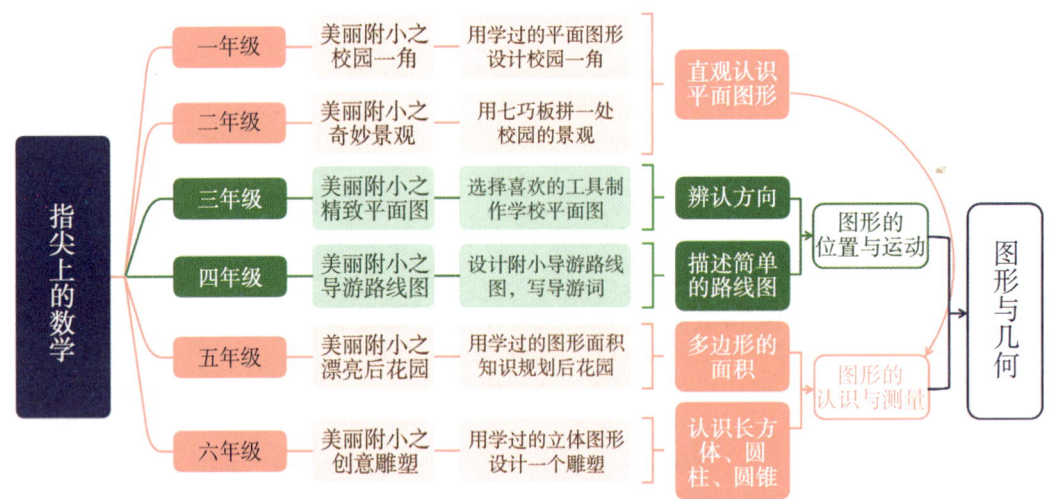

图7-11 "指尖上的数学"思维导图

案例2:小猪森林历险记（策划者:深圳市福田外国语学校南校区张小晶）

为深入推进"双减"政策,教育部出台了《关于加强义务教育学校考试管理的通知》,明确规定"小学一二年级不进行纸笔考试"。那么,怎样考? 如何评? 在核心素养的大背景下,评价的重心也应由能力走向素养。数学核心素养,体现在能否用数学的眼光观察、用数学的思维思考、用数学的语言表达。趣味游考活动或许是无纸化测评可借鉴的破题方案。

趣味游考活动,是主题游戏用于无纸化测评的一个变式。它从儿童立场出发,旨在落实课程目标,夯实学科基础,了解素养达成情况。具体而言,它成功地将严谨的考试变成快乐的游园闯关,注重过程评价、分级评价,特点是晋级挑战、多次机会,通过"玩中考、考中玩"的方式,让学生从"怕考"变成"乐考",发展学生个性,让学生在游考中邂逅最好的自己。

深圳市福田外国语学校南校区每学期期末都会举办面向低年级学生的游考活动,其中,一年级的活动以"数学＋游戏＝智慧＋快乐"为主题,以"小猪森林历险记"为大情境,融通了语文、数学、英语三大学科,分别创设了"小猪访友记""小猪历险记""小猪寻亲记"的场景,共设"翻山越岭""森林邮差""风车城堡"等16项闯关游戏,让学生在乐于参与、勇于挑战的活动中进行综合素质能力的测试,体验学习的乐趣,收获成长的喜悦。

如图7-12所示,就数学学科而言,本次游考以"数学＋游戏＝智慧＋快乐"为主题,通过搭建丰富多彩的数学故事场景,让孩子们以主人翁的心态在轻松、富有挑战性的氛围中快乐游考。游考涵盖一年级上册7个单元内容,以连续关卡形式,按照一定的逻辑层次和演进序列,将关键内容依次呈现出来。根据孩子们的年龄特点,游考更多采用活动型、体验型、合作型等游戏,每一关的游戏都有明确的设计意图,以闯关的形式巩固数学知识,提升学生的数学品质,培养学生的数学综合素养。游考活动充分发挥多元评价的优势,激发学生乐学探究的能动性,引导学生在接受趣味评价的同时,不知不觉中巩固了该学期所学精要。

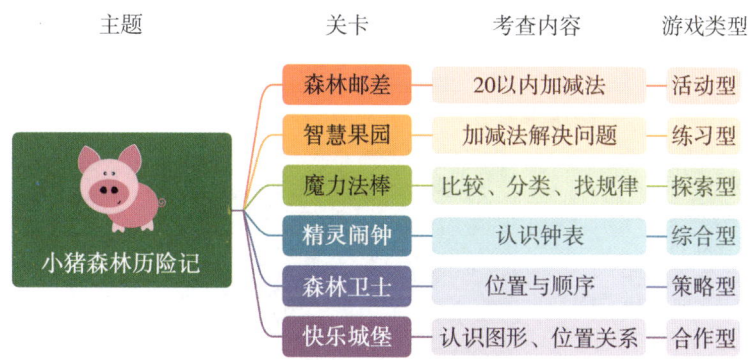

图 7-12 "小猪森林历险记"思维导图

游考活动采用角色扮演的形式,一年级的萌娃们头戴卡通头饰,手持精美的闯关卡,华丽转身,变成了智慧而勇敢的小猪佩奇和她的好朋友们。活动开始之前,学校广播用奇妙的故事情境导入:"小猪佩奇和好朋友们一起来到森林,开始了一场探险之旅。他们会遇到什么危险,又是怎样巧妙通过的呢?"孩子们果然立刻代入角色,肩并着肩,一起有序地向绿野丛林进发,立志要携手迈过一道道关卡。除了憨态可掬的"小猪们",老师们扮演着森林的向导,家长义工们则头戴魔法帽,手拿魔法棒,扮演一位位森林游戏关卡盟主。当小猪佩奇们闯关成功后,魔法棒将轻轻挥洒,赐予通关的魔力。游戏结束后,广播的声音再次响起:"小猪佩奇和朋友们机智地完成了森林探险任务,他们相互帮助,相互合作,沉着应对,一起收获了友谊,收获了知识,收获了快乐。快去看看一共得了多少枚荣誉勋章吧!"引导孩子们用勋章兑换礼物。

游戏方案

"小猪森林历险记"的创编情境、游戏规则和评价标准如下:

关卡	创编情境、设计意图	游戏规则、场景搭建	评价标准
森林邮差	【创编情境】小猪要到森林里去冒险了,她想邀请一些好朋友一起参加,就写了一些邀请函,只有把信快速准确地送到好朋友手中,才能找到同伴哦 【设计意图】考查学生的计算熟练程度,数学知识和体育运动相结合,体验竞技的快乐情感	【游戏规则】在规定的时间里,把写有加减法算式的10封信送到相应得数的邮筒中,就能够邀请到同行的伙伴了 【场景搭建】 信件内容样题:10+5=?	全对、快速 错2道及以内 错3道及以上

(续表)

关卡	创编情境、设计意图	游戏规则、场景搭建	评价标准
智慧果园	【创编情境】小猪要到森林里去冒险了,她想邀请一些好朋友一起参加,就写了一些邀请函,只有把信快速准确地送到好朋友手中,才能找到同伴哦 【设计意图】挖掘数学中的游戏味,在游戏中巩固问题解决的结构和思路,提升学生的思维品质	【游戏规则】在智慧树上选 2 个自己喜欢的智慧果,说清果子对应的条件和问题,并在白纸上正确列出算式,就能摘到智慧果了 【场景搭建】 智慧果背后的样题:   	全对、快速 全对、速度慢,能列式 只对1道
魔力法棒	【创编情境】摘到了智慧果,他们又出发去寻找魔力法棒了。想拿到魔力法棒可不简单,要能分辨出魔法袋里的轻重、高矮、长短规律哦 【设计意图】根据数字或图形,发现规律,得出结论,考查学生分析问题、思考问题的能力。题目在魔法袋中抽取,增加随机性,也给学生以掌控感	【游戏规则】在两个魔法袋"找找袋"和"比比袋"中各抽出一个问题,说出结果,并说清楚你的方法 【场景搭建】 "找找袋"样题: 找出与其他 2 件不同类的物品:  "比比袋"样题: 从重到轻依次填写在括号里:	全对、快速 全对、速度慢,说不清楚过程 只对1道

(续表)

关卡	创编情境、设计意图	游戏规则、场景搭建	评价标准
		　　（　）>（　）>（　）	
精灵闹钟	【创编情境】小猪拿到了两件法宝，又出发了。突然天空漆黑一片，现在几点钟了呢?他们还需要寻找到精灵闹钟 【设计意图】通过拨一拨、演一演，加深对钟表的认识，增加难点知识的可操作性和趣味性	【游戏规则】在"时光宝盒"中抽取题卡，根据题卡上的时间，拨出钟面上的时针和分针的位置，随后大声读出时间，最后用自己的手臂摆出时针和分针来表示时间 【场景搭建】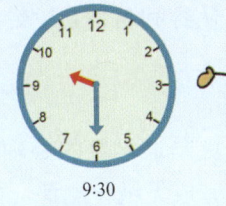 "时光宝盒"中的样题： 12:00、8时半	🏅🏅🏅 能正确快速完成 🏅🏅 能正确完成，速度比较慢 🏅 在同伴帮助下完成
森林卫士	【创编情境】小猪和伙伴们拿到精灵闹钟继续前行，他们来到了一片布满地雷的草地上。只有避开地雷，才能顺利通过这片草地，到达出口，收获"森林卫士"的称号 【设计意图】创设真实游戏体验情境，丰富学生空间方位经验，运用空间方位解决问题，在游戏中发展积极的情感体验	【游戏规则】在地上画好的格子里，从入口出发，面朝出口，单脚跳格子。通过每一个格子，一边跳一边说出跳的方向（前、后、左、右），注意要避开地雷哦！ 【场景搭建】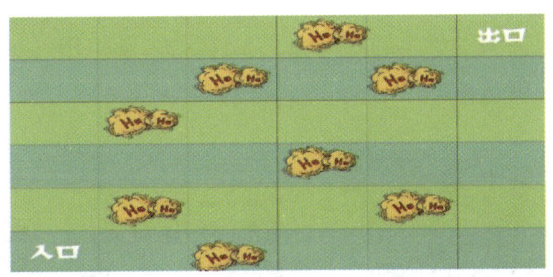	🏅🏅🏅 快速通过，错1个 🏅🏅 顺利通过，错2个 🏅 较慢通过，错3个及以上
快乐城堡	【创编情境】恭喜佩奇和好朋友通过了5关考验，来到了快乐城堡，快来看看这一城堡是怎么搭建的吧 【设计意图】加深对图形的认识，用方位词介绍图形位置关系，提高学生的动手操作和交流合作能力	【游戏规则】2人为一小组，在规定的时间里合作用积木搭建城堡，说一说用了哪些形状的积木和它们的位置关系 【场景搭建】	🏅🏅🏅 快速完成，说清楚 🏅🏅 顺利完成，错2处 🏅 完成部分，错3处及以上

🔍 【评析】

回顾整个游考过程,我们看到学生沉浸其中,美美地想、乐乐地做,身心舒展、灵气彰显,快乐挑战、勇往直前。在孩子们不绝于耳的笑声中,我们可以确定,这样的主题游戏是深受学生喜欢的一种评价方式。这一创新的尝试,无疑和传统书面评价的枯燥无味形成鲜明对比,有这样三大特色。

1. 主题情境设计,带来沉浸体验

本次主题活动以森林探险为背景,将学科考查内容巧妙地融入小猪佩奇们的闯关挑战之中。在游考活动的现场,头戴卡通头饰的小朋友们,目之所及,皆是小猪佩奇主题的场景,连关卡的测评师,也是头戴魔术帽、手执魔法棒的"关卡盟主"。身临其境般的沉浸式体验,让孩子们不觉得自己在做题,消除了对测评的紧张感。天真烂漫的孩子们只觉得是在玩自己最喜欢和最擅长的游戏,而这份从容和自信,让孩子们在闯关时能发挥自己最大的潜能,从而得心应手,势如破竹。

2. 游戏环节设计,凸显生活趣味

相比冷冰冰的纸笔测试,游考更贴近学生的心理特点,紧扣一个"趣"字,用丰富的游戏形式,让学生在轻松愉悦的氛围中完成无纸化测评。如图 7-13 所示,在第一关"森林邮差"中,传统的口算测评摇身一变,成了寄信游戏。孩子们需要在规定的时间里,把写有加减法算式的 10 封信送到相应得数的邮筒中,才能够邀请到同行的伙伴。任务驱动让孩子们聚精会神地口算,并又快又准地投入相应的信箱里。印有卡通图案的信箱、有趣的口算比赛形式,都让学生充满新奇感。又如认识时间这一内容,本次游考通过"精灵闹钟"关卡进行测评,学生需要先从精灵提供的"时光宝盒"中抽取时间卡,随后不仅要把抽到的时间拨出来,还要用自己的手臂模拟时针和分针将时间演出来。这样的测评方式充满着未知的神秘,多元的表征方式大大激发学生的好胜心。在这一关,学生用具身学习的方式投入其中,身心放松,心智活跃,思如泉涌。

(a)   (b)   (c)

图 7-13 各种趣味的游戏环节

3. 互动形式设计,呵护儿童个性

在测评中,当孩子对自己在某一关卡中的表现不够满意时,"关卡盟主"会及时给予第二次测评的机会,甚至会邀请孩子的同伴提供适当的帮助。这种做法符合低年级学生的身心

发展特点,能让他们更有学习的自信心和成就感。有时遇到因为紧张或者掌握不熟练的"小动物",亲切的"关卡盟主"鼓励着:"宝贝,别紧张,再练练、再试试……"(见图7-14)"小动物"瞬间获得了自信,再次努力,再次尝试,通过自己的努力获得的成功,终会收获难以言表的喜悦。游戏化测评不仅关注结果,而且注重学生作为个体在整个测评活动中的表现。测评者可以从中判断学生测评前的准备是否充分,测评时思维是否活跃灵动,情绪是否积极主动,感受是否真切自然等。这是传统书面考试难以做到的。

图7-14 "关卡盟主"鼓励"小动物"

在这样一场趣味游考中,没有考生,只有智慧的头号玩家;没有教室,只有有趣的绿野丛林;没有考官,只有亲切的"关卡盟主";没有"沙沙"奋笔疾书的紧张,只有充满欢声笑语的多元闯关游戏。

综上所述,趣味游考打破了传统的纸质考试模式,整合数学知识要点,注重过程性、多元性、趣味性评价,对学生的学习和心理成长起到了极大的助推作用。

案例3:估测大师(策划人:深圳市福田区东海实验小学谭春兰)

《标准(2022年版)》在第一学段的"图形与几何"领域中,明确提出"能估测一些身边常见物体的长度"的要求,估测能力已经成为小学数学学习中必备的一种能力。估测能力在现实中的应用也是非常广泛的,比如教室门的高度、楼层的高度、操场的长度等,虽然我们都可以借助工具来测量出这些长度的精确值,但是更多的时候我们并不需要知道精确值,只需要一个估值就可以了。良好的估测能力可以直接有效地推动"量感"的建立。

教材采用螺旋上升的编排方式,使得估测内容与各年级的知识挂钩。然而,不少教师对小学阶段的估测学什么、怎么学都缺少科学的认知,在教学时往往一笔带过,用讲授代替学生的实践活动。缺乏估测的体验和实践支撑,让学生对单位没有形成清晰的表象。更糟糕的是,受应试教育的影响,估测知识难以量化评价,因而很少出现在试卷中,导致很多老师在看到估测的习题时要么不做跳过,要么直接报一下答案,这也在潜移默化中为学生在估测板块的学习带来消极的影响。

估测意识的发展,是建立在大量的感知和测量活动的基础上的。基于此,谭春兰老师在数学嘉年华活动中,策划了"估测大师"这一主题游戏,旨在丰富学生的估测经验,提高师生对估测的重视。

如图所示,每个年级游戏主题相同,但考查内容有差异:二年级估测物体的长度,三年级估测物体的数量,四年级估测物体的质量,五年级估测物体的面积,六年级估测物体的体积。

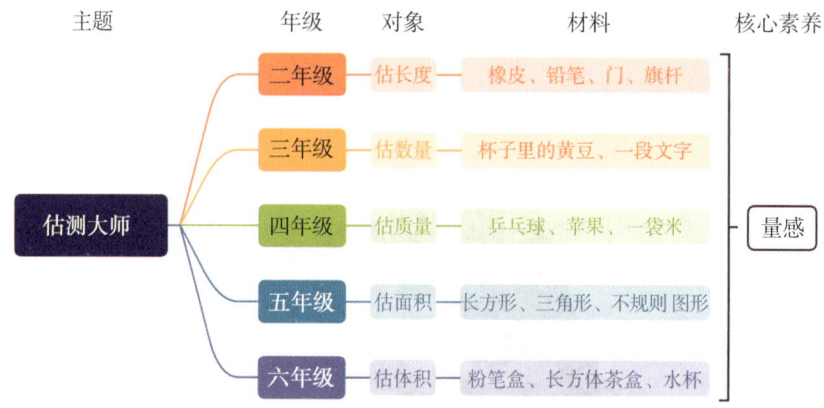

以四年级的"估测大师"为例,度量的对象是物体的质量,学生可以选择乒乓球、苹果或一袋米的质量进行估测。活动前,教师先准备工具篮,篮中有如下参照物:3枚曲别针(1g)和质量分别为10g、50g、100g、1000g的砝码。学生根据所选的度量对象,找出合适的参照物,掂一掂,比一比。可见,该游戏侧重考查学生的估测能力,同时也让学生体验测量标准在测量中的重要性,学会根据被测物体选择合适的测量单位。

【评析】 下面,将结合"估测大师"游戏,谈谈要想做好一款主题游戏,需要经历哪些步骤。

1. 确立游戏主题

首先,要基于《标准(2022年版)》的要求和学生的困惑确立游戏主题。如前文所述,"能合理估计度量的结果"是量感的内涵之一;然而在日常教学中,估测活动经验的缺失让学生的单位量感得不到有效培养。由此,"估测大师"这一主题便应运而生,学校围绕这一主题,开展了一系列考查学生估测意识的游戏活动。

2. 确立游戏内容

每个年级的项目内容以教科书为主要参照,按照《标准(2022年版)》的相关要求,选取具有代表性的重点内容。由于游戏时间定在下半学年的5月份,对每一年级的学生,应该开展什么项目呢?以北师大版数学教材二年级上册为例,这一学年是学生接触长度单位概念和进行测量的重要开端,因此本年级的"估测大师"项目考查对长度的估计。学生要先记住标准长度(观察1厘米、1分米长的线段有多长),再根据标准长度估测所选物体的长度。

此外,还需根据教学计划,确保考查的内容是学生已经学过的。再如五年级的估测面积活动的设置,是由于学生在三年级下册认识了面积和面积单位,学会了计算长方形、正方形的面积;在五年级上册学会了计算三角形、平行四边形、梯形的面积,并学会了估计简单不规则图形的方法(如图7-15所示)。因此,在五年级下册,学生已经习得了估测面积的相关知识,在这一时期开展对面积的估测活动,符合学生的认知水平。其他年级的游戏项目设置也是如此。

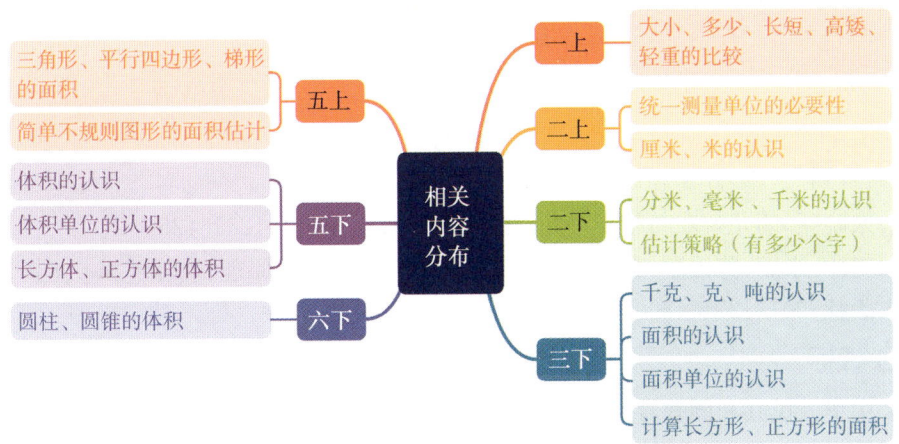

图 7-15　各年级"测量"相关内容分布

3. 确立游戏方式

由于每一年级的游戏对素养的要求相同,只是度量对象不同,因此,游戏方式采用了结构化设计。

（1）提供参照

每一个估测活动都提供标准量作为参照物,让学生对照着比一比。如三年级的"估测大师"游戏,要求学生估测一杯黄豆的数量。在游戏开始前,老师会放一个装着大约 100 粒黄豆的杯子在一旁,并贴上数量标签,方便学生运用"标准"估测"整体"。

（2）统一评价

随后,老师让学生估一估,估计准确即可获得奖章。游戏进行 3 次,误差不超过 30% 就算答对,答对一次就算过关。

游戏中,学生亲历观察、触摸、比较的过程,增进对度量单位的感知,巩固对估计策略的应用。对于学生而言,从二年级到六年级,估测能力点贯穿始终,在每一年的挑战中不断升级。

三、进一步思考的问题

如前文所述,在策划趣味游考活动时,情境主题设计往往能让评价更具育人价值。请你根据小学一二年级学生的认知特点,结合学校的具体情况,为趣味游考活动设计一个主题情境吧。

四、资源链接

（一）期刊文章

[1] 刘琳娜,闫云梅,顾文立. 数学主题活动:单元目标、表现标准及任务设计——以"曹冲称象"为例[J]. 新教师,2022(12):45-47.

[2] 洪菲菲. 透视无纸化测评背后的三个"转向"[J]. 教育研究与评论,2022(2):26-28.

[3] 杨道吉.直面真实情境,亲历实践过程,发展综合素养——对"校园平面图"主题活动的设计与思考[J].教学月刊·小学版,2023(3):25-29.

[4] 胡春华.基于故事情境:无纸化测评"五步走"[J].教育研究与评论,2022(1):39-45.

(二)专著

[1] 朱晓颖.幼儿游戏与指导[M].北京:人民邮电出版社,2015:25-48.

[2] 王萍,米娜,陈国鹏,等.大脑的潜能——全脑学习的原理和实践[M].上海:华东师范大学出版社,2018:271-290.

(三)课标

[1] 中华人民共和国教育部.义务教育数学课程标准(2022年版)[S].北京:北京师范大学出版社,2022.

五、学习分享

在期末无纸化测评中,教师可以有目的地引入具有一定情绪色彩的、以形象为主体的故事情境,让学生通过角色扮演的方式,身临其境,激发情感共鸣,从而充分调动学生的积极性。活动中,教师通过语言、广播、展板营造情境,邀请学生"走进"故事。比如,在以《西游记》为背景的综合素养评价活动中,组织学生分小组,化身师徒四人,根据"通关文牒"设置的任务,在"取经"路上灵活运用数学的知识技能解决问题。再如,有的学校以"探索太空,航天逐梦"为主题,将各考查内容巧妙地融入"小宇航员"闯关挑战当中,学生在闯关的同时过了一把"小宇航员"的瘾。这样的情境设置,使得学生在完成期末测评的同时,感受我国航天技术发展的艰难历程以及所取得的重大成就,更领悟到代代航天人为祖国航天事业所付出的不懈努力。

第八章
作业游戏：在多维巧练中巩固，实现减负提质

第一节　游戏化数学作业的内涵及特征

阅读本节内容之前，请先完成以下热身活动：
（1）什么是游戏化数学作业？
（2）游戏化数学作业有什么特征？

作业是提升基础教育质量的关键领域之一，是课堂教学的延伸与拓展，是落实立德树人、推进素质教育的重要载体，是社会认知与理解学校教育的主要窗口，也是实施家校沟通的有效途径。

所谓游戏化数学作业，就是指将游戏中那些有趣、吸引人的元素巧妙地运用在数学作业中，采用游戏机制、美学和游戏思维等手段吸引学生，鼓励行动，促进学习并解决问题。它把要完成的练习任务融入一个个有趣的游戏中，孩子们在玩的过程中巩固所学内容，激发学习热情，从而培养数学能力。具体来说，利用游戏的机制和元素改造作业的场景，主要围绕现行教材的知识点，或与之相关的不同领域的数学知识、数学文化、生活实际等进行游戏化设计，通过培养学生的举例、类比、几何直观、抽象、推理、创新等能力来提升学生的数学学习能力，并注重呈现学生的整个学习过程，使学生在完成作业的过程中进一步获取、巩固、拓展知识。

小学数学作业应促进学生的数学能力和思维品质的发展，为此，游戏化数学作业应体现趣味性、数学性、挑战性等特征，以激发学生完成作业的兴趣。

一、趣味性

马丁·加德纳说过："唤醒学生的最好办法是向他们提供有吸引力的数学游戏、智力题、魔术、笑话、悖论、打油诗或那些呆板的教师认为无意义而避开的其他东西。"小学生的好奇心比较强，他们对枯燥的计算和纯文字的作业兴趣不高。教师要以趣味性激发学生的练习兴趣，让学生感受到练习是好玩的，从而产生解决问题的热情和主动性，成为乐学者。另外，教师在基于儿童认知发展水平精心设计数学练习时，除了要兼顾练习与知识的联系外，也要注意游戏练习本身的趣味性，设计要新颖别致，玩法要简单有趣。以下案例是利用卡牌设计 20 以内加减法口算练习。

案例1:超强脑力系列之20以内加减法

【游戏背景】

神奇的卡牌入侵了人类的世界,聪明的你能不能发现卡牌的奥秘:找到2张卡牌之间得数一样的算式,消灭它们呢?

【游戏说明】

本游戏含有21张卡牌,每张卡牌上有5道不同的算式,任意2张卡牌上都有一个相同的算式结果(算式不一样)。你要做的是用最快的速度找出2张卡牌当中相同的算式结果,大声说出它的得数。

【游戏目标】

发展数感,培养运算能力。

【适合年段】

一年级。

【游戏人数】

2人。

【练习道具】

21张卡牌。

9+4 8+1 17-3 5+15 1+2	7+1 7+7 8+11 0+0 6+6	7-2 1+7 10-1 6-0 5+2	20-5 7+7 12+4 19-2 5+0	6+7 17-1 8+10 3-3 0+7	4+8 11+5 7-6 4-1 4+2	9-3 18-4 7-5 10+8 15-5
11+0 5+4 5+11 9+10 10-8	14-3 1+5 1+14 10+10 15-15	6+3 5+5 7+10 9-8 2+2	7-0 5-2 4+11 13+6 4+6	9+7 8+2 10+10 6-2 4+4	2+5 6+6 4+13 13+7 19-17	10+7 6+7 20-1 2+2 9-3
9+0 8+4 5+13 3+1 6+9	5+6 9+8 2+16 4-1 3+5	9+9 10-5 12+7 16+4 11-10	3+2 2+1 2+2 0+0 13-11	4+1 7+6 12-1 15-3 10+0	5-4 6-2 0+11 15-1 4+3	16-1 18-5 10-9 8-6 10-2

【练习规则】

步骤一

准备:卡牌洗匀后将一张牌面朝上放置于桌面中央,剩余的卡牌平均发给2位学生,学生将分好的卡牌堆在一起并面朝下。

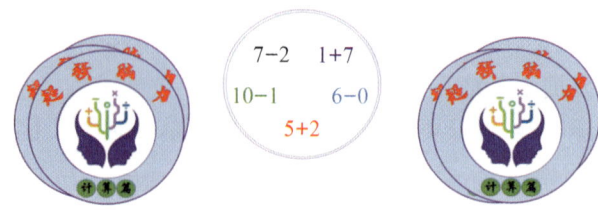

第八章 作业游戏：在多维巧练中巩固，实现减负提质

步骤二

练习开始：学生同时将自己最上面的一张卡牌翻开，找出自己牌面和中央牌面上相同的得数，并大声喊出，然后将自己这张卡牌放在中央卡牌上。注意，中央卡牌上面的牌一直在改变，所以学生的速度要快。

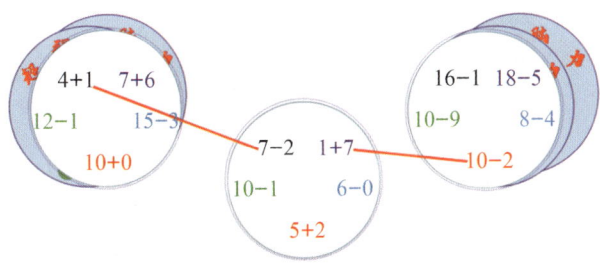

步骤三

游戏判定胜负：最先将自己卡牌全部出完的玩家获胜。

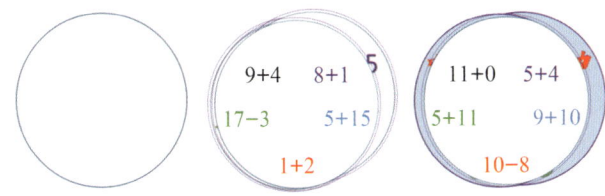

【挑战自我】

师：同学们，练习到这里已经结束了，恭喜你获得胜利。你是不是还想继续挑战呢？如果让你重新来设计游戏规则，你会怎么设计呢？开动脑筋来大展身手吧！

以上练习改变了以往口算练习中存在的单一、机械、枯燥的方式，利用玩卡牌、练计算，满足学生好奇心，激发他们的学习欲望，收到了很好的效果。

二、数学性

数学性是游戏化作业的主要特征。我国小学数学教育专家周玉仁教授曾经指出："数学学习的本质是学生获得数学知识，形成数学技能和能力的一种思维活动。"游戏化作业的主旨是为了辅助学生更好地学习，教师应充分了解学生的认知特点和生活实际，并对此进行全面分析，再去选择合适的教学知识点进行游戏化作业设计。游戏化作业的内容立足于教材，指向数学核心问题，通过寻找数学知识的内在架构和延伸点，结合生活中的数学、数学思维的培养等维度设计。

❀ 案例2："长方形周长计算"练习

本案例创设了龟兔将进行新一轮跑步比赛的情境，适当、适量的变式练习，有利于学生对知识进行迁移，有利于完善学生的认识结构，能及时帮助学生巩固新知，形成技能，促进学生对知识本质的理解和掌握。

1. 练习赛跑道周长

为了在即将进行比赛中取得好成绩,乌龟每天都在练习跑步。下图是它练习跑步的路线,你能求出这条练习赛跑道的周长吗?(单位:厘米)

比一比,看谁的方法又快又好!

交流方法:

(1) $30+50+20+10+10+40=160$(cm)。

(2) 移动长方形。(课件演示平移过程)$(50+30)\times 2=160$(cm)。

2. 比赛跑道周长

下面两个图形分别由边长为 1 cm 的正方形组成,按比赛要求:乌龟和兔子分别从 A 点和 B 点出发,绕图形跑一周,你觉得这样设计合理吗?

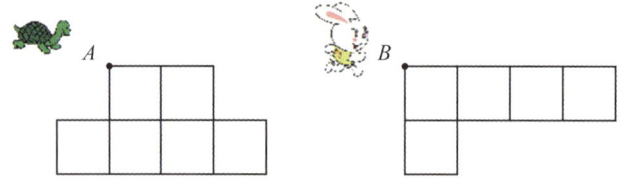

(1) 猜一猜。

(2) 用彩笔描一描它们行走的路线。

(3) 比一比谁跑的路线长?

(4) 交流不同方法。(数一数,移一移)

在计算较复杂的不规则图形的周长时,我们可以把这个图形一周每条边的长度相加,也可以运用巧妙的方法——移一移,转化成规则的长方形或正方形来计算周长。本练习中,先设计了求乌龟练习赛跑道周长的游戏,让学生初步体会移一移求周长的方法的优越性。然后又设计了乌龟和兔子跑步比赛的游戏,让学生在活动中解决两个巧算周长的变式问题,并引导学生活用移一移求周长的方法。这两个游戏练习,使学生体会到了计算周长方法的多样性,深层次地理解了虽然图形的形状发生了变化,但周长不变的本质。在练习过程中,教师恰当引导学生进行交流,培养了学生的思维灵活性,达到了"既长知识,又长智慧"的目的。

三、挑战性

麦格尼格尔指出,游戏的乐趣来源于挑战和限制。爱玩是孩子的天性,"好玩"是孩子学习数学的最大动力,而游戏的最大魅力就在于它的新奇、有趣、富有挑战性。游戏化作业的设计要有层次,呈现一定的思维阶梯。我们要让学生觉得游戏越来越有意思,越来越有挑战性;要让学生对练习产生越来越浓厚、越来越强烈的兴趣,使其在练习中保持高涨的学习热情。

❀ 案例3:"抢数游戏"练习

同学们,你们喜欢玩游戏吗?今天,老师和大家一起来玩一种有趣的数学游戏——抢数游戏。我们要来体验抢数游戏的多种玩法,有信心找出其中的制胜策略吗?来吧,游戏练习开始!

什么叫抢数游戏?

简单地说,就是几个人按照规定的要求轮流报数:1个数、2个数或多个数,谁先抢到规定的那个数,谁就获胜。

玩法一

是不是很简单呀?我们先来试一试抢3游戏,看游戏规则:

两人从1开始轮流报数,每人每次至少报1个数,最多报2个数,谁先抢到3谁获胜。

此难度每玩一次获胜得一星。同学们可以抢3次,你得了几颗星呢?

自评得分:_____。

玩法二

恭喜你在玩法一中获胜!想一想,你获胜是因为巧合还是有制胜的策略呢?接下来真正的挑战就要开始了,做好准备了吗?Let's Go!

难度★

两人从1开始轮流报数,每人每次至少报1个数,最多报2个数,谁先抢到15谁获胜。

此难度每玩一次获胜得一星。同学们,你们找到获胜的策略了吗?每次报数的先后顺序和每次报数的个数会影响结果吗?试着写一写吧!

自评得分:_____。

玩法三

难度★★

两人从1开始轮流报数,每人每次至少报1个数,最多报3个数,谁先抢到21谁获胜。

此难度每玩一次获胜得两星。亲爱的同学们,你们能运用所掌握的策略获胜吗?想一想,这次要是后报数一定能获胜吗?玩法三和玩法二有什么区别呢?也请你试着写一写吧!

自评得分:_____。

玩法四

难度★★★

两人从3开始轮流报数,每人每次至少报1个数,最多报4个数,谁先抢到22谁获胜。

此难度每玩一次获胜得三星。亲爱的同学们,你们是不是越玩越有意思啦?通过以上几次的实验操作,你觉得每次获胜的策略是报数的先后顺序、每次报几个数字,还是其他原因？请你试着写一写吧！

自评得分：_____。

玩法五

难度★★★★

两人从18开始轮流倒着报数,每人每次至少报1个数,最多报4个数,谁先抢到1谁获胜。

此难度每玩一次获胜得四星。亲爱的同学们,你想获胜的难度是不是加大啦？如果你掌握了抢数的制胜策略,那么不论是顺着报还是倒着报,你都能迎刃而解。若你的伙伴还没有掌握制胜策略,请你告诉他吧！

自评得分：_____。

同学们,"抢数游戏"到此结束,相信聪明的你一定已经掌握了制胜策略！算一算,在"抢数游戏"中你一共得到了（　　）颗星。

如果你还没有玩过瘾,还想继续玩,挑战更难的玩法,老师建议你们可以3个人或更多的人一起玩,看看你还能找到制胜策略吗？例如：

玩法六

难度★★★★★

三人从1开始轮流报数,每人每次至少报1个数,最多报2个数,谁先抢到18谁获胜。请你试着写出玩法六制胜的策略吧！

_____

_____

_____

以上案例不仅要求学生高度参与练习,同时对学生的思维能力提出了更高的要求,让他们在练习中提炼制胜的策略,使练习更有利于学生主动学习,培养学生的学习主动性,有效激发他们的内驱力,使他们主动地练、愉快地练。

正是因为游戏化作业具有趣味性、数学性和挑战性,所以学生比较喜欢游戏化作业,觉得游戏化作业有意思。游戏化作业设计不但能巩固新知和技能,防止思维定式,促进学生对知识的本质理解,还对培养学生思维的深刻性、灵活性、批判性、创造性具有十分重要的作用。

资源链接

[1] 上海市教育委员会教学研究室. 小学作业设计与实施指导手册[M]. 上海：华东师范大学出版社,2019.

[2] 康黎. 小学数学游戏化学习[M]. 长春：吉林人民出版社,2018.

第二节　为什么要进行游戏化作业设计

阅读本节内容之前,请先完成以下热身活动：

（1）目前数学作业的现状是什么？

(2) 游戏化数学作业在教育中有什么价值?

数学练习是小学数学教学的一个重要组成部分,它是掌握数学知识、形成技能技巧的重要手段。然而,对于如何设计新型的数学练习及利用数学练习来提高学生的学习兴趣和培养学生的核心素养,却探索得不多,甚至有些老师在对作业的功能认识上还存在不少问题:

其一,功利主义。认为练习的多少与学生的学业成绩成正比,练习做得越多,学生的成绩就越好。大量的练习剥夺了学生的休息和玩耍时间。

其二,再现主义。认为练习仅仅是"教"的补充和检查学习情况的手段。

其三,拿来主义。布置作业简单地使用现成的所谓的配套练习,信手拈来,不加甄别,不验质量,不论难度、梯度,不管要不要分层、能不能选择等。

近几年,随着课程改革的深入,"游戏"逐渐引起老师们的关注,对于"什么是游戏""游戏的价值和功能""如何在学校教育中开展游戏"的研究与探索逐渐兴起。但于教师而言,其自身学习生涯中鲜有游戏的经历,加之日常教学工作中对游戏的低关注度,造成面对"游戏"时知其重要却无从下手的困境,这种无力感在数学学科的教师中尤为强烈。如何将游戏化作业引入小学数学练习体系中,最大限度地拓展学生的减负空间,真正将"减负优质"教育落到实处,是小学数学教师必须思考的问题。开发游戏化作业,是教育实践领域亟待填补的一个空白,它对教育具有重要的价值。

一、游戏化作业有助于激发学生的学习动机

长期以来,人们更多关注的是作业的布置如何体现新理念,如何体现趣味性、现实性、层次性、探究性、开放性、实践性、综合性等。毫无疑问,这种追求是必要且重要的。但无论我们的作业设计多么新颖别致,多么无与伦比,我们都无法避免一个事实,那就是作业是教师主动布置的,学生始终是在被动的状态下完成任务。大部分学生都有这样一个心理:老师布置了作业,我按时完成即可。事实上,学生们也都是这样做的,仅仅是做了完事,甚至很多优秀的学生也是仅此而已。如果长此以往,调动不起学生的主动性不说,还会让学生感觉"作业是一种自觉需求和生活方式"是一句空话。面对这样的情况,大家自然会想到,是否可以利用游戏的挑战性、竞争性等特征使学习更有趣,从而激发学生的学习动机呢?游戏有诸多教育价值,但是毫无疑问,最被看好的还是游戏能激发学习的内部动机。事实上,很多研究证明了游戏有助于激发学生的学习动机。

案例:热气球"连连看"

(一) 情境引入

新的一年即将来到,"数宝宝""几何娃娃"和他们的爸爸们一起来到"数学岛"度假并寻找岛上的宝藏。瞧,这些顽皮的"数宝宝"刚登岛就迫不及待地坐上了热气球,饱览"数学岛"上美丽的风景!

(二) 游戏规则

多漂亮的热气球呀!每个家庭的"数宝宝"乘坐的热气球图案都类同,请根据气球的图

案连一连,帮助"数宝宝"找回他们的家人。

(三)游戏流程

(1)罗列分类结果以及相应的分类标准,如颜色、条纹、大小等。

(2)思考:为什么分类的结果不同?一定会不同吗?

(3)梳理小结:分类标准不同,分到的结果可能不同。

从学生喜欢的配对游戏入手,能有效地激发学生的学习兴趣,调动学生学习的积极性。游戏中热气球的颜色、花纹、图案不一,按照不同的标准进行分类,所得结果不同。继而追问:所分的结果一定会不同吗?从而引发学生深度的思考,帮助学生构建更为完善的知识结构。

二、游戏化作业有助于"双减"工作落实

"双减"政策的出台,对小学数学教师的作业设计能力提出了更高的要求,需要教师加强作业的科学设计研究,以真正地提高作业有效性,减轻学生的负担。游戏化作业可以为学生营造一种轻松、愉快的学习氛围,让学生较少地对学习产生抵触心理,减少学习的压抑感,从而把更多的时间和自主权还给学生。通过对数学知识的解剖,将数学零碎的知识化为一个个或大或小的游戏,分散难点,减少坡度。通过游戏化来进行启发式教学,不满堂灌,在游戏过程中让学生做到"三动",即动脑想,动口说,动手写,实质性地让学生能够较为轻松和高效地学习有关的知识。并且在游戏环节中强化知识,而不是通过大量的枯燥的笔试题目来起到巩固的作用。游戏化作业在一定程度上转变了教育只为升学服务的目标观;转变了以考试分数为唯一标准来评价学生的质量观,树立了学生综合素质提高、个性特长充分发展的质量观;转变了只重知识灌输、轻能力培养的教育观,树立了面向全体学生因材施教,知识学习与智能发展相统一的教育观。游戏化作业绕开繁重的课业负担,以游戏闯关的方式在发展学生个性,培养学生创新精神、实践能力方面做出成效,进而全面提高学生素质。

❀ 案例:素养闯关

为了坚持国家"双减"政策,秉承一二年级非纸笔测试,全面了解学生的数学学习状况,激励学生的学习热情,促进学生数学素养的全面发展,以素养闯关替代以前的纸笔测试,具体操作如下:

(一)测评目标

(1)考查学生100以内的运算计算;

(2)学生借助小棒初步理解乘法的意义;

(3)在购物情境中进行有关人民币的简单计算,学会付钱、找钱,感受付钱的多样化。

(二)测评方式

"口头+操作"练习,通过学生的操作并说出操作过程,来考查学生对知识的掌握程度及其思考方式;同时,也可以给学生提供展示个人思维过程的机会和自我表现的空间。通过学生对问题的思考、分析、解答、操作,不仅可以考查学生对知识技能的掌握情况,而且可以使

教师全面了解学生的思维过程、解决问题的方法、动手操作能力、表达与交流能力和个性创造力,为多角度评价学生提供真实的素材。这种评价方式既不加重学生的负担,也便于教师及时了解学生,是一种简单易行的评价方式。

(三) 具体实施

1. 凑一凑(100 以内运算)(第一关)

操作规则:

(1) 请从以下 30 张数字卡片中抽取 2 张以上的卡片(包括 2 张),凑成 100。计时 30 秒,请尽快完成。

7	83	10	17	61
22	39	56	5	44
32	24	51	49	8
92	1	16	84	15
2	19	20	28	11
69	31	71	85	93

2. 摆一摆(乘法的意义)(第二关)

请你将以下 12 根小棒摆出 3×4 或 4×3、2×6 或 6×2,计时 30 秒。

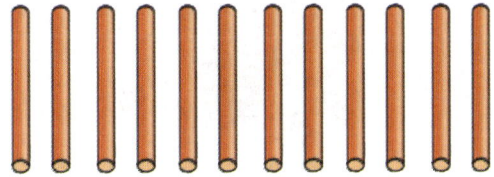

(1) 摆一摆:

(2) 说一说:

我分成的小棒表示( )个( )相加。

3. 买一买、卖一卖(购物)(第三关)

操作规则:

(1) 抽取 1~3 中的一个题号;

(2) 根据对应题号的购物情境,解决两个小问题,计时 30 秒。

题号 1

87 元

同学你好,欢迎来到漂亮的文具城。园园看中了一个漂亮的公主书包,请你帮一帮她吧:

(1) 请你选择一种付钱方式,正好能够买这个书包;

(2) 妈妈给园园一张 100 元,应找回多少元?(请边说边做)

题号 2

15 元 8 角

同学你好,欢迎来到好玩的玩具城。笑笑看中了一个可爱的小熊娃娃,请你帮一帮她吧:用一种付钱方式,正好能够买这个小熊娃娃。

题号 3

39 元 2 角

同学你好,欢迎来到体育城。淘气看中了一副乒乓球拍,请帮他用一种付钱方式,正好能够买这副球拍。

(四) 奖励机制

第一关:2个印章。

第二关:4个印章。

第三关:4个印章。

综上所述,在"双减"的背景下,优化小学数学作业设计显得越来越重要。小学数学教师要立足实际,因课而异,因人而异,精心设计更多符合小学生数学思维与能力发展需求的又精又简的作业,使减负增效真正落到实处,使每一个学生都能获得数学知识、能力与素养的提升。

资源链接

[1] 康黎.小学数学游戏化学习[M].长春:吉林人民出版社,2018.

第三节 怎样设计游戏化数学作业

阅读本节内容之前,请先完成以下热身活动:

(1) 设计游戏化数学作业需要哪些元素?

(2) 构建游戏化数学作业体系包括哪些因素?

"游戏化"一词在体验设计领域由来已久。可能许多人提到游戏化作业,还只是想到PBL(积分、勋章和排行榜)。游戏化作业中基于PBL的激励体系随处可见,对吸引学生有明显的作用,但是光靠PBL是远远不够的。

想尝试游戏化作业,就必须了解"游戏作业设计中令人着迷的核心因素"。为什么有的游戏作业令人爱不释手,有的游戏作业却令人浅尝辄止?好的游戏作业设计自有其"道",这就是我们常说的游戏元素和游戏机制,通常包括目标、规则、冲突、奖励、反馈、进度条、计时和音效性等。若你想进行游戏化设计作业,就必须了解游戏元素和游戏机制。

(1) 目标。所谓目标,就是学生在练习里的追求,是学生努力达成的具体结果。游戏化作业目标隐藏在游戏目标中,学生完成游戏目标的过程就是完成作业目标的过程,这是游戏化作业设计最高的境界。

(2) 规则。规则之不存,游戏作业将焉附。规则是游戏作业的另一个决定性特征,设计任何一个游戏作业都是要有规则的。规则可以用来规范学生的行为,为学生如何实现目标做出限制,使游戏作业可控。

(3) 冲突。冲突是个体或群体发觉其他人已经或即将做出与己方利益不相符的行动所做出的反抗过程。为了让游戏作业有趣,必须有一些冲突;要赢得挑战,必须积极地打败对手,看谁是游戏作业结束时的胜者。

(4) 奖励。奖励是一切游戏练习的重要特征,因此是可见于所有游戏作业的元素,包括积分、勋章等。奖励可以让学生去做一些他们原本并不想做或者不喜欢做的事情。奖励不应该只是心血来潮的产物,而应该富有结构和计划性。

（5）进度条、计时和音效。根据每题的难易程度,设计倒计时时间。当进度条出现在屏幕下方并开始计时"十、九、八……"时,学生顿时感受到了压力,不由自主地加快行动开始答题。为了让游戏练习氛围更浓厚,还可以在练习倒计 10 秒时设置"嘀嗒""嘀嗒"音效。不要小看这简单的改变,它能促使学生积极参与答题过程。

结合数学的学科特质,我们团队在游戏与作业的结合中找到了促进数学学习者成长的五大契合点。

（1）游戏活动自带的目标和规则,符合知识学习的有序与严谨性;
（2）游戏机制内含的逻辑,有助于培养学生自我探究与解决问题的能力;
（3）游戏设置带来的冲突、竞争、合作,对学生提出了灵活与适应的要求;
（4）游戏元素对课本知识的再加工,为学生建立了学习兴趣曲线;
（5）游戏化学习允许的试错与反复,指引学生用失败导向探索式练习。

学生在大目标的指引下,面对游戏过程遇到的数学问题,可以从不同的触点出发,从不同的方向、维度进行发散、链接和转化,从而创生出不同的思考路径和方法,搭建个性的思维能力和批判的思考能力。

当然,设计游戏化数学作业,并不是简单地把游戏元素与机制放进练习里。游戏化的练习应该是富有生长力的。学生可以在此游戏练习的过程中获得新的体验,对与游戏相关的知识有更深层次的认识和理解,甚至可以引发学生之间的思维碰撞、激发头脑风暴等。因此,赋予游戏生命力是游戏化数学作业设计的核心问题。练习的"求变"之道不能只浮于"形变",需要形神俱变。在制定游戏规则时,若以孩子已有的基础经验为生长点,就可以给整个游戏注入新的生命力;只需稍微变换视角,便可以一生二,二生三,三生万物。

众多研究表明,真正好的游戏化作业与教育结合将会促进学习者的学习。那么,如何将游戏的理论应用到练习中,也是富有挑战的命题。我们通过构建小学游戏化数学作业设计体系,希望能研发出"真正好的游戏化作业",与教育有效结合,促进学习者的学习。

要构建一套游戏化作业的设计体系,需要考虑以下几个方面的问题:①设计的原则;②适用的年级;③作业的类型;④可培养的能力;⑤体系支架等。这些统统构成了游戏化数学练习的系统。我们所做的研究,不因袭前人,也不自成一家,而是在前人研究成果的基础上,经过独立思考后的一次推陈出新。

1. 确立设计原则

游戏化数学作业需要考虑以下 4 个原则:

（1）有儿童味道。这是由儿童的身心发育特点所决定的,要让他们对数学有好奇心和求知欲,能够体验获得成功的乐趣。

（2）与教材携手。不自创,利用已有教材的知识体系,并反刍于课堂。毕竟现行教材无论从知识构架,还是编写目的及学习素材考虑,都有我们可利用的优势。

（3）有思维拓展性。通过练习,不仅可以使学生掌握基本的数学知识和技能,更重要的是可以训练他们的思维,增强分析问题和解决问题的能力,从而揭示数学的思维过程,培养学生的思维能力。

（4）强化游戏趣味性。数学的抽象性和严密性往往使学生感到枯燥乏味,要使学生在数学学习活动中体会到数学是那么生动、有趣、富有魅力,强化数学练习的趣味性十分重要。有趣的游戏使学生的沉浸感、满足感和愉悦感增强,重复体验性高。

2. 选用适用年级:一至六年级

练习能有效地弥补学生遗漏的知识点,提高学生学习的积极性,并促进教师的教学反思,它是小学数学教学的一个重要组成部分。

随着一节课的推进,不同的时段练习又可以提取出哪些能培养的数学能力呢?

(1)课前口算练习。口算是计算能力的基础,直接制约着笔算、估算和简便计算能力的发展。每天课前3分钟利用卡牌代替传统口算练习本练习口算,既可以锻炼孩子们的心算能力,也能培养他们的专注力,从而提高他们的运算能力。

(2)课中视频练习。必要的课堂练习对于巩固知识、突破重难点至关重要。教师在教学中可以借助希沃软件设计并制作出简单的分类、PK、配对和拼图等视频游戏让学生加以练习。相较于枯燥无味的解题,视频游戏寓教于乐,带来完全不一样的练习效果。

(3)课后专题练习(课)。某些知识点比较抽象,难理解,学生在规定的课时内无法真正掌握及灵活运用,这就需要我们去设计有趣味的练习加以巩固。如乘法分配律这一知识点,很多学生理解不透彻,很容易和乘法结合律混淆,普通的对比、分类练习收效甚微。我们就借助骰子工具设计了一节"智闯骰子国"的课来练习,让学生发现相对面之和的规律,并灵活运用乘法分配律,效果显著。

(4)思维拓展练习。课程标准指出:学生的数学学习内容应当是现实的、有意义的、富有挑战性的。我们设计了一些拓展性的练习,让学生"以积极的心态,调整原有的知识和经验,尝试解决问题,并积极构建新知识"。这是主动学习的过程,更是一个学习知识创新、方法创新的过程,让学生的思维得到了提升。

(5)单元整合练习。数学知识具有很强的逻辑性,尤其是整个单元之间的联系。因此,单元练习要注意根据本单元知识间的前后联系,设计一个故事情境,以闯关的形式,从基本题出发,循序渐进地设计练习和增加难度。通过游戏化作业,引导学生自觉经历知识形成的过程,沟通知识的横向和纵向联系,求通、求连,以便使学生既巩固了新知识,又能将前后知识融会贯通。

综上所述,游戏化作业适合各个年级。

3. 构建游戏化作业体系

游戏化作业使用游戏来重塑小学数学练习内容,将"卡牌类""操作类""情境类"和"电子类"4类游戏融入现行数学教材"图形与几何""数与代数""统计与概率""综合与实践"四大内容中,将"卡牌练习""希沃软件练习""学具练习""视频练习""主题设计练习"5种游戏融入"数感、量感、符号意识、空间观念、几何直观、运算能力、推理意识、模型意识、数据意识、应用意识和创新意识"11个核心概念中。游戏化作业体系如图8-1所示。

在实践研究过程中,我们一边积累游戏化作业的实例,一边摸索各种类型的游戏化作业的特征。

(1)卡牌类

① 超强大脑系列——沟通内在联系,突出运算能力

在练习中,要杜绝机械操练。数与数的运算是小学数学最基础的知识,内容较多,怎样

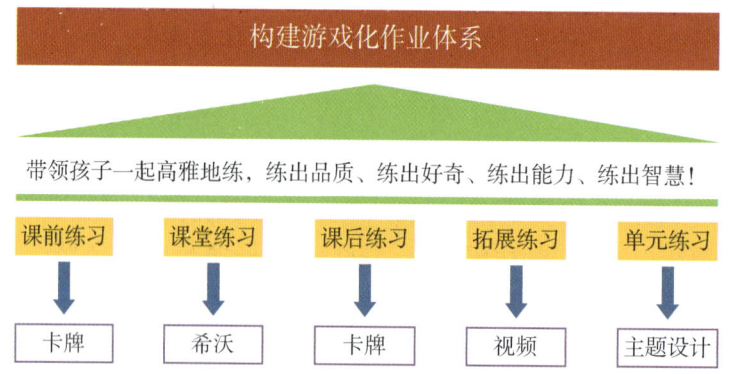

图 8-1 游戏化作业体系

引导学生把平时的内容加以梳理、归纳和提炼，六年级复习阶段就尤为重要。例如，针对除法、小数、分数、百分数及比值它们之间的转化，我们设计了如下的卡牌练习。

请你在以下 30 张卡牌中，快速找出任意两张卡牌中相同的得数：

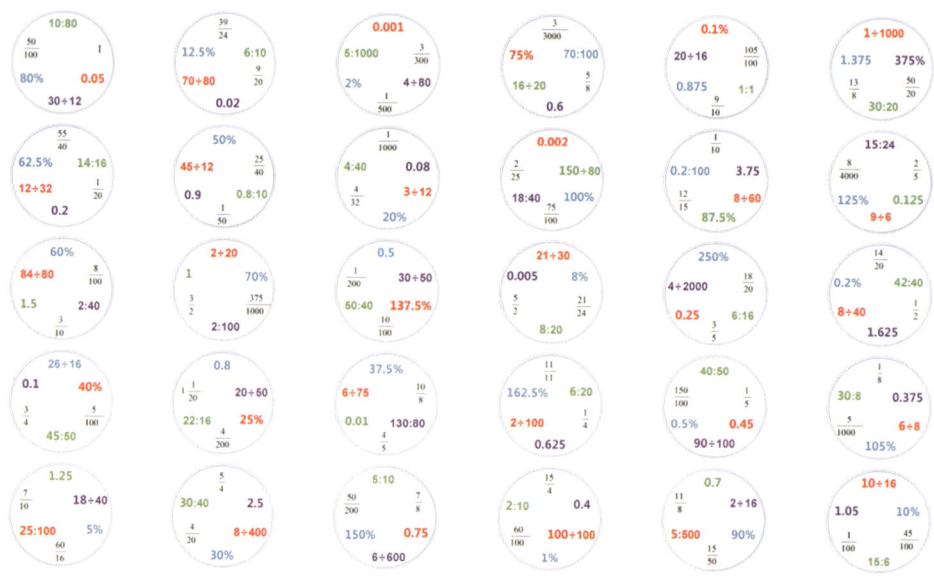

运算能力的提高需要一定量的练习，从而形成质变的过程，但是单一、机械、枯燥的练习方式效果甚微。上述卡牌游戏在满足学生好奇心、激发他们探究欲望的同时，把 6 个知识点串联起来，帮助他们建立数与数之间的内在联系，突出运算能力。

② 单位宝宝钓鱼记系列——沟通内在联系，强化单位转换能力

【游戏背景】

同学们，今天我们来玩"单位宝宝钓鱼记"的游戏，这个游戏既可以锻炼你的长度单位换算能力，也能培养你的注意力，游戏过程中要眼疾手快。

【游戏说明】

本游戏需要学生对长度单位有初步的认识，并且可以进行简单的换算。卡牌内容可以

根据教学内容更换,属于竞争类桌游。

【游戏目标】

通过游戏,进一步让学生熟练地掌握长度单位之间的比较与换算,培养学生的判断、反应能力。

【适合年段】

二年级。

【游戏人数】

2人。

【游戏道具】

20张纸牌,其中有14张纸牌面表示的长度是一样的。1张是干扰纸牌(找不到配对纸牌),1张是必胜卡(可以任意配对)。

【游戏规则】

步骤一

把20张纸牌洗匀后平均发给两名玩家。

步骤二

一人一张按顺序出牌,出的牌放在一列。

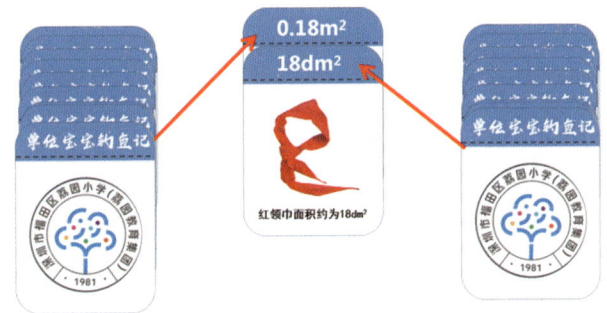

步骤三

同长度的牌可以把之前同等长度的牌之间的牌都吃掉。

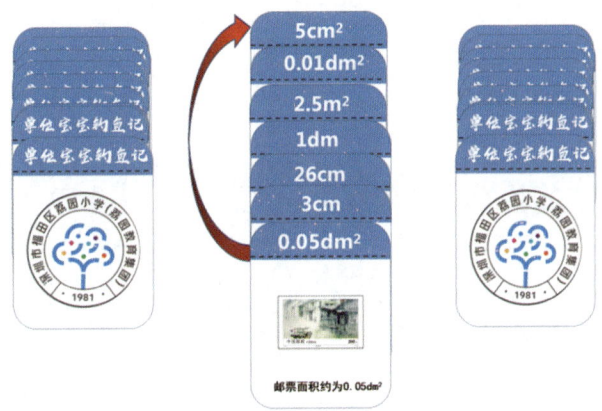

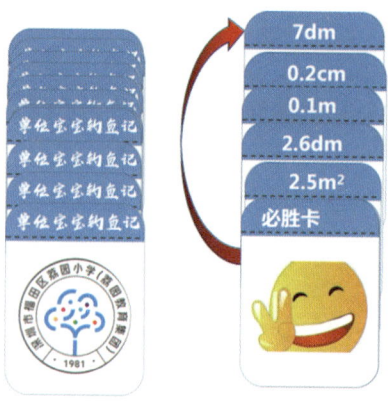

步骤四

游戏判定胜负:3分钟内,收集最多纸牌的玩家获胜。

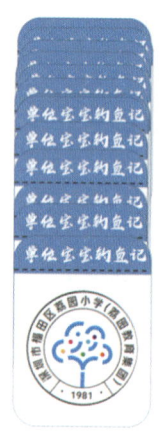
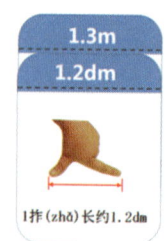

(2)操作类

闯关卡游戏的创设,在动手操作中激发孩子们的探究欲望,凸显推理能力。

在"智闯骰子国"一课的练习中,创设了唐僧师徒四人在西天取经路上经过骰子国的故事。为了取得通过文牒,他们必须顺利通过骰子大师设置的5道关卡。《西游记》的场景瞬间吸引了学生的注意力,而趣味横生的数学知识巧妙地蕴藏在5道关卡中。特别是在练习环节,为了解密多颗骰子叠加隐藏面之和与骰子颗数之间的关系,创设了如图8-2梦想成真闯关卡。

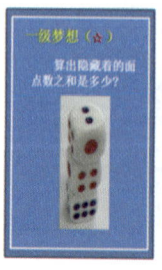
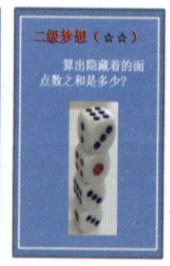
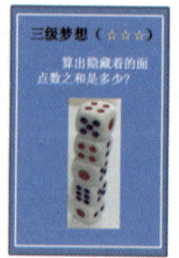
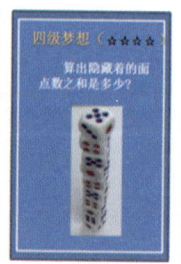
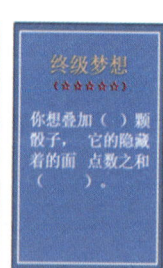

图8-2 梦想成真闯关卡

创设了梦想成真闯关卡的游戏化作业,不仅考查了学生的观察能力、记忆能力,同时也培养了学生的逻辑思维能力、创新能力,从而激发孩子们的探究欲望,让数学练习在游戏中悄然发生。

(3) 情境类

几何直观主要是指利用图形描述和分析问题。借助几何直观,可以把复杂的数学问题变得简明、形象,有助于探索解决问题的思路,预测结果。在学生学完三角形面积这节内容后,我们在练习环节创设了分三角形地的情境练习。

话说唐僧师徒四人西天取经路过行空上地界,准备到不远的山脚下的那户人家去化缘,还没有靠近便发现山脚下这户人家传来争吵声。原来是兄弟三人在分割一块三角形的地时产生了一些矛盾,好心善良的唐僧决定帮助他们分好这块三角形地。他是如何做到的呢?请大家试着画一画,看看谁的方法多。

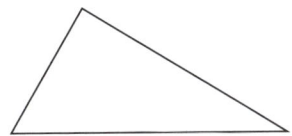

为学生创设这样一个真实的任务平台,试题的开放性还可以弥补学生能力之间存在的客观差异,让全体学生体会到不同层次的成功愉悦,培养他们的几何直观能力。

(4) 电子类

① 希沃软件系列——信息技术助力,活跃课堂气氛

【适合内容】

一一对应的知识,如单位换算。

【游戏案例】

选自北师大版三年级上册第八单元"认识小数"第一课"小数的初步认识",要求学生把几元几角几分用以元为单位的小数表示。

【游戏简介】

根据给出的几元几角几分的人民币值,配对以元为单位的人民币值。配对成功则通过挑战;配对失败将反弹错误项,继续配对。

【游戏玩法】

步骤一

查看配对与被配对项。

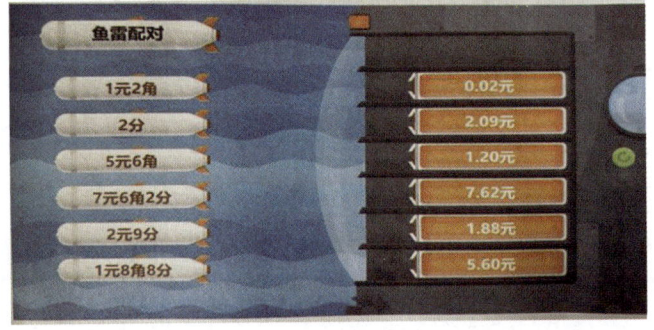

步骤二

移动鱼雷到对应的系统配对。

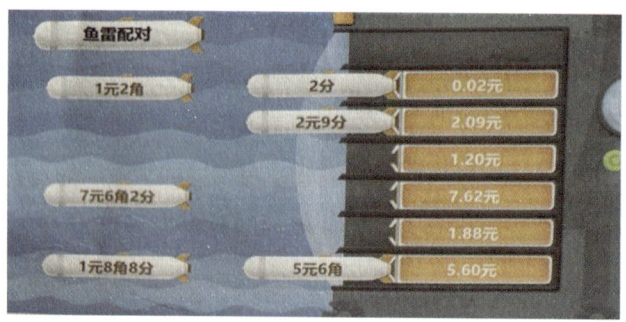

步骤三

点击"检查答案",判断对错。

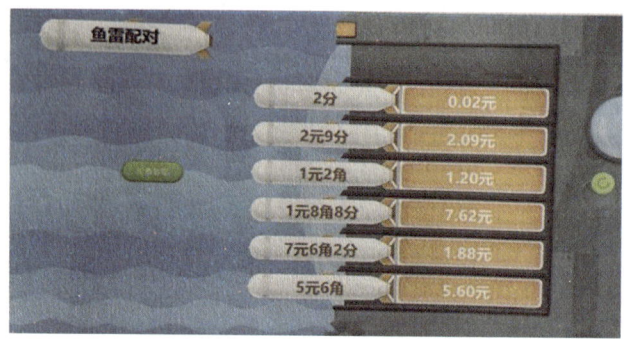

步骤四

错误选项再匹配。

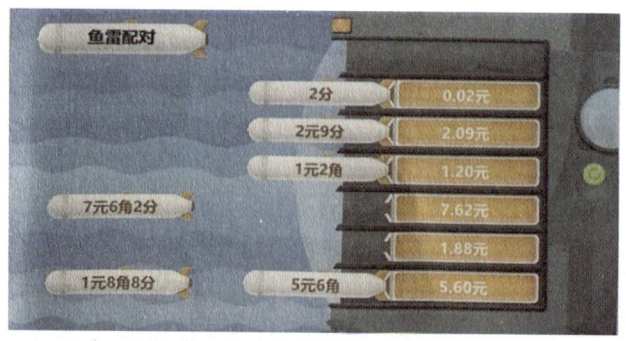

步骤五

重复步骤三检查答案,判断正确,游戏结束。

游戏练习带有"玩"的色彩,设计游戏练习要考虑其与所学数学知识内容的联系,将所学的知识寓于游戏练习中,提高学生练习的积极性。

第八章　作业游戏：在多维巧练中巩固，实现减负提质

② 数游练习系列——拓宽数学视野，提升数学素养

所谓拓展练习，是指在学生已经掌握了基础知识和基本技能的基础上，将所学知识进行必要的延伸和发展而设计的课内外练习，其主要目的是提升学生的观察、比较、综合、推理等数学思维能力。

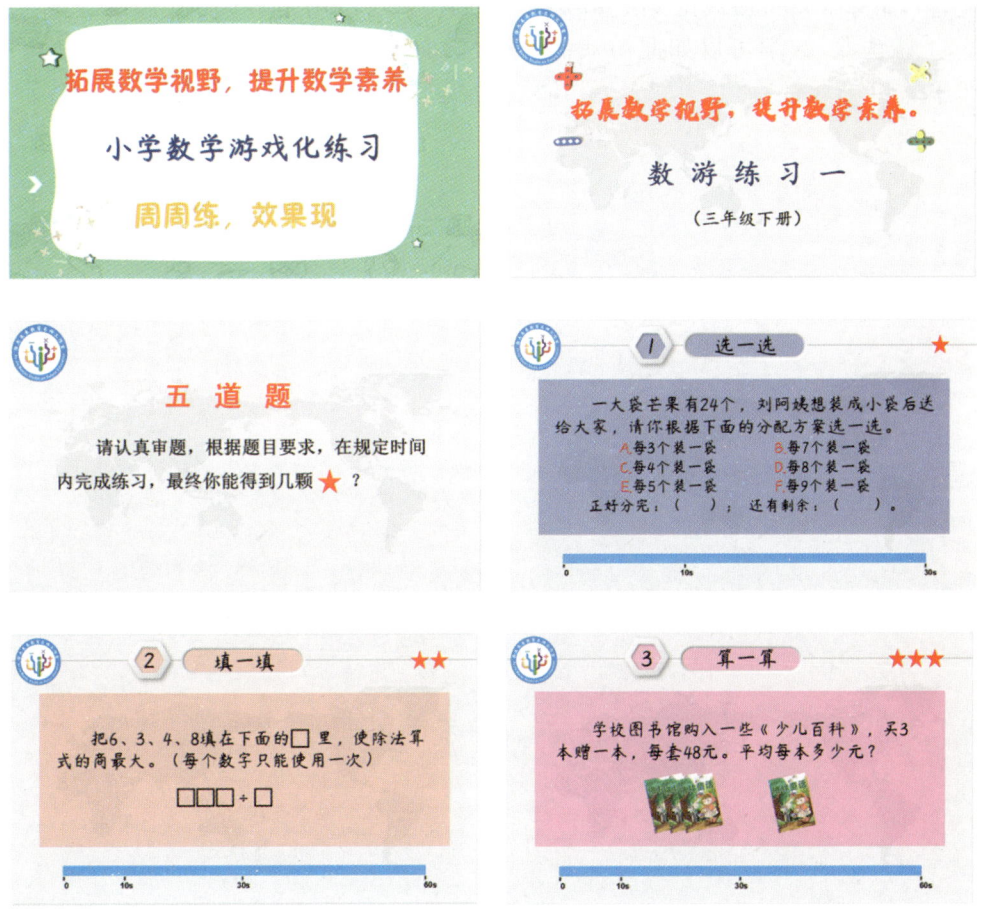

数游练习系列让学生变得越来越聪明,思维变得越来越活跃,解决问题的能力变得越来越强。练习变成了一件有趣的事。

资源链接

［1］中华人民共和国教育部. 义务教育数学课程标准(2022 年版)［S］. 北京：北京师范大学出版社,2022.

［2］Yu-kai Chou. 游戏化实战［M］. 杨国庆,译. 武汉：华中科技大学出版社,2017.

［3］姚铁龙. 数学可以如此游戏：小学数学游戏化教学［M］. 广州：广东教育出版社,2019.

后记
小学数学游戏：探索与乐趣的融合

在撰写这本书的后记时，我不禁感慨万千。我是在 2014 年进入游戏化学习领域的，这本书是我和我的团队 10 年来探索的结晶，也是对儿童数学学习的一次全新尝试。我们矢志不渝地开展数学游戏化教学的研究，用设计游戏的理念来设计教学，为学生营造数学游戏化学习的奇妙探索之旅。作为一名数学教研员，我深深理解数学的重要性，同时也认识到，使学生爱上数学，不仅要让他们理解数学的价值，更要让他们在探索数学的过程中体验到乐趣，这正是《小学数学游戏》这本书的独特之处。

数学是一种语言，是一种思考的工具，更是一种理解世界的方式。对于小学生来说，他们的世界充满了未知和好奇，他们渴望探索和理解这个世界。通过游戏，孩子们在玩耍的过程中理解数学的概念，在解决问题的过程中锻炼思考的能力，在挑战自我的过程中体验成功的喜悦。这样的学习方式，既让孩子们爱上数学，也让他们在乐趣中发展核心素养。

然而，让孩子们通过游戏学习数学，并非易事。它既需要我们深入理解数学的本质，明确数学课程的教学目标，设计富有创意的教学活动，关注每一个孩子的学习状态，又要精通游戏的规则，将各种游戏元素和游戏机制有机地结合，采用设计思维从多个角度对教学内容进行理解、整合，辅以信息技术的支撑，让数学好玩从理想变成现实。这就像种植一棵树，我们需要耐心地浇水、施肥、修剪，等待它慢慢成长。这就是教育的艺术，也是我们作为教师的使命。

数学游戏化教学为儿童学习数学提供直观的感性材料和愉悦的学习平台，在儿童的"具体形象思维"和"抽象数学知识"之间架构起一座桥梁，深化学生对数学知识内涵的理解，进一步发展学生的发散性思维和创造性思维。为此，我们决定将这些年致力于小学数学游戏化教学的研究成果进行梳理和分享，汇集成《小学数学游戏》一书。

《小学数学游戏》这本书，聚焦于新课程改革，紧密贴合新课标，是《小学数学新教学丛书》之一，内容分为 8 个篇章。我们在绪论中总结了如何让数学好玩实现从理想到现实的蜕变。接着，我们介绍了桌面游戏、视频游戏、绘本游戏、具身游戏、编程游戏、主题游戏和作业游戏 7 种类型的数学游戏。其中，桌面游戏呈现了合作竞争中的挑战，旨在增强学生的学习动机，激发学习的热情；视频游戏则引领学生进入快节奏的视频游戏世界，调动多感官参与，让学习成为一种快乐互动；绘本游戏构筑故事情境，营造沉浸式氛围，让学生在情境中体验数学的奇妙；具身游戏则将学习与感知交融于一体，建构多元表征，提升学生的学习品质；编程游戏以技术融合为切入点，培养学生的创新意识，激发他们的探索精神；主题游戏设计实践任务，促进学生全面发展，提高综合素养；作业游戏一章则让学生们在多维巧练中巩固知识,实现减负提质。这本书是我们在实践小学数学游戏化教学过程中的点滴积累,每一章节都充满了我们对游戏化教学的热爱和思考。

在10年的研究过程中,我们对游戏机制和游戏元素的理解和运用渐入佳境:植入目标,指向数学核心问题,让游戏具有数学味;制定规则,规范课堂管理,让游戏可控;营造冲突,鼓励学生斗志,提高学生能力;倡导合作,通过和伙伴一起努力达成彼此心仪和利益均沾的结果;把控时间,制定合理的奖赏结构,激发学生不断学习的动力;及时反馈,创设适合学生心理特点的情境;反复游戏,允许学生在游戏化学习的过程中犯错……成熟的游戏机制加上合适的数学内容才是游戏化教学的"王道"。

此外,我们还进行了大量的研究,开展了基于证据的教学。例如:通过研究我们发现,团队游戏更有利于学生学习;操作类的游戏更受学生欢迎;对于后进生而言,游戏化学习的优越性更加明显。游戏化学习让我们从不同的视角来解析教学设计,在游戏化学习设计中我们超越教学的既有理念,创造不受束缚的崭新的价值观,不断展现创意迭出的教学设计。

在结束这篇后记之前,我想衷心感谢所有参与本书创作和研究的人员,他们的辛勤付出和专业精神使得这本书得以顺利完成。正如每个章节都有独特的主题与特色,我们每个人也都在这个共同的使命中发挥着不可替代的作用。各章节的执笔分工如下:

第一章:姚铁龙;第二章:黄爽;第三章:姚易莹;第四章:林晓敏;第五章:李岚岚;第六章:肖江平;第七章:蔡晓欣;第八章:徐杰。

在这本书的编写过程中,姚铁龙对以上所有的章节内容进行了全面的策划、梳理、提炼和升华。我们还要感谢每一位给这本书提供教学实践案例的老师,因为你们的辛勤付出和教学智慧,让我们更加坚定了为数学教育不断探索的决心。

最后,我衷心希望这本书能够为广大教师同人提供数学游戏化教学方法和实践经验,希望它能为教师们提供一种新的数学教学方式,一类新的数学课程资源,让数学学习变得更加有趣和生动。面对日新月异的科技发展和教育变革,我们的教育方式将越来越多元化,我们的教育目标将越来越人性化。数学游戏化教学,不仅可以帮助孩子们掌握数学知识,更可以培养他们的创新思维和终身学习的能力,而这将是我们为未来社会培养人才的重要方式。

数学教育需要与时俱进,不断适应新的学习环境和技术手段。未来,我们将继续深入研究和探索游戏化教学的可能性,进一步整合数字化技术和人工智能在数学学习中的应用,以提供更加个性化和多样化的学习体验。同时,我们也将与教育界的同人共同努力,分享经验和成果,共同推动数学教育的发展和进步。

让我们携起手来,共同迈向儿童数学游戏化学习的新境界!

中国教育技术协会教育游戏专委会副理事长,正高级、特级教师 姚铁龙